AF643716

Carola Christiansen,
Mareike Fröhlich (Hg.)

TOUR DE MORD

Carola Christiansen,
Mareike Fröhlich (Hg.)

TOUR DE MORD

25 kriminelle Kurzgeschichten
im Alpenraum

Servus

FSC
www.fsc.org
MIX
Papier aus verantwortungsvollen Quellen
FSC® C083411

Diese Geschichten sind frei erfunden. Tatsächlich existierende Personen und Firmen wurden verändert und / oder von den Autorinnen ausgedacht, Geschehnisse anderen und / oder fiktiven Personen zugeordnet. Verbleibende Übereinstimmungen mit etwaigen realen Personen wären somit rein zufällig und sind nicht gewollt. Sämtliche Angaben in diesem Werk erfolgen trotz sorgfältiger Bearbeitung ohne Gewähr. Eine Haftung der Autorinnen bzw. Herausgeberinnen und des Verlages ist ausgeschlossen.

Das Copyright der Geschichten, soweit nicht anders angegeben, liegt bei den jeweiligen Autorinnen.
Der Abdruck erfolgt mit freundlicher Genehmigung.

1. Auflage 2021
Copyright © Deutsche Erstausgabe 2021 Servus Verlag bei Benevento Publishing Salzburg – München, eine Marke der Red Bull Media House GmbH, Wals bei Salzburg.

Alle Rechte vorbehalten, insbesondere das des öffentlichen Vortrags, der Übertragung durch Rundfunk und Fernsehen sowie der Übersetzung, auch einzelner Teile. Kein Teil des Werkes darf in irgendeiner Form (durch Fotografie, Mikrofilm oder andere Verfahren) ohne schriftliche Genehmigung des Verlages reproduziert oder unter Verwendung elektronischer Systeme verarbeitet, vervielfältigt oder verbreitet werden.

Medieninhaber, Verleger und Herausgeber:
Red Bull Media House GmbH
Oberst-Lepperdinger-Straße 11–15
5071 Wals bei Salzburg, Österreich

Satz: MEDIA DESIGN: RIZNER.AT
Gesetzt aus der Palatino, Courier, Bauer Bodoni
Umschlaggestaltung: b3K design, Andrea Schneider, diceindustries
Umschlagmotiv: © KEYSTONE
Printed by CPI books GmbH
ISBN 978-3-7104-0303-3

INHALT

VORWORT

Liebe Leserinnen und Leser,

diese Anthologie widmen wir den Mörderischen Schwestern zu ihrem 25-jährigen Bestehen.

Das Netzwerk Mörderische Schwestern e.V. besteht aus über 625 Krimiautorinnen, Buchbranchenprofis und Leserinnen in Deutschland, Österreich und der Schweiz, die sich für ein gemeinsames Ziel einsetzen – die Förderung von Frauen in der deutschsprachigen Spannungsliteratur und Kulturszene.
www.moerderische-schwestern.eu

Alle Autorinnen in diesem Buch sind Mörderische Schwestern, die sich in besonderem Maße für den Verein einsetzen oder eingesetzt haben. Ob als Präsidentin, Vizepräsidentin, Schatzmeisterin, Vereinssekretärin, Pressereferentin, Jurysekretärin oder an einer anderen wichtigen Stelle.

Wir wünschen Ihnen und euch mörderisch gute Unterhaltung auf dieser kriminellen Reise durch die Alpen.

Heidi Möhker

ÜBER ALLEN GIPFELN IST RUH

Garmisch-Partenkirchen, Oberbayern

Das Wasser der Partnach donnert die Klamm hinab. Gischt stiebt auf und nebelt alles ein. Alles. Den in den Fels gehauenen Weg, die schmale Eisenbrücke, Maximiliane, die erstarrt unterhalb des Weges an den Fels geduckt hockt, und Ottokar.

Still ist es mit einem Mal. Nicht mucksmäuschenstill. Nicht geräuschlos still. Aber menschenstill. Nur die Partnach tost weiter unter Maximiliane über die Felsen. Unbeeindruckt von den Schemen, die den Weg heraufkommen.

Das Jahr strengte alle an. Jeden belastete die Corona-Pandemie. Eingesperrt in den eigenen vier Wänden. Mit Homeoffice, Kurzarbeit und Digitalunterricht.

Maximiliane mochte ihr Zuhause. Ein Buch, ein Glas Rotwein und ihren Lesesessel. Mehr brauchte sie nicht. Außer Ruhe.

Im Homeoffice beim Lektorieren von Gebrauchsanweisungen für Badewannenlifte, Ultraschall-Prothesenreiniger oder sonstigem Sanitärartikelbedarf. Sie war nicht in Kurzarbeit wie Herr Krause zwei Häuser weiter. Hatte keine Betreuungssorgen für die Kleinen wie Frau Weber von gegenüber. Kein Homeschooling von Teenagern wie bei Gladbecks im Haus rechts.

Maximiliane hatte nur das rhythmische Quietschen der Trampolinfedern aus Webers Garten. Die Bässe der

Technomusik von rechts und das Bohren und Hämmern von Krauses, wo der Herr offenbar das Haus von Grund auf neu baute.

Maximiliane zog mit zu lektorierendem Manuskript und Kaffeetasse von einem Zimmer ins nächste. Hinten raus schwadronierten die Nachbarinnen über Inzidenzzahlen. Vorne raus hatte sich die verkehrsberuhigte Straße als Rollschuhbahn und Gummitwist-Zentrale etabliert.

Die Berge, Gletscher und Schluchten stört all das nicht. Im Gegenteil, gerade durch die verordneten Beschränkungen und Mindestabstandsregeln lassen sie die Menschen – und besonders Maximiliane – noch kleiner und unscheinbarer erscheinen. Stellen ihre schroffen Felsen, donnernden Wasser und glitzernden Eiskristalle noch stärker heraus. Sieh her, du Mensch, uns macht es nichts, so ein winziges Virus. Wie erbärmlich bist du, dass du es fürchtest. Maximiliane fürchtet das Virus nicht. Sie fürchtet die Stille, die es mit sich gebracht hat. Die Stille und die Menschen, die sie mit Lärm füllen, um sie nicht spüren zu müssen.

»Ich weiß gar nicht, was du hast.« Ottokar Meierbier handhabte den Kaffeelöffel, als wollte er damit das Leben des Bechers beenden. »So eine ruhige Wohnlage und sogar mit Bahnanschluss.« Er räusperte sich und schlug am Becherrand die Kaffeetropfen vom Löffel. Beim Zurechtruckeln des Stuhls knirschte der Kies der Terrasse unter seinen Schuhen. Seine Hand schrubbte über die Bartstoppeln.

Maximiliane schloss die Augen, denn die Ohren schließen konnte sie nicht. »Hier … ist … es … nicht … ruhig.« Ganz langsam sagte sie das. Ein Knall und scheppernde Mülltonnen unterstrichen ihre Worte. Ein Teenager-Kopf lugte von rechts um die Ecke, eine Hand zeigte zum Stillleben aus zerstreutem Müll. »Mein Ball!«

Dazu kreischende Fahrradbremsen von der Straße, untermalt von Frau Webers ›Wer hat hier den Roller liegen lassen?‹, das sich in der Lautstärke kaum gegen das Gebell von Krauses corona-neuem Terrier oder den ansetzenden Schuldzuweisungen ihrer Kinder durchsetzen konnte.

Ottokar ließ den Kaffee stehen, um den Ball aufzuheben. Im Vorbeigehen legte er Maximiliane die Hand auf die Schulter.

»Nun ja, vielleicht ziehst du erst einmal bei mir ein. Dann suchen wir uns etwas wirklich Ruhiges.« So weit war der Stand dessen, was Ottokar eine Beziehung nannte. Drei Treffen nach fünf Mails über dieses Datingportal.

Vor neun Monaten hatte Maximiliane noch gehofft, eine Lösung gefunden zu haben. Ihr Alleinsein hallte so laut durch das Haus. Jedes weitere Geräusch war eines zu viel.

Die Gischt bildet bereits Tropfen auf ihrem Gesicht. Die Septembersonne, die dort oben irgendwo am Himmel steht, findet keinen Zugang in die engen Felswände der Klamm. Die Feuchtigkeit keinen Weg nach draußen. Wie weißes Rauschen steht das Tosen der Wassermassen zwischen den Felsufern und macht Maximiliane ganz ruhig. So ruhig, wie sie es so lange ersehnt hat.

Die Busreise war doch eine gute Idee. Als Reiseziel ihrer Flitterwochen hatte Ottokar die Alpen präsentiert. Eine Woche, nachdem sie mit leichtem Handgepäck in sein Appartement gezogen war. Das gemeinsame Haus würde in der Zeit, in der sie zusammen auf Reisen waren, fertig werden und die Umzugsfirma sollte all ihre Möbel in das neue Domizil bringen. Es war eine solche Erleichterung für Maximiliane, sich in all dem Lärm nicht mehr um diese Dinge kümmern zu müssen. Hochzeitsplanung, Hausverkauf und Neubau, Umzug und sogar Flitterwochen, alles nahm ihr neuer Lebenspartner von Maximilianes zarten Schultern. Sie wusste schon gar nicht mehr, wie sie vorher hatte allein zurechtkommen können. Da sah sie darüber hinweg, dass sie die Berge eigentlich hasste. Bergauf, bergab, Steine und Felsen. Höhenluft und kalte Schluchten. Wenn früher einmal vage der Gedanke an ›Flitterwochen‹ in ihrem Kopf aufgetaucht war, dann hatte sie Bilder von Venedig vor Augen gehabt – wenn es denn schon Europa sein musste.

»Die Pandemie«, hatte Ottokar gesagt und sie gebeten, die Anzahlung zu übernehmen. Dazu gab er ihr den ersten Kuss, auf die Wange, ganz nah am Ohr, wo er dann noch leise rezitierte: »Über allen Gipfeln ist Ruh … ich weiß doch, was mein Liebchen am meisten ersehnt.«

So gut kannte er sie schon. So viel besser als sie sich selbst.

Der Fels sticht grob in Maximilianes Rücken. Die Berge hassen zurück. Das weiß sie inzwischen mit Gewissheit. Trotzdem presst sie sich an das Gestein, krallt ihre Finger hinein und sucht Halt für ihre Füße. Man darf den Weg nicht verlassen. Sie weiß das.

Eigentlich hatte sie im Bus bleiben wollen. Warm war es darin. Trocken und, wenn die anderen Passagiere heraus waren, auch still. Aber Ottokars Enttäuschung war so groß, Maximiliane musste ihrem Ehemann diesen Wunsch einfach erfüllen.

Dabei … gestern erst waren sie auf der Zugspitze gewesen.

»Mein Liebchen.« Wieder war Ottokars Mund ihrem Ohr ganz nahegekommen – mit warmem Atem und Spucketröpfchen. »Lass uns dem Lärm der Stadt entfliehen, dem

Geschnatter der anderen Reisenden. Auf dem Schneeferner. Der Schnee auf dem Gletscher schluckt alle Geräusche. Und eine Aussicht ist dort. Vierhundert Gipfel. Der höchste Punkt der Republik. So eine Aussicht …«

… auf Nebel. Auf den Schautafeln wurde ihnen angezeigt, was sie bei schönem Wetter gesehen hätten. Die Alpspitze, den Großglockner, München … Der Nebel war so dicht, dass man gerade die Schilder lesen konnte. Dafür schluckte er aber auch die übrigen Menschen.

Fast hätte Maximiliane annehmen können, sie wäre allein. Nur Ottokar stand so dicht bei ihr. Viel zu dicht. Sie schämte sich beinahe. So schön war es, verliebt zu sein dank des Datingportals. Verlobt und gleich verheiratet war sie. So schnell war das gegangen. Das alles. Manchmal, Maximiliane hatte es sich nur ungern auf dem Autobahnrastplatz hinter Frankfurt eingestanden, manchmal ging ihr der Bräutigam schon auf die Nerven – als wären sie bereits ein Jahrhundert zusammen. Krachend konnte er neben ihr in den Apfel beißen. Rachenlaute, die Männer nun mal beim Schlafen verursachten, durchdrangen die Entspannungsmusik aus ihren Kopfhörern. Und Worte, Worte häufte Ottokar an wie die Partnachklamm Gischttropfen. Er lud sie auf Maximiliane ab. Die leise gezischelten, die euphorisch gebrüllten, die dozierend betonten Worte. Angefüllt mit cks und krks und schts und zzztzt. Die stachen und knallten, donnerten oder sägten. Sie zerrissen die Luft und zerfetzten sie, ebenso Maximilianes Nerven. Und die Sehnsucht nach Stille kam nicht mehr allein von den Geräuschen der Pandemie.

Maximiliane atmet im Tosen der Klamm die Stille dahinter wie die Wassertröpfchen. Und in dieser Stille hört sie endlich ihre eigenen Gedanken wieder. Unter Ottokars Worthülsen waren sie verschüttet.

Im Zugspitznebel gestern, als nur die Gletscherkruste unter den Wanderschuhen knirschte, da schrak sie vor ihren eigenen Gedanken zusammen.

Wenn er doch still wäre, dachte sie. Beunruhigend aber waren die Bilder hinter den Worten. Richtige Bilder, keine schraffierten Skizzen wie auf den sanitären Gebrauchsanweisungen. Bilder in Farbe und lebensecht. Wenn sie nur leicht, ganz aus Versehen quasi … ein kleiner Schubs … niemand würde das vermuten. Man las doch immer wieder, dass jemand in so einen Gletscherspalt stürzte. Und dieser Bergschrund war im Nebel ganz verborgen.

Dann war Ottokar gegen sie gestrauchelt. Viel hätte da nicht gefehlt. Was, wenn sie, statt ihm Halt zu geben, beiseitegetreten wäre? Zumindest hätte es Maximiliane die blauen Flecken erspart. Durch den Schwung, mit dem Ottokar auf sie prallte, waren sie trotz ihrer Ablenkung von der Spalte den Zugspitzgletscher auf dem Rücken hinuntergerutscht, bis sie bei den ersten Felsen zum Halten kamen. Mit dem Steiß voran. Sehr schmerzhaft. In dem Moment hatte sie tatsächlich sehr anschauliche Bilder davon gehabt, wie dieser Mann vorzeitig aus dem Leben scheiden könnte. Wo sie doch das feine Hochzeitsgeschenk von ihrem Gatten bekommen hatte. Eine Lebensversicherung auf Gegenseitigkeit. So romantisch, hatte er gemeint. Sein Leben für das ihre und andersherum, aber statistisch wäre es ja immer die Gattin, die übrigbliebe.

Der Gedanke durchdringt das Tosen. Wem nutzt die Statistik in der Not? Maximiliane hebt das Gesicht und sucht im Nebel nach dem Geländer. Über ihr ist es irgendwo eingehüllt von der Gischt. Über ihr und dahinter der Weg. Schmal und in den Fels gehauen, aber sicher. Sicher? Sie schaut wieder hinunter zu diesem Gebirgsbach.

Fast noch rutschend über das Eis des Zugspitzgletschers hatte Ottokar schon wieder doziert. Über die Schmelzwasser des Gletschers, die versickern würden in der verkarsteten Hochfläche – also dort, wo sie sich den Steiß geschrammt hatten beim abrupten Ende ihrer unfreiwilligen Schussfahrt. Im Reintal würden sie wieder austreten und dorthin würde ihr Bus morgen weiterfahren. Zur Partnach, die von diesem Gletscher gespeist wird. Ja, das war gestern gewesen.

Beinahe andächtig blieb Maximiliane in der Mitte der Klamm stehen. Nicht die hiesigen Zwiebeltürme, nicht die barocken Wandmalereien der Garmischer St. Martins Pfarrkirche, nicht die zahllosen Marterln an den Wegrändern hatten so auf sie gewirkt. Das Tosen, das alle anderen Geräusche mit sich fortnimmt. Es ist groß. Ein Geschenk. Die Erfüllung von Maximilianes innerstem Bedürfnis. Nie hätte sie erwartet, es hier zu finden. Wenn sie ehrlich war, hatte sie ob dieser Flitterwochen doch begonnen, an Ottokars Liebe zu zweifeln – trotz all des feuchten Atems an ihrem Ohr, ihres zukünftigen Heims, von dem sie bisher nur Rechnungsbelege zur Zahlungsanweisung gesehen hat. All die Worte, mit denen Ottokar so laut beteuerte, dass er sie liebe. Leere Gesten waren sie. Aber das hier, das war der Beweis. Wer Maximiliane trotz all ihres Unwillens hierherbrachte und ihr diese Offenbarung bescherte, musste sie einfach lieben. Auch wenn es Ottokar war.

Erfüllt vom Tosen und der Liebe hatte Maximiliane sich umgedreht. So sehr war sie mit ihrem inneren Aufruhr beschäftigt gewesen, dass sie Welt und Weg um sich herum nicht mehr wahrgenommen hatte. Der Nebel hatte noch dazu beigetragen. Der Rest der Reisegruppe war verschwunden, verschluckt von weißer Gischt. Auch die Eisenbrücke, die sie gerade noch gequert hatten, war nicht mehr zu sehen. Nur Ottokar, Maximiliane und die Partnach. Beinahe war der Moment vollkommen. Wenn der Moment ein Moment geblieben wäre. Getrennt von all dem Vorher und Nachher.

Nur Ottokar, seine Arme, Maximiliane. Worte, die in der Luft hingen.

»Ueber allen Gipfeln
Ist Ruh,
In allen Wipfeln
Spürest Du
Kaum einen Hauch;
Die Vögelein schweigen im Walde.
Warte nur! Balde
Ruhest du auch.«

Aber es waren nicht Ottokars Worte. Gestohlen hatte er sie. Vom großen Goethe. Maximiliane wusste es. Mit einem Mal hatten die Dinge einen neuen Sinn ergeben, einen, der nicht passte zu dieser Vollkommenheit. Vorgegaukelt hatte er die Worte. So wie er alles andere nur vorgaukelt hatte. Wie hinter einer Maske, die nicht nur Mund und Nase bedeckt. Gelüftet hatte er sie, die Maske. Mit diesen Worten. Mit der Bewegung, die ihnen folgte. Mit seinen Händen, die sie hart auf der Brust trafen. Sie über das Geländer schoben. Das war der Moment, in dem sie es verstanden hatte. Seine Absicht. Böse.

Es ging schnell. Ein Moment nur. So schnell. Ihre Gedanken versuchten, zu folgen. Mühten sich, einen Plan zu fassen. Einen eigenen. Und wenn keinen Plan, dann doch irgendetwas anderes. Seinen Arm hatte sie gepackt. Mit ihren Fingern hatte sie sich in den Stoff von Ottokars Jacke gekrallt.

Sie hatte ihn mit sich gezerrt. Fort von der sicheren Seite des Weges, hinüber auf die wilde Seite der Klamm. Seinen Mund hatte Ottokar aufgerissen. Maximiliane vermutete, dass dort wieder feuchter Atem, gefüllt mit Worten, heraus-

gekommen war. Doch das weiße Tosen des in der verkarsteten Hochfläche versickerten Schmelzwassers vom Schneeferner-Gletscher hatte alles mitgenommen. Worte und Ottokar.

Maximiliane hatte sich am Geländer, am Fels, irgendwo halten können.

Kauert nun da, ungeliebt vom Berg, der sie in den Rücken sticht.

Über ihr der Weg. Schatten, die sich immer schneller aus dem Nebel schälen. Die Ahnung von Rufen, die weiterhin ertrinken im Rauschen des Gebirgsbachs. Drängender werden sie. Fordernd. Anklagend?

Vage hat Maximiliane eine Vorstellung, wie es weitergehen könnte, das Leben. Menschen, die durcheinander sprechen würden. Fragen stellen. Viele Fragen, ihr kaum Raum lassend für Antworten. Sirenen. Rettungshubschrauber. Wenn sie die Hand zum Geländer ausstrecken würde. Sie spürt die Felsspitzen im Rücken, sieht, wie Steinchen unter ihren Schuhen wegbröckeln. Sie müsste nur die Hand zum Geländer strecken. Ein klein wenig den Arm recken. Fort von der Ruhe hinter dem Tosen, die ihr hier geschenkt worden ist. Geschenkt von Ottokar, ihrem Gatten. Noch kann sie ihm folgen.

Susanne Brügmann

RACHE IST SÜSS

Seefeld, Tirol

Die Sonne ging gerade unter, als der Fernreisebus am Bahnhof in Seefeld seine Türen öffnete und die wenigen Fahrgäste ausstiegen. Ihre Strahlen tauchten die Spitzen der umliegenden Tiroler Berge in ein knalliges Orange. Während die anderen Reisenden sich gegenseitig auf die Schönheit dieses Naturschauspiels aufmerksam machten, hatte Sonja Heilmann keinen Blick dafür. Sie war morgens Punkt sechs Uhr bei strömendem Regen in Hamburg in den Bus gestiegen und nach fast neunhundert Kilometern Strecke war sie nur noch daran interessiert, das Ziel ihrer Reise zu erreichen.

Sie nahm ihren kleinen Koffer von der Busfahrerin in Empfang und zog ihr Smartphone aus der Tasche. Während der Fahrt hatte sie bereits die Adresse der Pension *Sonnenhof* in die Navi-App eingegeben und brauchte jetzt nur noch den Hinweisen zu folgen. Diese führten sie durch eine einladende Fußgängerzone mit Boutiquen, Restaurants und Wirtshäusern. Es duftete verführerisch nach Essen und die vielen Menschen, denen Sonja immer wieder ausweichen musste, strebten augenscheinlich dem Abendbrot zu.

Wenig später erreichte sie den *Sonnenhof*. Ein traditionell im Stil der alten Tiroler Bauernhäuser gebautes Haus, das von einem großen Garten umgeben war. Das üppige Grün färbte sich hier und da bereits gelb.

Etwas außer Atem stieß Sonja die mit Schnitzereien verzierte Eingangstür auf. Hinter dem Empfangstresen stand eine Frau im festlichen Dirndl. Ihr rot gefärbtes Haar biss sich mit dem Pink ihres Kleides. Als sie Sonja bemerkte, sagte sie: »Grüß Gott. Sind Sie ein Hochzeitsgast? Wir haben nämlich heute und morgen nur geladene Gäste hier.«

Sonja nickte. »Ja, ich habe eine Einladung.« Sie kramte den Umschlag aus ihrer Handtasche und reichte ihn über den Tresen. »Hier ist sie.«

»Ah, Sie sind die Sonja, willkommen«, sagte die Frau und streckte ihr die Hand entgegen. »Wir freuen uns, dass Sie da sind. Der Jochen hat ja sonst niemanden aus seiner alten Heimat eingeladen.«

Sonja spürte ihr Herz klopfen, als sie Jochens Namen hörte. Sie holte tief Luft, bevor sie fragte: »Sind Sie die Braut?«

Die Frau im Dirndl bekam zuerst runde Augen, dann lachte sie schallend. »Nein, ich bin die Steffi Brunner, die Schwiegermama. Meine Tochter Alina ist die Braut.«

Sie lachte immer noch, während sie einen Zimmerschlüssel vom Brett nahm und ihn Sonja in die Hand drückte. »Gehen Sie in den ersten Stock. Zimmer Nummer 3 ist gleich links.«

Bevor Sonja sich zur Treppe wenden konnte, hielt Steffi sie zurück. »Machen Sie sich ein bisserl frisch. In einer halben Stunde geht die Feierei los. Ich hole Sie dann ab, damit Sie hinfinden in unseren Partykeller.«

Im Zimmer roch es muffig. Sonja warf ihre Handtasche auf den kleinen Schreibtisch und öffnete erst mal das Fenster, bevor sie sich umsah. Das Mobiliar war abgenutzt und die ehemals weiße Raufasertapete hatte einen schmutziggrauen Farbton angenommen. Genau wie die Gardinen. Auch die winzige Nasszelle bedurfte dringend einer Renovierung, wie Sonja nach einem kurzen Blick feststellte. Das alles hob nicht gerade ihre Stimmung.

Und dafür hat er nun das schöne Leben an meiner Seite aufgegeben, dieser Mistkerl, dachte sie und ließ sich auf das Bett fallen. Doch sofort kam sie wieder hoch. Na klar, die Matratze war durchgelegen. Aber das konnte sie auch nicht mehr schocken. »Macht nichts«, sagte sie laut zu ihrem Abbild, das ihr aus dem mannshohen Spiegel entgegenblickte. »Für eine Nacht wird's gehen.«

Erst jetzt bemerkte sie die Einladung, die sie immer noch in der Hand hielt. Als sie vor vier Wochen diesen Umschlag aus ihrem Briefkasten gefischt und die Handschrift erkannt hatte, wäre ihr Herz beinahe stehen geblieben. Stundenlang hatte sie den Brief angestarrt. Es war ein großes Glas Gin nötig gewesen, bevor sie sich mutig genug gefühlt hatte, den Umschlag zu öffnen. Was sie dann hatte lesen müssen, brachte den Schmerz und die Wut, die sie so viele Monate tief in sich vergraben hatte, wieder an die Oberfläche. Dieser Mann, der ihr so wehgetan, der ihre Zukunft zerstört hatte, hatte es tatsächlich gewagt, sie zu seiner Hochzeit einzuladen!

Lange Zeit hatte Sonja sich nicht beruhigen, nicht klar denken können. Der Kummer hatte wie ein Orkan in ihr gewütet. Doch jeder Sturm ebbt irgendwann ab oder zieht weiter. In der Ruhe, die sich danach in Sonja ausgebreitet hatte, hatte sie den Entschluss gefasst, die Einladung anzunehmen. Eine bessere Gelegenheit, es ihm heimzuzahlen, würde sie nicht bekommen. Langsam war in ihr ein Plan herangereift, und nun war sie hier, um ihn in die Tat umzusetzen.

Sonja war gerade dabei, ihre Sachen auszupacken und die mitgebrachten Kleider auf Bügel zu hängen, als es an der Tür klopfte. Missmutig sah sie auf die Uhr. War die halbe Stunde schon vorbei? Sie war noch gar nicht umgezogen. Erst als es zum zweiten Mal klopfte, öffnete sie, und plötzlich schlug ihr Herz wie wild. Vor ihr stand nicht Steffi, sondern Jochen. Er trug eine Trachtenjacke und Wildlederhosen, die kurz unter dem Knie endeten. Beides schien etwas zu klein geraten zu sein. Dieser Aufzug half Sonja, ihre Aufregung zu besänftigen. Ein tätowierter norddeutscher Seebär in einem zu engen Tiroler Trachtenanzug. Ein spöttisches Lächeln erschien auf ihrem Gesicht. Das Wiedersehen hatte sie sich schwieriger vorgestellt.

»Du?«

»Darf ich hereinkommen?«, fragte er.

Sonja zögerte. »Ich weiß nicht. Ich wollte mich gerade für den Polterabend umziehen.«

»Ach, das kann warten.« Jochen machte eine wegwerfende Handbewegung. »Alina ist sowieso noch nicht fertig und ich muss unbedingt vorher mit dir sprechen.«

Er wartete ihre Antwort nicht ab, sondern schob sich an ihr vorbei in das Zimmer. Sonja schloss die Tür hinter ihm.

»Was willst du mir denn sagen?«, fragte sie und ihre Stimme zitterte ein wenig.

Jochen musterte sie. »Gut siehst du aus«, bemerkte er, statt eine Antwort zu geben.

»Hör auf damit«, zischte Sonja kurz angebunden, aber so ruhig sie konnte. »Du hast mich bestimmt nicht zu deiner Hochzeit eingeladen, um mir Komplimente zu machen.« Irgendwo tief in ihr lauerte die Wut und wartete darauf, auszubrechen. Jetzt nicht die Nerven verlieren.

»Nein, natürlich nicht.« Jochen räusperte sich. »Es ist … ich freue mich, dass du gekommen bist. Trotz allem, was ich verbockt habe.«

»Ach, das ist dir also bewusst«, bemerkte Sonja schnippisch.

»Ja, ist es, und ich möchte mich bei dir entschuldigen. Dir erklären, warum ich ohne ein Wort so plötzlich verschwinden musste.«

Sonja verdrehte die Augen, aber es gelang ihr, zu lächeln.

»Ich will nichts hören. Egal was du mir erzählen wirst, Verständnis oder Mitgefühl kannst du von mir nicht erwarten. Ich bin nur hergekommen, um mit dir abzuschließen.«

Jochen warf ihr einen Blick zu, den sie nicht deuten konnte.

»Ich möchte, dass du es verstehst. Ich erzähle keine Märchen, versprochen.«

»Ach so«, unterbrach sie ihn. Die Wut in ihr ließ sich fast nicht mehr bezähmen. »So einfach ist das. Du erklärst es mir und schon ist alles wieder gut?«

»Du bist verletzt, aber …«

»Verletzt ist gar kein Ausdruck!«, fauchte sie ihn an. »Weißt du, was ich mir für Sorgen gemacht habe? Ich dachte, du wärst tot!« Sonjas Stimme überschlug sich fast. »Erst als ich bemerkt habe, dass du mein Konto geplündert hast, habe ich begriffen, was los ist«, fügte sie hinzu.

Er hob abwehrend die Hände. »Jetzt hör mich doch erst mal an! Bitte!«

»Nein, nein, nein!« Sonja hielt sich die Ohren zu. »Ich will nichts hören.«

Jochen nickte. »Dann nimm wenigstens das.« Er zog einen dicken Umschlag aus seiner Jacke und hielt ihn ihr hin.

»Was ist das?« Sonja nahm die Hände von den Ohren.

»Das ist die Summe, die ich von deinem Konto genommen habe.« Als Sonja nicht reagierte, fügte er hinzu: »Das sind 30.000 Euro. Nimm sie, Sonja, sie gehören dir.«

Da Sonja keine Anstalten machte, den Umschlag zu nehmen, legte er ihn auf das Bett und wandte sich zur Tür.

»Ich muss gehen«, sagte er. »Wir sehen uns ja gleich.«

Doch Sonja hielt ihn zurück. »Und deine Braut?«, fragte sie. »Wie passt sie da hinein?«

»Alina?« Ein Lächeln huschte über Jochens Gesicht. »Die ist mir einfach passiert. Als ich hier ankam, war ich ziemlich fertig. Sie hat sich von Anfang an um mich gekümmert. Sie hat mich richtiggehend bemuttert, und genau das brauchte ich.«

»Du hast mich also nicht ihretwegen verlassen?«

»Nein, hab ich nicht. Da kannte ich Alina doch noch gar nicht.«

Sonja starrte die Tür an, hinter der Jochen verschwunden war. Plötzlich schlug sie sich mit der Hand an die Stirn. Verdammt! Sie stampfte mit dem Fuß auf. Das wäre die Gelegenheit gewesen, ihm ihr Geschenk zu überreichen. Vorsichtig nahm sie die hellblaue Schachtel mit den selbstgemachten Trüffeln aus dem Koffer. Pralinen herzustellen, das war Sonjas große Leidenschaft, und Jochen hatte ihre Trüffel geliebt. Gierig hatte er sich eine nach der anderen in den Mund gesteckt, wenn Sonja am Wochenende ihre Küche in ein Schlachtfeld aus den feinsten Zutaten, die sie finden konnte, verwandelt hatte. Sie musste jedes Mal aufpassen, dass sie auch welche abbekam. Es stimmte eben doch, dass Liebe durch den Magen ging. Jedenfalls bevor Jochen sie verlassen hatte.

Sonja seufzte. Statt ihren Lebensunterhalt mit einem ungeliebten Bürojob bei einer Hamburger Versicherung zu verdienen, wäre sie lieber ihrer inneren Stimme gefolgt und hätte Pralinen gemacht. Das Geld, das Jochen ihr gestohlen hatte, war eigentlich für ihre Selbstständigkeit gedacht gewesen. Aus der Traum. Unwillkürlich fiel ihr Blick auf den Umschlag. Der passte nicht zu ihrem Racheplan. Aber ihre Wut auf Jochen war viel zu groß, um sich darüber jetzt Gedanken zu machen. Er hatte ihr übel mitgespielt und als Dank für seine Niederträchtigkeit würde sie ihm seine geliebten Trüffel schenken. Der Schmerz über sein plötzliches Verschwinden hatte ein Loch in ihr Herz gefressen und dafür würde sie ihn büßen lassen. Sonja strich liebevoll über die Schachtel in ihrer Hand. Diese speziellen Überraschungskugeln waren nicht nur mit feinster Schokolade, Butter, Sahne und Whiskey gemacht, sondern es steckte auch eine ordentliche Portion von etwas ganz anderem in ihnen und davon so viel, dass es reichte, einen erwachsenen Mann ins Jenseits zu befördern.

Wie gut, dass ihr Großvater Apotheker gewesen war und ihr seine handschriftlichen Aufzeichnungen über die Wirkung von Pflanzengiften und den Holzkasten mit dem geheimnisvollen Inhalt hinterlassen hatte. Die Glasfläschchen enthielten pulvrige Substanzen und waren beschriftet mit Worten wie *Rizin, Blauer Eisenhut* und *Digitalis*. Es hatte eine ganze Weile gedauert, bis Sonja alles entziffert und zugeordnet hatte. Am Ende wurde es ein Cocktail aus verschiedenen Giften. Sicher ist sicher.

Eigentlich hatte sie die Sachen nur aus sentimentalen Gründen aufbewahrt, denn nie hätte sie geglaubt, das Wissen einmal brauchen zu können. Und doch war es nun so weit. »Danke, Opa«, flüsterte sie.

Ein kurzes Klopfen an der Tür und schon stand Steffi Brunner im Raum. Sonja konnte gerade noch die Pralinenschachtel unter dem Kopfkissen verschwinden lassen. Dabei fiel der Umschlag mit dem Geld vom Bett. Sonja bemerkte es nicht.

»Bist du fertig, Mädel?« Steffi benutzte ganz selbstverständlich das vertrauliche Du und lachte Sonja fröhlich an. »Unten geht's jetzt richtig los.«

»Moment, ich bin gleich so weit«, rief Sonja, schnappte sich das schwarze Kleid mit den Glitzerpunkten und verschwand im Bad.

Fünf Minuten später kam sie wieder heraus, zog sich die mitgebrachten High Heels an und sagte: »So, jetzt bin ich fertig.«

»Fesch schaust du aus«, sagte Steffi anerkennend. »Dann lass uns gehen.«

Noch bevor sie die Treppe ins Untergeschoss erreicht hatten, hörte Sonja Gelächter und Musik. Außerdem roch es nach Gebratenem und mit einem Mal spürte sie, wie hungrig sie war.

»Es gibt ein zünftiges Büfett mit Tiroler Spezialitäten«, sagte Steffi, als hätte sie es ebenfalls bemerkt. »Wir haben eine Speckknödelsuppe, Kasspatzln, Schlutzkrapfen und, und, und. Wenn du was Süßes magst, gibt's Moosbeernocken und Buchtln, gefüllt mit Marillen.«

Bevor Sonja etwas erwidern konnte, flog die Tür am Ende des Ganges auf und eine Kellnerin mit einem vollen Tablett kam heraus. Sie gab den Blick auf eine ausgelassene Gruppe von fünf jungen Frauen frei, in deren

Mitte eine weitere Frau stand und sich bewundern ließ. Sie trug ein Dirndl in Zartrosa mit einer türkisfarbenen Schürze. Das musste die Braut sein. Sonja spürte einen Stich in der Brust, der sich noch verstärkte, als die Frau sich lachend zu ihnen umdrehte. Sie war jung. Verdammt jung und eindeutig schwanger.

In diesem Moment bereute Sonja es, hierhergekommen zu sein, und sie fühlte sich, als würde ein Mühlstein auf ihrem Brustkorb liegen. Sie sah, wie die junge Frau sich an Jochen wandte und leise mit ihm sprach, während sie Sonja nicht aus den Augen ließ. Jochen führte sie zu Sonja.

»Alina, das ist Sonja, eine … ähm … alte Bekannte aus Hamburg«, sagte er. »Sonja, darf ich dir meine Braut Alina vorstellen?«

Sonja rang nach Luft. Jochens Worte trafen sie hart. ›Eine alte Bekannte aus Hamburg‹, hallte es in ihrem Kopf nach. Aber Alina umarmte sie und gab ihr einen Kuss auf beide Wangen.

»Wie schön, dass du zu unserer Hochzeit gekommen bist. Ich weiß gar nichts über Jochens Vergangenheit. Du musst mir alles erzählen.«

»Aber erst trinken wir einen Obstler zur Begrüßung«, mischte sich Steffi ein und rettete Sonja davor, etwas erwidern zu müssen. Sie hielt ihr ein Tablett mit gefüllten Schnapsgläsern hin und Sonja griff dankbar zu.

Später konnte sich Sonja nicht mehr genau erinnern, wie sie den Rest des Abends verbracht hatte. Die Feier ging bis tief in die Nacht und es gab Unmengen Alkohol, so viel wusste sie noch und auch, dass sie kaum geschlafen hatte.

Als es hell wurde, traf Sonja eine Entscheidung. Sie raffte sich auf und stieg aus dem unbequemen Bett. Unter der heißen Dusche fühlte sie sich besser und nachdem sie sich angezogen hatte, begann sie ihren Koffer zu packen.

Währenddessen ratterten die Gedanken in ihrem Kopf. Sie würde nicht bis zur Trauung bleiben, sondern jetzt gleich zum Bahnhof gehen. Innsbruck war nicht weit von hier. Mit etwas Glück wäre sie heute Abend schon wieder zu Hause, konnte die vergifteten Trüffelpralinen entsorgen und so tun, als wäre nichts geschehen. Alles in bester Ordnung.

Ihren Pralinen-Plan konnte sie nicht in die Tat umsetzen. Der Hass auf Jochen war zwar groß, aber einem ungeborenen Kind seinen Vater wegzunehmen, das brachte sie nicht übers Herz. Außerdem hatte sie ihr Geld zurückbekommen.

Sonja hielt mitten in der Bewegung inne. Das Geld! Wo war der Umschlag? Hatte er nicht auf dem Bett gelegen? Hastig durchwühlte sie das Bett, sah darunter nach. Nichts. Der Umschlag war weg. Panisch suchte sie weiter, in ihrer Handtasche, im Koffer, noch einmal unterm Bett.

Irgendwann fiel ihr Blick auf den Schreibtisch. Dort war er. Jemand hatte ihn an die Pralinenschachtel gelehnt. War sie selbst das gewesen? War sie letzte Nacht so betrunken gewesen, dass sie es nicht mehr wusste? Sonja nahm den Umschlag und zählte das Geld. Gott sei Dank, es war noch alles da. Nachdem sie das Geld in ihre Handtasche gesteckt hatte, entspannte sie sich ein wenig und packte weiter.

Als alles erledigt war, öffnete Sonja die Zimmertür und prallte mit Steffi zusammen, die mit einer Kaffeetasse in der Hand vor der Tür stand. Die Tasse fiel klirrend zu Boden und der heiße Inhalt ergoss sich über Sonjas geliebten Trenchcoat.

»Oh je! Das tut mir aber leid!«, rief Steffi, wischte mit der flachen Hand über den Fleck auf Sonjas Mantel und machte alles nur noch schlimmer. »Wieso bist du denn schon so früh auf?«

»Ich bin … ich wollte …«, stotterte Sonja und schob ihren Koffer hinter die Tür, sodass Steffi ihn nicht sehen konnte.

»Egal.« Steffi wartete Sonjas Antwort nicht ab. »Ich wollte dich fragen, ob du mit uns die Kirche mit Blumen schmücken willst. Wir könnten Hilfe gebrauchen.«

Nach kurzem Zögern nickte Sonja. Es war wohl das Beste, mitzugehen und sich später davonzustehlen, wenn alle beschäftigt waren und nicht auf sie achteten.

Aber auch ihr Plan, vorzeitig zu verschwinden, löste sich in Luft auf. Am Abend war Sonja immer noch da. Die Hochzeit war vorbei und das Brautpaar längst in die Flitterwochen gefahren. Sonja saß bei Steffi im Wohnzimmer auf dem Sofa und blätterte müde in einem Prospekt über Seefeld. Sie las ein bisschen über die vielfältigen Sportmöglichkeiten – wandern, biken, Ski fahren im Winter – als Steffi mit einem Tablett hereinkam.

»Ich habe uns ein Tiramisu gemacht. Mit ordentlich viel Zucker und ein bisserl Marillenschnaps«, sagte sie und reichte Sonja eine Dessertschale. »Ein Familienrezept. Das Geheimnis ist eine Schokoladenschicht.«

Sonja nahm sich einen Löffel vom Tablett und begann zu essen. Tiramisu, wie wunderbar. Genau das, was sie jetzt brauchte. Genüsslich schob sie sich einen Löffel der Köstlichkeit in den Mund und gleich einen zweiten und dritten.

»Ich muss dir etwas beichten«, sagte Steffi, während sie sich die zweite Dessertschale nahm. »Ich habe unter deinem Kopfkissen eine Schachtel Trüffel gefunden, als ich gestern Abend dein Bett aufgeschlagen habe. Du bist mir doch nicht böse, dass ich ein paar von denen für das Tiramisu genommen habe? Die Trüffel geben erst den richtigen Pfiff«, fügte sie hinzu. »Magst du ein bisserl Schlagobers?«

Heidi Troi

GIPFELGLÜCK

Mittenwald, Oberbayern

»Ich denke, wir wollen uns Hochzeitslocations anschauen«, maulte Tina.

Ben zwängte seinen rechten Fuß in den Bergschuh und zwinkerte ihr zu. »Tun wir doch.«

»In Bergschuhen?«

»Du kannst auch deine Stilettos anziehen.« Er angelte nach dem zweiten Schuh. »Jeder, wie er mag.«

Sie blieb auf dem Bett sitzen. »Ich hab keine Lust auf eine Bergtour.«

»Du wirst begeistert sein.«

»Das sagst du immer.« Tina schob ihre Unterlippe nach vorn. Sie waren in Mittenwald, dem romantischsten Städtchen in den Alpen überhaupt, auf der Suche nach einer Hochzeitslocation, die ihnen beiden gefiel, und Ben hatte wieder einmal nur die Berge im Kopf.

Wehmütig dachte sie an all die Locations, die sie besichtigt hatten. Wunderschöne Hotels, kleine Kapellen, sie hatten sich zu Seehochzeiten und Hochzeiten auf dem Rheindampfer informiert, aber nichts hatte Ben überzeugen können. Alles war ihm zu teuer. Er wollte kein Geld ausgeben für eine Hochzeit.

»Einfach nur wir zwei und die Trauzeugen – oder im engsten Familienkreis. Grillen im Garten. Was hältst du davon?«

Die Antwort darauf war: gar nichts. Tina träumte von einer Hochzeit in Weiß mit allen Freunden und Verwandten, mit Tanz und Kindergedichten. Aber dieser Traum rückte mit jedem Tag in weitere Ferne.

»Deine Schuhe, Prinzessin.« Ben kniete vor ihr wie der Prinz vor Aschenputtel, nur dass er statt des gläsernen Pantoffels ihre Bergschuhe präsentierte.

Tina zog ihren Fuß weg. »Ich gehe nirgends hin, wo ich nur in Bergschuhen hinkomme.« Sie stand widerwillig auf und zog ihre knallroten Stilettos an, die perfekt zu dem Sommerkleid passten.

Wenig später standen sie in der Schlange vor der Talstation der Karwendelbahn. Tinas Blick schweifte über die Wartenden. Karierte Flanellhemden, atmungsaktive Jacken, Bergschuhe, Wanderstöcke – als gäbe es eine geheime Kleiderordnung für den Berg. Als hätten alle in demselben Fachgeschäft für Bergsteigermode eingekauft. Nur sie stach aus dieser Menge heraus in ihrem geblümten Sommerkleid und ihren Stilettos.

Ein Mann betrachtete Tina amüsiert. »S' ist fei kalt da oben. Ist nimmer Sommer«, sagte er. »S' Fräulein wird frieren in dem Fetzen.«

Das Blut schoss Tina in die Wangen. »Fräulein«, schnaubte sie.

Ben legte ihr den Arm um die Schultern und zwinkerte dem Kerl zu. »Ich werd ihr schon einheizen.«

Die beiden Männer lachten einvernehmlich, während es in Tina brodelte.

Zusammen mit einer Gruppe Bergbegeisterter, die Tinas Aufzug mit mitleidigen Mienen taxierten, bestiegen sie eine der Gondeln. Tina studierte die Sicherheitshinweise. Maximale Personenanzahl fünfundzwanzig. Sie zählte die Fahrgäste ab. Es waren genau fünfundzwanzig Menschen, die dicht an dicht in der Kabine standen.

Galt der dickbäuchige Bayer mit dem Gamsbart am Hut als eine Person? War die Bahn nicht überladen? War das Maximalgewicht nur eine Schätzung oder gab es irgendwo eine geheime Waage? Tina sah sich nach einem Mitarbeiter der Seilbahn um, doch da war niemand. Die konnten doch nicht fünfundzwanzig Menschen ohne einen Fahrleiter den Berg hochschicken! War das überhaupt ein seriöses Unternehmen? Hinter einer Blondine mit Kopftuch kämpfte sich ein etwa Vierjähriger neben Tina, um eine bessere Aussicht zu haben. Moment. Hatte sie den vorher mitgezählt? Bevor sie die Anzahl der Fahrgäste noch einmal kontrollieren konnte, gab es einen Ruck und es ging los. Beinahe lautlos. Tinas Hände krampften sich um den Handlauf, als das Ding schaukelnd auf die Baumwipfel zuflog. Ben gluckste neben ihr.

Die Gondel gewann schnell an Höhe, überflog Stromleitungen und den Wald, dann verringerte sich der Abstand zum Boden wieder, als die erste Seilbahnstütze in Sicht kam. Die abschüssige Felswand links davon ließ Tina erschaudern, noch mehr jedoch machte ihr die Schlucht zu schaffen, die sich dahinter auftat. Was, wenn das Drahtseil brach? Was, wenn eine plötzliche Windbö die Gondel aus ihrer Verankerung riss? Tina schluckte.

»Geht es Ihnen gut?«, fragte eine rotblonde Frau in einem atmungsaktiven Polyester-Shirt.

Tina konnte ihren Gesichtsausdruck nicht deuten, da ihre Augen von einer verspiegelten Sonnenbrille verdeckt waren.

Ben nahm ihr die Antwort ab. »Höhenangst. Besser nicht beachten. Spätestens beim Absturz legt sich das.« Er lachte schallend, legte seinen Arm um ihre Schultern und zog sie an sich.

Die Gewichtsverlagerung verstärkte Tinas Übelkeit. Sie schüttelte seinen Arm ab und versuchte, etwas wie Stabilität zurückzugewinnen, indem sie sich breitbeinig hinstellte. Das Ende der Fahrt war nicht in Sicht, dafür zeigte sich ein zweiter Pfeiler auf einer Felsnase. Ob das Ding gesichert war? Oder bloß mit ein paar Schrauben im Stein verankert? Wie sicher war so ein Seilbahnpfeiler eigentlich?

Hör auf, dich selbst wahnsinnig zu machen, ermahnte sie sich, doch in ihrem Kopf überschlugen sich Nachrichten von Seilbahnunglücken, entstanden Bilder von Gondeln, die an Felswänden zerschellten …

Sie schloss die Augen. Denk an etwas Anderes. An etwas Schönes. Die Hochzeitskirche in Neustift in Südtirol, das Bild von dem Brautpaar aus ihrem Traum, das sich auf dem Holzsteg vor dem Ammersee das Jawort gab. In ihrem Kopf wurde das Gesicht der Braut zu ihrem eigenen, das Gesicht des Bräutigams …

Ein Ruck riss sie aus ihren Gedanken und aus dem Gleichgewicht. Die anderen Fahrgäste schrien leise auf. Dann erleichtertes Lachen. Bloß der zweite Pfeiler. Ein Schweißtröpfchen rann Tinas Schläfe hinab.

Vor ihren Augen breitete sich eine hellgraue Steinwüste aus. Zerklüftete Felsen ohne ein bisschen Grün. Felsen, auf denen diese Gondel zerschellen würde wie ein rohes Ei. Weiter oben die Bergstation, die wie ein Schwalbennest an den Felsen geklebt war, daneben das Natur-Informationszentrum in Gestalt eines Riesenfernrohrs.

Die Gondel flog auf die Felswände zu. Viel zu schnell. Tina zog den Kopf zwischen die Schultern und krampfte ihre Hände um den Handlauf. Doch da verlangsamte das Ding abrupt seine Fahrt und fuhr im Schritttempo in den Schacht ein. Hielt an. Tina atmete aus.

»Siehst du? Hast dir umsonst in die Hosen gemacht«, sagte Ben.

Die Umstehenden schmunzelten. Ein kleiner Junge neben ihr kicherte. »Du hast dir in die Hose gemacht?«

Tina schoss Ben einen zornigen Blick zu und zwängte sich an den anderen Fahrgästen vorbei zum Ausgang. Mit weichen Knien kämpfte sie sich durch den Gang nach draußen und erschauerte in dem eisigen Wind, der ihr entgegenblies.

Sie sah sich um. Eine riesige Felsenmulde lag vor ihr wie eine große Suppenschüssel. In ein paar Serpentinen schlängelte sich ein schmaler Pfad hoch, verlief dann um die Mulde wie ein Band. Menschen krabbelten darauf entlang wie Ameisen auf einer Ameisenstraße. Hier gab es nur Steine, Steine, Steine … Darüber dieser Septemberhimmel, der so blau war, dass es in den Augen schmerzte.

»Herrlich, nicht wahr?« Ben war neben sie getreten, beide Hände in den Hosentaschen seiner neuen Wanderhose vergraben und den Kopf in den Nacken gelegt.

Tina schnaubte.

»Wollen wir den Panoramaweg entlangwandern? Oder magst du zuerst was Warmes?«

Tina blieb ihm die Antwort schuldig und stapfte auf das Berggasthaus zu.

Er folgte ihr leise lachend. »Draußen oder drinnen?«

Was für eine Frage! Als ob sie sich freiwillig weiterhin dem Wind aussetzen würde. Das Innere der Hütte überraschte sie nicht. Holzgetäfelte Wände, Holzstühle mit kitschigen herzförmigen Löchern in der Rückenlehne. Alpenidylle. Sie ließ sich auf einer Bank nieder und langte nach der Speisekarte. Das Übliche. Brotzeit in allen Varianten, Rinderkraftbrühe, Schnitzel, Kaiserschmarrn.

Eine blondbezopfte Kellnerin trat an den Tisch. »Ich bin die Anni. Darf's scho' was zum Trinken sein?«

»Einmal Apfelschorle und ein großes Radler«, bestellte Ben, ohne Tina zu fragen und ohne die Augen aus dem Dirndlausschnitt der Kellnerin zu nehmen. »Und den Wirt bräucht ich. Sagen Sie ihm, dass Herr Fischer da ist.«

»Herr Fischer ist da?«, wiederholte Tina, als Anni weg war.

Ben lächelte vielsagend. »Du wirst schon sehen.«

Lange musste Tina nicht warten, denn kurz darauf schob ein Mann um die vierzig seinen Bierbauch aus der Küche, sah sich suchend um und kam auf Bens enthusiastisches Winken zu ihnen an den Tisch. Unter dem Arm trug er eine dicke Mappe. »Herr Fischer?«, fragte er.

»In voller Größe«, sagte Ben.

Tina sah peinlich berührt zur Seite. Sie hasste es, wenn Ben mit wildfremden Menschen auf Kumpel machte.

»Freut mich. Ich bin der Gaudenz. Und das ist dann wohl die liebe Frau Braut?« Es war mehr eine Feststellung als eine Frage.

Tinas Herzschlag beschleunigte sich. Was sollte das? Wieso wusste der Wirt von ihrer Hochzeit?

»Genau das ist sie. Wir haben gelesen, dass man sich hier oben trauen lassen kann, und wollten uns das einmal anschauen. Stimmt's, Liebes?« Ben legte Tina den Arm um die Schulter und zog sie an sich.

Was? Trauen? Hier oben? Bei Rinderkraftbrühe und Schweineschnitzel? Und diesem furchtbaren Wind und … Und überhaupt: Wir? Tina schüttelte seinen Arm ab und richtete sich auf. Von einem Wir war überhaupt nicht die Rede. Ben stellte sie vor vollendete Tatsachen.

Eben wollte sie aufbegehren, da meinte der Wirt: »Da seid's nicht die einzigen, denen das gefällt. Des is der Renner! Überhaupt, seit wir die Hochzeitsgondel eingerichtet haben.«

»Hast du gehört? Eine eigene Hochzeitsgondel«, sagte Ben.

In der wird mir genauso übel wie in der anderen, wollte sie erwidern, doch wieder kam sie nicht dazu.

»Habt's schon ein Thema?«, wollte der Wirt wissen.

Ja. Hochzeit in Weiß, schrie es in Tina. Aber Ben nahm ihr die Antwort ab. »Thema egal, Hauptsache es kost nicht zu viel.«

»Wir haben hier was für alle Geldbeutel. Wie wär's mit ›Verbundenheit‹ als Thema?«, schlug Gaudenz vor. »Ich seh schon die Bilder! Die Braut in ihrem Hochzeitskleid am Klettersteig. Du sicherst sie. Motto: Eine Seilschaft fürs Leben.«

»Das klingt gut, oder, Schatzi?«

Tina verzog verächtlich das Gesicht.

Ben beachtete sie nicht. »Mal sehen, was uns hier inspiriert«, sagte er, schlug die Mappe auf und blätterte darin. Aus dem Augenwinkel betrachtete auch Tina die Bilder. Die Hochzeiten im Dirndl überwogen. Aber es gab auch Hochzeiten in Weiß.

Das Bild eines Paares stach ihr besonders ins Auge. Die beiden standen auf einer Felsnase, eine verschwommene Gebirgskette im Hintergrund. Die Braut in einem Traum von einem Hochzeitskleid. Ihr Schleier wehte im Wind. »Das Bild ist hier geschossen worden?«, fragte sie.

Ben erkannte nur ihr plötzliches Interesse. »Es gefällt dir also«, stellte er fest. »Ich hab's ja gewusst.« Und, als säße der Wirt nicht direkt neben ihnen, wiederholte er an ihn gerichtet: »Es gefällt ihr.«

»Eh klar«, sagte der. »Des Platzl is am Ende von dem Panoramaweg. Da drüben.« Er zeigte unbestimmt zum nördlichen Ende der Mulde.

»Das schauen wir uns gleich einmal an«, sagte Ben und stieß Tina mit dem Ellenbogen in die Seite.

»Ist halt frisch da oben.« Gaudenz ließ seinen Blick über Tinas bloße Arme wandern.

»Ich hab schon vorgesorgt«, sagte Ben. Er kramte im Rucksack herum und zog Tinas Jacke hervor. Gleich danach förderte er auch noch eine Wanderhose zutage. »Nur deine Schuhe hab ich nicht mitgenommen.«

»Wo ich mit meinen Stilettos nicht hinkomm, komm ich bei der Hochzeit auch nicht hin«, sagte Tina und sah den Wirt an. »Oder wie haben das die anderen Bräute gemacht?«

»Die ham freilich Bergschuh unterm Kleid angezogen. Sieht man eh nicht.«

Tina verdrehte die Augen.

»Ich könnt euch ein Paar Schuhe leihen«, schlug Gaudenz vor. »Was hat sie denn für eine Größe, die Braut?«

»Die Braut steigt nicht in fremde Schuhe«, antwortete Tina. Das fehlte noch, dass sie sich den Fußpilz fremder Leute holte.

»Na, dann los. Die Braut, die in High Heels ins Gipfelglück stolperte – das wäre doch ein genialer Titel für einen Film«, spöttelte Ben. Dann ließ er sich von Gaudenz beschreiben, wie man zu diesem Fotospot kam.

Tina schnappte sich ihre Bergkluft und verschwand in die Toilette. Unwillig streifte sie ihr Sommerkleid ab und schlüpfte in die Wanderkleidung. Jetzt unterschied sie sich durch nichts von den anderen Freaks, die auf über zweitausend Höhenmetern ihr Glück suchten. Durch nichts außer durch ihre Stilettos, die in brutalem Kontrast zu den atmungsaktiven Hosen standen. Sie straffte ihren Rücken und verließ die Kabine. Vor dem Gebäude stand Ben und hielt sein frisch eingecremtes Gesicht in die Sonne. An Sonnencreme hatte sie nicht gedacht.

»In der Gebirgssonne hol ich mir sicher einen Sonnenbrand«, sagte sie.

Ben ging nicht auf ihre unausgesprochene Bitte ein. »Fertig?«, fragte er und wandte seine Schritte Richtung Panoramaweg, ohne auf ihre Antwort zu warten.

Tina folgte ihm.

Der Wanderweg war nicht mehr als ein Trampelpfad, der in den Stein gestampft war und sich durch Millionen gehfauler Sonntagswanderer gebildet hatte. Festgetretener Sand, durchsetzt von vielen kleinen Steinchen und glatt geschliffenen Brocken.

Bestens geeignet für High Heels, dachte Tina verbittert und setzte vorsichtig Schritt vor Schritt – mehr um ihre schönen Schuhe besorgt als um sich. Wenn sie mit den dünnen Absätzen falsch auftrat, wäre es darum geschehen.

Ben spazierte die Serpentinen hoch. Am Anfang und am Ende jeder Haarnadelkurve sah er auf sie herab. Grinste überlegen.

Dann hatten sie die Höhe erreicht, den Rand der Suppenschüssel, an deren Boden die Bergstation lag. Auf dieser Höhe ging es nun bis zum Ende der Mulde, wo laut Gaudenz der beste Fotospot lag. Ben blieb stehen und ließ seinen Blick über die Felswände gleiten.

Als Tina ihn eingeholt hatte, musterte er sie kurz. »Geht's?«

»Interessiert dich das wirklich oder ist das eine rhetorische Frage?«, zischte sie zurück.

Er sah sie an, als wollte er etwas erwidern, dann zuckte er mit den Schultern. »Schau mal, da oben«, sagte er. Er zeigte in den blauen Himmel. »Ein Adler.«

»Schön«, sagte Tina. Ohne hinaufzuschauen, stöckelte sie weiter. »Willst du nun zu diesem Fotospot oder nicht?«

Er folgte ihr wortlos. Tina spürte seine Blicke im Rücken, fühlte die Verachtung in seiner Miene, ohne dass sie sie sehen musste. Sie blieb stehen. »Geh du voraus«, sagte sie, ließ ihn passieren, ohne ihm ins Gesicht zu sehen.

Eine Familie kam ihnen entgegen. »Mama, schau mal! Die Frau hat Stöckis an!«

Tina fixierte das blondgelockte Mädchen, das ihren Aufzug so lustig fand, und sah zufrieden, wie die Kleine ihren Blick abwandte und schutzsuchend nach der Hand der Mutter griff. Diese betrachtete Tina kopfschüttelnd und ließ sie vorbeigehen.

Als die beiden ein paar Meter entfernt waren, hörte Tina die Mutter sagen: »Die Frau ist extrem unvernünftig. Aber, Sandy, man spricht nicht über Leute, die einen hören können.«

Wie wär's, wenn du das selbst beachten würdest?, dachte Tina bitter und stöckelte weiter. Inzwischen zitterten ihre Knie vor Anstrengung. Sollte sie die Schuhe ausziehen und barfuß weiterlaufen? Sie schüttelte den Kopf. Der Pfad war von spitzen Steinen übersät. Nach zehn Metern hätte sie blutige Fußsohlen.

Wehmütig dachte sie an die koreanischen Serien, die sie mit Hingabe verfolgte. War die Protagonistin müde, war sofort ein junger Mann zur Stelle, der sie huckepack nahm.

Ben würde so etwas natürlich nicht einfallen. Im Gegenteil: Er war es, der sie über diesen Weg zwang. Und wozu das alles? Um einen Fotospot für ihre Hochzeit zu begutachten. Für ihre Hochzeit, die ganz sicher nicht hier stattfinden würde. Die vielleicht überhaupt nie stattfinden würde. War Ben der Richtige? War das der Mann, an dessen Seite sie den Rest ihres Lebens verbringen wollte?

Tina stöckelte nachdenklich weiter. Wich den verächtlichen Blicken der Entgegenkommenden aus, überhörte deren spöttische Bemerkungen, quälte sich über den Weg hinter Ben her. Wollte sie diesen Mann wirklich heiraten? Bevor sie eine Antwort auf ihre Frage hatte, blieb er stehen.

»Hier müsste es sein«, sagte er und deutete auf die Felsnase. Es war die von dem Foto, das Tina aufgefallen war. »Sollen wir jemanden fragen, ob er ein Foto von uns beiden macht? Für die Einladungskarten?« Seine Augen suchten den Pfad ab, doch die nächsten Wanderer waren noch in weiter Ferne. »Ein Selfie?«

»Ich will ein Foto allein«, sagte Tina.

Ben zuckte mit den Schultern. »Dann los«, sagte er.

Tina krabbelte auf allen vieren die Felsnase hoch. Oben angelangt, hielt sie inne, fühlte die Sogwirkung der Tiefe, die sich direkt hinter der Felsnase jählings auftat. Wer hier hinunterstürzte, hatte keine Chance. Mit Bedacht suchte sie eine Stelle, die weit genug vom Abgrund hinter ihr entfernt war. Stellte sich in Pose, das Gesicht der Sonne zugewandt. Ein Windstoß fuhr ihr ins Haar, ließ es flattern, wie auf dem Foto der Schleier der Braut geflattert hatte.

»Wahnsinn«, schwärmte Ben. »Das Foto ist der Wahnsinn! Man erkennt dich kaum, so gut schaust du aus. Schau mal!« Er hielt ihr sein Smartphone entgegen.

Da war sie, die Antwort auf die Frage, die Tina schon die ganze Zeit über beschäftigt hatte. Sie nickte zufrieden und machte sich an den Abstieg. Als sie unten war, warf sie einen Blick auf das Display und nickte. »Schick mir das Bild.«

»Danach«, sagte er.

»Jetzt!«, verlangte sie.

Ben hob abwehrend die Hände. »Ist ja gut«, sagte er und schickte das Bild ab. »Ich möchte auch eins von mir.«

»Klar.« Tina nickte. »Klettere hoch.«

Ben war in wenigen Sätzen an der Stelle, an der kurz zuvor Tina gestanden hatte. »Hier?«

»Nein, du musst weiter zurück.«

»Hier?«

»Noch ein Stückchen.«

»Da geht's aber nicht mehr weit zurück, Schatzi«, sagte er.

»Doch«, sagte sie. »Ich habe viel weiter hinten gestanden. Hast du vielleicht Angst?«

Ben lachte lauthals los. »Angst?« Er trat einen weiteren kleinen Schritt zurück. Direkt hinter ihm der Abgrund. Ein Windstoß brachte ihn ins Straucheln.

Er fing sich wieder.

»Noch ein Stück«, verlangte Tina.

»Nein, Schatz. Wirklich nicht.«

»Du hast doch Angst.«

Er schnaubte. »Ich!«

Da zeigte Tina auf einen Punkt über Ben. »Oh, schau mal! Der Adler! Er ist genau über dir!«

Ben riss den Kopf hoch, strauchelte. Ein letzter Windstoß tat sein Übriges. Er fuhr unter seinen ausgebreiteten Armen hindurch, blähte seine Jacke auf wie einen Fallschirm und trug Ben in die Lüfte. Wie der Adler schien er eine Sekunde lang auf dem Windstoß zu schweben, dann fiel er.

Der helle Ruf des Adlers hoch in der Luft vermischte sich mit Bens lang gezogenem Schrei. Dann war es still.

Tina begutachtete das Bild. Eine Felsnase. Dahinter zwei Arme, die ins Nichts griffen. Blauer Himmel. »Ein Wahnsinn, das Bild«, sagte sie leise lächelnd. »Man erkennt dich kaum, so gut schaust du aus. Und übrigens: Ich hasse die Berge!«

Hoch über ihr ließ der Adler seinen gellenden Schrei ertönen.

Tina sah ihm zu, wie er seine Kreise zog. »Schön«, sagte sie.

»Nanu? Ganz allein? Wo is der Zukünftige?«, fragte Gaudenz, als er ihr den Jagertee hinstellte.

Tina zuckte die Schultern. »Wir haben uns getrennt.«

»Des wird scho wieder, oder?«

Sie schüttelte den Kopf. »Nein, das ist endgültig.«

Dann trank sie den Jagertee aus, zahlte und bestieg die Gondel, die sie ins Tal brachte. Sie war allein. Bedächtig schlüpfte sie aus ihren Stilettos und wischte liebevoll den Staub von ihnen.

Eine Hochzeit ist teuer, die Scheidung ist noch teurer.

Mareike Fröhlich

VOM LIEBEN UND LEIDEN

Braunschweiger Hütte, Ötztaler Alpen

Mein Schweiß ist längst getrocknet, hat eine salzige Schicht auf meiner Haut zurückgelassen. Nichts ist mehr da, was ich ausschwitzen könnte.

»Nur noch ein paar Minuten«, flüstere ich vor mich hin, als ich den Blick hebe und die Braunschweiger Hütte fixiere. Das hysterisch-verzweifelte Lachen, das sich seinen Weg durch meine Kehle sucht, kann ich gerade noch unterdrücken. Denn ›nur ein paar Minuten‹ hoffe ich seit Stunden.

Ich denke an die Fliege im Bus zurück. Wie sie die Scheibe hoch- und runtergezappelt ist, dabei all ihre Energie verbraucht hat, um durch etwas hindurchzukommen, durch das es kein Hindurchkommen gibt. Es gibt kein Entfliehen. Kein zurück.

Mich hat der Bus vor Stunden auf der Wendeplatte in Mittelberg ausgespuckt. So wie die anderen Wanderer, die die Etappe ohne Bus gar nicht schaffen könnten. Die Fliege hat er mitgenommen. Ich werde nicht sehen, wie ihre Energie nachlässt. Wie sie aufhört zu zappeln, erschöpft zu Boden sinkt und stirbt. Weil ich mit jeder Menge Gepäck auf dem Rücken den Berg hinaufzapple, meine Energie verbrauche und mit meinen Dämonen kämpfe. Auch ich bin kurz davor, erschöpft zu Boden zu sinken und zu sterben. Vielleicht wäre das eine gute Idee. Im Tod vereint – die Fliege und ich. Doch der Tod der Fliege wird niemanden interessieren.

Ich hebe erneut den Blick. Die Braunschweiger Hütte ist keinen Meter nähergekommen. Vermutlich ist sie die Fata Morgana der Berge. Veräppelt die Wanderer, treibt sie an den Rand des Wahnsinns. Vielleicht liegt es auch daran, dass dies schon die vierte Etappe der Alpenüberquerung, der vierte Tag voller Qualen ist. Alle Reserven sind aufgebraucht – die des Körpers, die der Seele.

Ich versuche, mich zu konzentrieren. Auf jeden einzelnen Schritt. Dabei wird es immer steiler. Mein Atem geht stoßweise, meine Beine zittern. Ich würde gern weinen, aber dafür fehlt mir die Kraft. Und Flüssigkeit habe ich ja sowieso nicht mehr. Gerade als ich darüber nachdenke, einen auf Fliege zu machen und aufzugeben, taucht die Brüstung einer Terrasse vor mir auf. Die Hütte. Die Fata Morgana aus grauem Stein.

Mit jedem weiteren Schritt habe ich Angst, dass sie wieder verschwindet. Tut sie aber nicht. Sie bleibt und so stehe ich nach wenigen Metern wirklich auf der Terrasse. Auf 2759 Höhenmetern. Stehe mit beiden Beinen auf einem von Menschen erschaffenen, ebenen Grund.

Direkt gegenüber liegt der Gletscher. Der Anblick raubt mir den Atem. Leider nicht im positiven Sinne. Das Eisfeld entspricht so gar nicht meiner Vorstellung. Es ist dreckig grau, keine Anzeichen von glitzerndem Eisblau. Vor allem ist der Gletscher klein. Dabei kann ich sehen, wie groß er einmal war. An den Schleifspuren, die das Eis durch seine Bewegungen auf den Felsen hinterlassen hat. Der Gletscher ist ein Schatten seiner selbst. So wie ich.

Ich lasse meinen Blick über das karge Land schweifen. Über den Schmelzwasser-See, der das Grau des Himmels spiegelt. Mitten zwischen dem Grau der Bergspitzen. Ich könnte stundenlang hier stehen und diese

Ödnis, diese Besinnung auf das Wesentliche bestaunen. Doch in den Bergen reduziert sich vieles aufs Überleben, also wende ich mich ab und will die Hütte betreten. Weil ich – anders als die Fliege – nicht mehr vor dem Erschöpfungs-, sondern kurz vor dem Hungertod stehe.

Doch Sebastian ist schneller. Der Typ, der diesen gigantisch großen Rucksack über die Alpen trägt, der nicht redet, drängt sich vor mir in die Hütte. Natürlich hält er mir nicht die Tür auf. Gentlemanlike kennt er anscheinend nicht, oder es gehört eben nicht zum Wesentlichen. Aber auch meine Reserven für ›sich ärgern‹ sind aufgebraucht. Also folge ich ihm, spare mir einen Kommentar.

Das Innere der Hütte ist ein Königreich. Ich bekomme tatsächlich einen Schlüssel für ein Zimmer. Kein großer Raum mit unzähligen Matratzen auf dem Boden für den Bergmassentourismus, sondern ein Vier-Bett-Zimmer. Mit rot-weiß-karierter Bettwäsche auf den Stockbetten und mit rot-weiß-karierten Vorhängen.

Von meinem Bett am Fenster kann ich über die Terrasse auf die Berge, den Gletscher und die Einsamkeit blicken. Doch die Einsamkeit wird vom Leuchten meines Handys unterbrochen.

Eine neue Nachricht. Sie besteht nur aus vier Zeichen. *Und?*

Statt eine Antwort zu schreiben, pule ich mir die Wandersocken von den halbtoten Füßen und schlüpfe in meine Jogginghose. Auch wenn es zu früh ist, begebe ich mich in die Stube, um mit meiner Anwesenheit auf die Dringlichkeit der Nahrungsaufnahme aufmerksam zu machen.

In der Stube ist alles aus dunklem Holz – die Wände, die Sitzbänke, die Tische, die Stühle. Auch hier hängen rot-weiß karierte Vorhänge. Im Kaminofen knistert ein Feuer.

An einem Tisch sitzt ein einzelner Wanderer. Sebastian. Das Einzige, was ich in den letzten Tagen aus ihm herausgebracht habe, ist: zwanzig Kilo und Training für Patagonien.

»Ist hier noch frei?«, frage ich.

Sebastian schaut von der Zeitschrift auf, in der er blättert. Blickt sich im Raum um, als wollte er prüfen, ob ich nicht auch an einem anderen Tisch sitzen könnte. Könnte ich, aber … Ich warte nicht auf seine Entscheidung, ziehe stattdessen den Stuhl nach hinten, lege mein Handy auf den Tisch und lasse mich fallen. Während der Abwärtsbewegung sehe ich leuchtendes Blau. Sebastian hat allen Ernstes seinen Rucksack an die Bank gelehnt, auf der er sitzt.

»Echt jetzt?«, frage ich. »Warum hast du ihn nicht im Zimmer gelassen?«

Vor der Antwort kommt der Wirt. »Was möchtest du?«

Ich zeige auf die Bügelflasche, die vor Sebastian steht. »Auch so eins. Und wie war das noch mal mit dem Essen? Zu früh, ich weiß, aber ich bin am Verhungern.«

»Wir bereiten in der Küche gerade alles vor. Heute haben wir Schnitzel mit Bratkartoffeln, Spinatknöd…«

»Schnitzel!«

Der Wirt lächelt. »Und du?«, fragt er Sebastian.

Sebastian bestellt die Spinatknödel.

Weitere Wanderer finden in die Stube. Das Feuerholz knackt. Meine Füße erwachen allmählich wieder zum Leben.

»Mal im Ernst«, sage ich. »Ist dir beim Wandern jemals was geklaut worden?«

Sebastian schaut erneut von der Zeitschrift auf.

»Ich wüsste nicht, was dich das angeht.« Er flüstert. Seine Stimme ist eiskalt – so kalt wie das Duschwasser in den vorherigen Hütten, wenn mal wieder alle anderen vor mir dran waren.

»Ach komm, warum so schlechte Laune? Man könnte gerade meinen, du hast was zu verbergen? Bist du Drogenkurier und nutzt die alten Schmugglerwege?« Ich ziehe die Augenbraue nach oben. »Mit ein paar Opioiden in der Tasche von Deutschland nach Italien?«

»Sehr witzig.« Er nimmt einen Schluck aus seiner Bierflasche. »Ja, mir sind schon Dinge gestohlen worden. Darum bin ich vorsichtig.«

Ich nicke, beschließe, das Thema zu wechseln. »Und? Welche Route läufst du? Ist in Meran für dich Schluss?«

»Ich mache in Meran eine Pause. Werde vermutlich nach ein paar Tagen weiterlaufen. Venedig wäre nicht schlecht.«

»Hast du so lange Urlaub? Ich meine, bis Venedig sind es doch dreißig Etappen, oder? Das bedeutet dreißig Tage.«

»Ich bin zurzeit freigestellt. Nach der Reise schaue ich, wo es mich beruflich hinführt.«

»Wow, den Luxus hätte ich auch gern«, sage ich.

Ein seltsamer Ausdruck huscht über sein Gesicht. Bevor ich ihn deuten kann, stellt der Wirt die Flasche Bier vor mich hin, legt Besteck auf den Tisch und ist wieder verschwunden.

Ich nehme einen kräftigen Schluck, ziehe den herben Geschmack ein, spüre den Alkohol. Erst jetzt nehme ich die Geräuschkulisse wahr. Die Tische sind inzwischen alle besetzt und die verschiedenen Gespräche ballen sich zu einem Brummen zusammen. Mal ein Lacher hier, mal einer da. Aber die Stube platzt nicht aus allen Nähten, so wie es bei den anderen Hütten der Fall war – keine Warteschlange für einen freien Platz. Alles bleibt übersichtlich.

Unter lautem Hurra der Anwesenden trägt der Wirt die ersten Teller herein. Einer davon ist meiner. Selten habe ich so ein wunderschönes Schnitzel gesehen. Es ist riesig, glänzt von Butter und riecht verführerisch nach jeder Menge Kalorien. Für einen Moment ist mir alles andere egal. Es zählt nur das Schnitzel. Ich esse schweigend. Stopfe Energielöcher. Genieße. Das Essen, die Wärme, das Bier. Bestelle ein weiteres – obwohl ich weiß, dass es nicht gut für mich ist.

Keine zwei Minuten später stellt der Wirt die Flasche vor mich hin und nimmt den leeren Teller mit. Ich trinke. Und der Alkohol trägt die Wärme in den letzten Zipfel meines Körpers. Kein erschöpftes zu Boden-sinken-und-sterben mehr. Keine Fliege.

»Jetzt mal im Ernst«, sage ich und spüre die Leichtigkeit meiner Zunge. »Warum bist du hier?«

Sebastian schiebt sich eine Strähne seines schulterlangen Haares, die sich aus seinem Zopf gelöst hat, hinters Ohr. »Um die Alpen zu überqueren.«

»Ja, klar – das sagen sie alle. Natur erleben, Reisen wie einst, den Körper spüren … das ist doch Quatsch.«

Er neigt den Kopf ein wenig zur Seite. »Wenn das nicht die Gründe sind … warum bist du dann hier?«

Ich lache und weiß selbst nicht, warum, denn eigentlich tut die Wahrheit gerade in diesem Moment verdammt weh. »Ich laufe weg. Vor den Scherben meines Lebens.«

»Über die Alpen?«

»Wenn der Körper schmerzt, spüre ich das Herz nicht mehr.«

Die Worte schweben im Raum. Vernichten mein Lachen. Ich starre auf meine Hände, knibble an den Fingernägeln.

»Das ist scheiße«, sagt er und ordert ebenfalls ein zweites Bier.

Mein Handy leuchtet erneut auf. *Antonia! Melde dich!*

Alles zu seiner Zeit, denke ich.

»Und? Wovor läufst du weg?«, frage ich.

»Ich überquere die Alpen«, sagt er.

Nun platzt es doch aus mir heraus, das ironische Lachen. »Ja, klar! Und weil du Angst hast, dass dir deine Luxus-Woll-Unterwäsche gestohlen wird, sitzt du auf deinem Rucksack. Verarschen kann ich mich selbst.«

Als ich ihm in die Augen schaue, stirbt mein Lachen. Ich beuge mich über den Tisch, ganz dicht an ihn heran. Rieche dabei die Mischung aus seinem Schweiß und Deo. »Sag es mir«, beschwöre ich ihn. »Ich werde es niemandem verraten. Ehrenwort.«

Doch in diesem Moment stellt der Wirt das bestellte Bier direkt zwischen uns. Ich ziehe mich zurück, richte mich auf, dabei lasse ich ihn keine Sekunde aus den Augen.

Sebastian zieht die Flasche zu sich hinüber und lässt den Bügelverschluss aufploppen. Er nimmt einen tiefen Schluck, fährt sich mit dem Handrücken über den Mund.

Mein Handy leuchtet erneut. *Toni! Warten auf Informationen.*

»Scherben entstehen, wenn etwas zerbricht«, sagt er in die Stille zwischen uns, die umgeben ist von den Gesprächen und dem Gelächter der anderen.

Ich hadere. Was geht es ihn an? Anderseits … »Die Location stand fest«, beginne ich. »Wir hatten sogar schon ein Menü-Probeessen absolviert. Immerhin hat er mich verlassen, bevor wir die Einladungskarten verschickt haben.« Mein Mund ist plötzlich staubtrocken. Mit einem Schluck Bier will ich es beheben, obwohl ich weiß, dass es nicht funktionieren wird.

»Ich habe meinen Job verloren«, sagt Sebastian in meinen Schmerz hinein. »Darum habe ich alle Zeit der Welt.«

Ich versuche, seine Mimik zu lesen, schaffe es aber nicht. »Hast du Mist gebaut oder sind es Einsparungen?«

Sebastian antwortet nicht. Auch wenn mir vom Alkohol schummrig ist, entgeht mir nicht, dass er versucht, seinen Rucksack unbemerkt unter die Bank zu schieben.

»Darf's bei euch noch was sein?« Der Wirt.

Ich zucke zusammen. »Zwei Williams oder so.«

»Oder so?«

»Oder Pflaume oder Kräuter oder so«, sage ich.

Der Wirt nickt und verschwindet wieder. Während mein Herz seinen Galopp allmählich verlangsamt, warten wir.

»Marille«, sagt der Wirt und stellt die zwei Gläschen, die bis zum Rand gefüllt sind, vor uns ab. »Wohl bekomm's.«

Ich hebe das Glas, schaue Sebastian demonstrativ in die Augen. »Auf unsere Scherben und das, was du in deinem Rucksack mit dir rumschleppst.«

Sein Gesicht erstarrt für einen kurzen Moment.

Ich schließe die Augen und stürze den Marillenbrand hinunter. Weich verteilt er sich in meiner Speiseröhre und kommt warm im Magen an.

Als ich die Augen wieder öffne, steht Sebastian gerade auf.

»Ich werde jetzt ins Bett gehen. Ich will morgen schon gegen fünf Uhr los.«

Ich lache, merke aber sofort, dass er es ernst meint. »Ach komm, du bist doch nicht auf der Flucht.«

Er zieht den Rucksack unter der Bank hervor. »Wir sehen uns«, sagt er. Dann ist er weg und ich bleibe im Lärm der Wanderer zurück.

Mir ist leicht schwindelig. Und schlecht. Ich nehme mein Handy zur Hand, überlege, ob ich auf die Nachrichten antworten soll. Entscheide mich aber dagegen. Es gibt Wichtigeres zu tun.

Ich stehe auf, bin erleichtert, dass meine Beine auf die Befehle meines Gehirns hören. Am Tresen bezahle ich meine Zeche.

Als ich die Tür meines Zimmers öffne, kann ich es kaum glauben – noch immer ist kein anderes Bett belegt. Ich habe den kleinen Schlafraum für mich ganz allein. Das ist wie Geburtstag und Weihnachten gleichzeitig. Kein ›Tür auf – Tür zu‹, kein Schnarchen, kein Rumwälzen. Nur ich. Allein.

Ich öffne das Fenster, ziehe die Bergluft tief in meine Lungen. Sie ist kalt und macht meinen Kopf wieder klar. Ich weiß, die Zeit drängt. Aber der falsche Moment tötet nun mal alles.

Ich schnappe mir mein Handtuch und den Kulturbeutel und verlasse mein Zimmer. Der Gang liegt größtenteils im Dunkeln, nur aus einem Raum fällt Licht in den Flur, weil die Tür einen Spaltbreit offensteht.

Es ist Sebastians Zimmer. Er steht am Fenster, starrt in die Nacht hinaus. Auch bei ihm scheint kein weiteres Bett belegt zu sein. Zumindest sehe ich keine anderen Rucksäcke. Nur seiner steht unter dem Fenster. In leuchtendem Blau.

Sebastian dreht sich um. Schaut mich an. Zumindest habe ich das Gefühl. Dabei stehe ich außerhalb des Lichtkegels. Trotzdem wende ich mich ab und schlüpfe in den Waschraum. Feuchte Kälte schlägt mir entgegen.

Ich knipse das Licht an. Im Eiltempo putze ich meine Zähne und verlasse den Waschbereich schleunigst wieder – bevor mir die vielen Haare und anderen Partikel in den Becken oder auf dem Boden allzu bewusst werden.

Sebastians Zimmertür ist geschlossen. Ich gehe langsam darauf zu, lausche. Aber im Gang tummeln sich nur die Geräusche, die aus der Stube herüberschwappen. Es gibt sonst nichts zu hören, nichts zu sehen. Also gehe ich zurück in mein Zimmer. Dort erwartet mich österreichisch-arktische Kälte.

Schnell schließe ich das Fenster. Zitternd breite ich den Schlafsack auf dem Bett aus, schlüpfe hinein, ziehe noch die Bettdecke darüber. In der Hoffnung, viel hilft viel.

Ich warte auf die Wärme und auf den richtigen Zeitpunkt. Dabei starre ich die Holzplatte des Bettes über mir an. Nehme die Gedanken an, die auf mich einstürmen. Ich schaue auf die Uhr. Zehn. Zu früh.

Ich höre Wanderer auf dem Gang. Sie unterhalten sich. Lautstark. Klar, warum auch Rücksicht nehmen? Halb elf.

Allmählich verstummen die Gespräche und hinterlassen eine eigenartige Leere – auf dem Flur und in mir. Elf. Immer noch zu früh.

Natürlich kann ich mir nicht sicher sein, dass Sebastian um Mitternacht schläft, aber die Mitte der Nacht fühlt sich wie eine Chance an. Ich betrachte das Display meines Handys. Schaue zu, wie sich die Minuten hinziehen.

Um zehn vor zwölf halte ich es nicht mehr aus. Ich knipse die Taschenlampe an und verlasse den warmen Schlafsack. Auf Zehenspitzen schleiche ich auf den Gang, wage es dabei kaum, zu atmen. An seiner Tür bleibe ich stehen, lausche. Nichts. Langsam drücke ich die Türklinke hinunter, hoffe inständig, dass die Tür keinerlei Geräusche macht. Macht sie nicht, denn sie bewegt sich keinen Millimeter. Abgeschlossen.

Was hast du denn gedacht, du Idiotin, schimpfe ich mit mir. Hättest du es anders gemacht? Nein, hättest du nicht.

Ich schleiche zurück in mein Zimmer. Was jetzt? Für einen Plan brauche ich einen klaren Kopf. Also öffne ich das Fenster. Die Luft riecht nach Schnee. Vom Mond ist nichts zu sehen – dicke Wolkenschichten verbergen ihn. Ich greife nach dem Fenstergriff, will das Fenster schließen. Doch ich halte inne. Klar, das Fenster. Ich schlüpfe in meine dicken Socken und die Hüttenschuhe und klettere auf die Terrasse hinaus. Nur das Licht meiner Taschenlampe, die noch angeschaltet auf meinem Bett liegt, erhellt einen Mikroteil der großen Terrasse, die sich über die gesamte Seite des Hauses erstreckt. Alles andere liegt im Schwarz.

In keinem der anderen Zimmer brennt Licht. Gut so.

Geduckt laufe ich an der Hauswand entlang. Ich verharre unter seinem Fenster, taste mit den Fingern nach der Scheibe. Drücke. Jaaa! Hab ich's doch gewusst – jemand wie Sebastian kann nicht eingesperrt sein, kann nicht bei geschlossenem Fenster schlafen.

Ich drücke etwas fester gegen die Scheibe. Das Fenster gleitet lautlos auf. Ich lausche. Nichts. Also richte ich mich auf, starre ins Zimmer. Ich lasse meinen Augen Zeit, sich an die Dunkelheit zu gewöhnen, aber ich sehe nichts. Wenn jetzt nicht … ich lehne mich in den Raum hinein. Nur ein kleines Stück. Schiebe die Hand nach unten, taste nach dem Rucksack. Rutsche ein Stück weiter über das Fensterbrett ins Innere. Meine Füße verlassen den Boden, schweben in der Luft und meine Hand berührt den Rucksack. Er ist offen. Ich fahre mit der Hand hinein, spüre Stoff. Schiebe zur Seite, was sich nach ›normaler Wanderer‹ anfühlt. Meine Finger arbeiten sich vorwärts, doch der Rucksack scheint keinen Boden zu haben. Mein Arm ist zu kurz. Also schiebe ich meinen Oberkörper noch ein Stück weiter ins Zimmer hinein. Der Fensterrahmen drückt unangenehm auf meine Beckenknochen.

Da stoßen meine Finger auf etwas Hartes. In einer Plastiktüte. Ich halte die Luft an. Das ist es! Ich kralle meine Finger in die Plastiktüte, ziehe. Noch bevor die Klamotten, die obendrauf liegen, aus dem Rucksack auf den Boden fallen können, packt eine kalte Klammer meinen Arm und drückt gnadenlos zu.

»Was fällt dir ein …«

Sebastian. Mit einem Ruck zieht er mich ins Zimmer. Ich falle. Der Schmerz der Landung zuckt durch meinen Körper.

»Das hättest du nicht tun sollen.« Seine Stimme ist kaum zu hören, aber die Bedrohung darin schreit mich an.

»Was hätte ich nicht tun sollen, hä? Deinen Rucksack durchsuchen? Damit habe ich noch gar nicht richtig angefangen.« Auf allen Vieren krabble ich zum Rucksack, reiße raus, was ich zu fassen bekomme. Ich greife nach der Plastiktüte, versuche, sie herauszuziehen. Sie ist schwer.

Sebastian packt mein linkes Bein, will mich wegziehen, doch ich strample mich frei. Ich zerre weiter am Plastik.

»Hör auf!« Sebastian zerrte an meinem Shirt, aber es nutzt ihm nichts – ich habe, was ich will. Ich stelle den Gegenstand vor mich auf den Boden, befreie ihn von seiner Verpackung.

»Tu das nicht!«, stößt er hervor.

Ich mache weiter und halte wenige Sekunden später die Urne in den Händen. Sie hatten also recht.

»Warum tust du das?«, fragt er und sinkt neben mir zu Boden. Wir lehnen mit den Oberkörpern an der Wand. Seine Schulter berührt die meine.

»Marla.« Ich streiche über die glatte Oberfläche der Urne. Über das Metall.

»Sie haben dich geschickt, um Marla zu holen?«

Ich nicke, presse die Urne an mich. Ich spüre die Kälte des Metalls durch meine Kleidung.

»Sie sind echt hartnäckig, meine Eltern. Das muss ich ihnen lassen. Das war schon immer so.«

»Du hast ihre Tochter entführt«, sage ich. »Die Asche ihrer Tochter.«

»Ich erfülle den letzten Willen meiner Schwester. Marla wollte nicht nach Deutschland, sie wollte immer in Meran bleiben, weil sie Meran geliebt hat. Meine Eltern haben sie geholt, als sie zu krank war, sich zu wehren. Krank war Marla plötzlich interessant. Davor haben sie sich einen Scheiß für sie interessiert. Vorgeschoben haben sie, dass das deutsche Gesundheitssystem so viel besser ist. Tot ist Marla noch interessanter, weil man medienwirksam auf dem Friedhof Blümchen gießen kann.«

Ich bewege mich, stehe auf. »Ich werde dafür bezahlt, die Urne zurückzubringen. Auch wenn …«

Er lacht verächtlich auf, erhebt sich ebenfalls. Dreht sich mir zu, drängt mich mit seinem Körper an die Wand. Die Urne drückt gegen meine Rippen. Doch sie hält Sebastian ein paar Zentimeter auf Abstand.

»Sie hassen mich, weil ich Marla erlöst habe.«

Ich starre ihm in die Augen. »Du hast sie getö…«

Er lehnt sich weiter nach vorn, seine Lippen berühren mein Ohr. »Ich habe sie erlöst. Marla hatte Schmerzen. Sie wollte schon lange nicht mehr. Aber die Ärzte … Marla war eine tolle Einnahmequelle. Das kranke Kind reicher Eltern.«

»Aber … es hätte sicher …«

»Ich bin Rettungssanitäter. Ich weiß, was ich tue. Für manchen ist der Tod eine Erlösung.« Er fixiert mich. »Bei anderen hingegen …«

Ich öffne den Mund, doch er legt seine Hand darüber. Er drückt nicht zu, er ist beinahe zärtlich.

»Du tust mir weh«, nuschle ich und versuche, dem schmerzhaften Druck der Urne zu entkommen.

»Was soll ich sagen? Du stehst mit einem Mörder auf 2759 Metern in einer Hütte.« Er nimmt die Hand weg.

»Ich kann schreien. Sebastian, du kannst nicht …«

»Ich heiße Matthias. Das weißt du sicher. Und bis jemand hier ist, bist du tot. Ich kenn mich ja mit dem Töten aus.«

»In der Dunkelheit kommst du nicht weit.«

»Und? Was willst du machen? Meine Schwester zu meinen Eltern bringen? Damit sie Marla zur Schau stellen können? Vielleicht solltest du mich töten. Aber mein Tod interessiert sie nicht. Damit kann man nicht protzen.«

Die Fliege, ich denke an die Fliege. Deren Tod niemand …

Ich muss hier raus, nicht rumzappeln, bis alle Energie verbraucht ist.

Also lächle ich und hauche ihm einen Kuss auf die Wange. Weil Angriff die beste Verteidigung ist. »Ich werde jetzt gehen. In mein Zimmer. Morgen sehen wir weiter. Wir finden einen Weg, Matthias.«

Der Druck wird kurz mehr, schmerzhafter, doch dann weicht Matthias zurück, gibt mir Raum. Er nimmt mir die Urne aus den Händen, wiegt sie in den Armen.

Die Anspannung lässt nach, meine Knie beginnen zu zittern. Ich kann mich nicht mehr halten, gleite an der Holzwand nach unten. Falle wie die Fliege im Bus.

»Du solltest gehen«, sagt er, ohne mich anzuschauen. Er hat nur Augen für Marla. »Du wirst die Etappe morgen sonst nicht schaffen.«

»Wie meinst du das?«

Matthias deutet zum Fenster. Ich kämpfe mich auf die Beine, gehe darauf zu und ziehe es weiter auf. Weiße Flocken schweben vom Himmel herab.

»Es ist Spätsommer«, flüstere ich.

Matthias stellt sich hinter mich. »In den Bergen gelten diese Gesetze nicht.«

Ich nicke, klettere aus dem Fenster. Auf der Terrasse bleibe ich stehen, recke das Gesicht zum Himmel. Die Schneeflocken schmelzen auf meiner Haut. Kaum sind sie weg, sind sie vergessen. Wie die Fliege. Marla bleibt. Weil sie Matthias wichtig ist, weil sie in seiner Erinnerung weiterlebt.

Ich nehme sie alle mit in mein Zimmer, Matthias, Marla und die Fliege. Dort warte ich auf den Morgen, während ich den Schneeflocken beim Fallen zuschaue.

Noch vor dem Morgengrauen ziehe ich mein Handy hervor und tippe. *Zielperson verloren. Muss eine andere Route genommen haben. Bleibe dran.* Ich nicke mir selbst zu und sende die Nachricht ab.

In aller Ruhe ziehe ich mich an. Ich habe es nicht eilig. Weil ich weiß, dass Matthias weg ist.

Als ich in die Stube komme, lächelt mich der Wirt an. »Kaffee?«

»Und wie«, antworte ich.

Ich setze mich auf den Stuhl, auf dem ich auch gestern gesessen habe. Gestern, mit Matthias, als er noch Sebastian war.

Der Duft des Kaffees kommt vor der Tasse bei mir an. Der Wirt stellt sie im nächsten Moment auf den Tisch. Und er legt einen Zettel daneben. Bevor ich fragen kann, ist er wieder verschwunden.

Ich falte den Zettel auseinander. Darauf steht nur ein Wort.

Meran.

Katharina Eigner

STIRB, WENN DU KANNST

Ischgl, Tirol

Ich spüre die flirrende Hitze, als ich an der Hausmauer lehne. Nicht die stechende Herbstsonne bringt die Luft zum Vibrieren, sondern die Ruhe vor dem Sturm. Und obwohl ich Ruhe bevorzuge, geht der Sturm diesmal auf mein Konto.

Ich drehe den Kopf nicht weg, obwohl die Haut auf Wangen und Stirn bereits spannt. Diesen einen Sonnenbrand werde ich noch aushalten müssen. Aushalten *dürfen*. Die Chancen, dass ich einen weiteren erlebe, sind durchwachsen. Fünfzig zu fünfzig, bestenfalls. Mit dem rechten Mittelfinger taste ich meinen Nasenrücken ab. Wenn alles gut geht, wäre eine rote Nase heute Abend mein geringstes Problem.

Die unbeschwerten Augusttage sind Geschichte. Ich brauche keinen Kalender, um zu wissen, dass der September begonnen hat: nur mehr einstellige Temperaturen frühmorgens und die Bergspitzen sind angezuckert. Das Vieh ist von den Almen ins Tal zurückgekehrt und erste Blätter färben sich gelb. In Ischgl, auf fast 1400 Höhenmetern, ist der Herbst kurz und intensiv. Während an Gipfelkreuzen und Gebirgsbächen Wanderer noch Kraft tanken, macht sich im Ort erste Hektik breit. *Wettrüsten* nannte Tom Ischgls Vorbereitungen auf die Wintersaison spöttisch. Er war immer schon ein Idiot. Auch wenn es stimmte, dass sich das einstige Bergbauerndorf dem Massentourismus zugewandt hatte: Tom war der Letzte, der sich Kritik erlauben durfte. Er hatte sich an Ischgls vollem Honigtopf bedient wie kein anderer, hatte sich die Rosinen aus dem Kuchen gepickt und war stets auf der Sonnenseite gelandet. Grundstücksverkäufe mit gefälschten Genehmigungen, bestochene Gutachter, zwielichtige Investoren. Toms Ideen, um schnelles Geld zu machen, waren grenzenlos. Sein Meisterstück war das Plündern des Gemeindekontos. Zur Rechenschaft wurde er nie gezogen. Jedes Mal gab es jemanden, der am richtigen Schalthebel saß und Tom gerade einen Gefallen schuldete. Bis heute hat sich daran nichts geändert. Mein Bruder beherrscht die Klaviatur der Korruption wie kein anderer.

Bereits mit sechs Jahren kassierte er beim Kellnern mehr Trinkgeld als ich. Obwohl unsere Eltern darauf bestanden, teilte er es nie mit mir. Alle Touristen fielen auf seine blauen Augen mit den Fliegenbein-Wimpern herein. Wozu der herzige Junge abseits der Gaststube fähig war, ahnte niemand.

Mein Kaninchen, das er dem Koch unter der Hand verkaufte, war sein erster Coup.

Jenen hektischen Samstagabend werde ich nie vergessen. Ich rieche sogar noch den fettigen Küchendunst, höre klapperndes Geschirr und sehe unsere Eltern zwischen Aushilfsköchen und Edelstahl-Geräten. Das ausgebuchte Restaurant, endlose Bestellungen, viel zu wenig Personal. Mithelfen war Pflicht, Diskussionen oder gar Streit vor den Gästen tabu.

»Johanna, du machst den Service, ich helfe in der Küche«, hatte Tom gesagt und dabei eigenartig gegrinst. Und dann hatte er mir den Teller zugeschoben, den ich zu Tisch 13 tragen sollte. Noch heute steigt Brechreiz in mir hoch, wenn ich an den dampfenden Braten denke:

Hoppel, mein kleiner, felliger Freund. Mit Dillsauce und Polenta.

»Du sollst die Bestellungen *heiß* servieren!«, hatte mich der Koch angeschnauzt, als ich starr vor Schreck gegen die Übelkeit ankämpfte. »Die Gäste zahlen nicht für kaltes Essen!« Und dann wurde ich in die Gaststube geschubst, mit dem vorgewärmten Teller in der Hand. Tisch Nummer 13 schien unendlich weit weg. Ich sah kaum etwas durch den Tränenschleier, stieß im Vorbeigehen gegen ein Tischbein. Toms Blick, als er mir zusah, hat sich in mein Gedächtnis gebrannt: diabolisch, grausam und trotzdem feig. Offene Konflikte mied er schon immer wie der Teufel das Weihwasser. Toms Spezialität sind die stillen Wunden. Verletzungen der Seele, gemacht für die Ewigkeit.

Ich straffe meinen Rücken, hole mich ins Hier und Jetzt zurück. Verscheuche den Geruch von Hoppel aus meiner Nase und gebe der Träne im Augenwinkel keine Chance. Konzentriert blicke ich Richtung Friedhof, Ischgls einzigem Ort, an dem Stille nicht nur ein Versprechen ist. Am Zifferblatt der Kirchturmuhr stehen beide Zeiger auf zwölf. Mittag. Toms Grab sollte bereits ausgehoben sein.

Über ein Bestattungsinstitut im Nachbartal habe ich unter seinem Namen ein Begräbnis bestellt. Niemand hat sich gewundert. Unser Familienname ist einer der häufigsten hier in der Gegend. Thomas Walser wird morgen um vierzehn Uhr auf dem Ischgler Friedhof beigesetzt. Ein Partezettel hängt bereits im Glaskasten neben dem Kircheneingang. Auch wenn ich mir wirklich Mühe bei der Gestaltung gegeben habe, ist er nichts Besonderes.

Ich beherrsche mich, obwohl es mich magisch zur Kirche und der Aufbahrungshalle mit dem verheißungsvoll leeren Sarg zieht. Noch ist das Friedhofsgelände für mich tabu. Harry, der Totengräber, ist um diese Zeit immer dort. Trotz neuer Haarfarbe, brauner Kontaktlinsen und Touristen-Outfit würde mich der gutmütige Harry auf Anhieb erkennen, mich in ein Gespräch verwickeln und mir Fragen stellen. Wir sind uns auf allen Begräbnissen begegnet, bevor ich Ischgl verlassen musste. Also widerstehe ich der Versuchung, mir die Grube und den Sarg, den ich online ausgesucht habe, anzusehen. Lärchenholz. Ich liebe Holzgeruch. Die harzigen Noten wirken beruhigend, finde ich. Ein wenig Beruhigung wäre nicht schlecht, aber Neugier und Ungeduld sind schlechte Berater. Sie könnten meinen gesamten Plan zunichtemachen, und dann wäre alles umsonst gewesen: Der Abschiedsbrief, der Partezettel und das vermeintliche Treffen mit meinem Bruder, auf das ich mich angeblich seit Langem freue. Von den Mörderischen Schwestern ganz zu schweigen. Seit ein paar Tagen bin ich mit ihnen in einem gelben Oldtimerbus unterwegs.

Die Mörderischen Schwestern, Krimiautorinnen aus Deutschland, Österreich und der Schweiz, sind auf Tour. Eine Art Betriebsausflug, dem ich mich kurzfristig angeschlossen habe. Seit zwei Jahren schreibe ich unter dem Namen Ilse Schwabinger Kurzkrimis, nehme an Wettbewerben teil und tausche mich virtuell mit anderen Autorinnen aus. Selbstverständlich gibt es kein Foto von Ilse Schwabinger im Netz, sie nimmt nie an Versammlungen teil und gewinnt keine Preise. Ilse ist nur Mittel zum Zweck. Teil meines Plans.

Der Vintage-Reisebus parkt wenige Meter entfernt vom Friedhof. Für heute habe ich mich der Reisegruppe nicht angeschlossen, obwohl mir die unbeschwerte Gesellschaft der Autorinnen guttut.

»Schade, dass du nicht dabei bist«, sagte Katharina enttäuscht, als ich mich vom Ischgl-Tagesausflug ausklinkte. Auf der Fahrt sitzen wir nebeneinander, die letzten Nächte haben wir uns ein Zimmer geteilt. Wir verstehen uns gut, auch wenn mich ihr ständiges Nägelfeilen nervt. Bei jeder Gelegenheit fischt sie ihr pinkfarbenes Lederetui mit dem Maniküre-Set aus der Handtasche. Trotzdem habe ich ein schlechtes Gewissen, sie anzulügen.

»Die Schmuggler-Route steht auf dem Programm.« Ihr letzter Versuch, mich zum Tagesausflug zu überreden, aber ich schüttle den Kopf. Mein Entschluss steht fest, außerdem kenne ich die Wanderung von Ischgl nach Samnaun zur Genüge, auch die Geschichten dahinter.

Bevor Ischgl ein Wintersportparadies wurde, waren die Einheimischen auf andere Einnahmequellen angewiesen gewesen. Landwirtschaftliche Produkte wurden bei Nacht und Nebel über die Berggipfel der Silvretta ins benachbarte Schweizer Samnaun transportiert und dort getauscht. Besonders begehrt waren Nylonstrümpfe, Reis und Kaffee.

Beinahe jeder Ischgler betätigte sich irgendwann als Schmuggler. Der erste Ischgler Skilift soll mit Schmuggel-Geld errichtet worden sein.

»Ich habe dir doch von meinem Bruder erzählt. Er ist zufällig auch gerade in Ischgl, nur für einen Tag«, erklärte ich Katharina. »Wir haben uns ewig nicht mehr gesehen. Das Treffen ist schon fix ausgemacht, sorry.«

Katharina zeigte sich verständnisvoll. »Klar, Familie geht vor. Dann treffen wir uns heute Nachmittag wieder hier an der Haltestelle?«

Ich nickte, wünschte ihr viel Spaß beim *Duty-free-shopping* in Samnaun und winkte ihr und den anderen nach. Sie drehte sich noch einmal zu mir um. »Und sei pünktlich, sonst musst du in Ischgl bleiben.«

Die Worte hallen in mir nach. *In Ischgl bleiben*. Es war witzig gemeint, aber mein Magen krampft sich zusammen. Bleiben. Nichts wünsche ich mir mehr. Nichts ist unmöglicher.

Wieder sehe ich auf die Uhr. Mir bleibt eine knappe Stunde Zeit, bis es losgeht. Ich könnte einen Blick über die Friedhofsmauer riskieren. Mich in die Aufbahrungshalle schleichen und einen kurzen Blick auf Toms Sarg wagen. Oder … ich könnte eine Runde durch Ischgl drehen, um mich abzulenken.

Auf meinem Smartphone überprüfe ich, wie weit Tom von Ischgl entfernt ist. Die Track-und-Trace-Funktion gibt mir Sicherheit. Genaugenommen ist sie meine Lebensversicherung. Ich musste nur Toms iPhone mit meinem verbinden. Es war nicht schwer, seine Ehefrau als Helferin zu gewinnen. Sie wäre wahrscheinlich jedes Risiko eingegangen, um ihren Mann loszuwerden. Ich starre auf den blauen Punkt, der sich auf Ischgl zu bewegt. Jetzt gerade fährt er durch Landeck. In gut dreißig Minuten wird er Ischgl erreichen. Gerade genug Zeit für einen zügigen Spaziergang durch Ischgl. Um schlechte Erinnerungen aufzufrischen, denke ich bitter. Dank Tom gibt es keine guten.

Weg von der warmen Hausmauer. Ich starte meine Runde, immer darauf bedacht, nicht aufzufallen. Verlegen senke ich den Blick oder krame in meiner Bauchtasche, wenn ich jemandem begegne. Es fühlt sich seltsam an. Alles in Ischgl ist vertraut und fremd zugleich. Bis auf die letzten zwei Jahre habe ich mein gesamtes Leben hier verbracht, trotzdem erkennt mich niemand. Meine Tarnung funktioniert.

Bei der Volksschule ist Kinderlachen zu hören. Eine Handvoll Erstklässler strömt aus dem Schulgebäude. Ein paar bleiben an der Bushaltestelle stehen, andere machen sich auf den Heimweg. Wie Tom und ich vor gut dreißig Jahren. Obwohl ich auf dem Schulweg immer mit ihm unterwegs war, fühlte ich mich schon damals verlassen.

»Du hast es gut!« Alle hatten mich um Tom, meinen zwei Minuten älteren Zwillingsbruder beneidet. Niemand kannte meinen sehnlichsten Wunsch: allein sein. Unmöglich mit einem Bruder, der seine Opfer wie ein Helikopter umkreiste. »Tom ist immer bei dir. Wie ein Beschützer«, hatten sie gesagt. In Wirklichkeit hätte ich Schutz vor ihm gebraucht.

Ich gehe schneller, lasse das Schulgelände hinter mir und ziehe meine Runde durchs Dorf. Rufe mir die alten Schleichwege wieder ins Gedächtnis. Zur Sicherheit, falls Tom sich wehrt und ich verschwinden muss. Um mein Elternhaus mache ich einen großen Bogen. Auch wenn meine Familie hier nicht mehr lebt, kann ich das Risiko nicht eingehen, erkannt zu werden.

Meine Sorgen sind unbegründet. Ich begegne kaum jemandem. Zur Mittagszeit ist in Ischgl nicht viel los, zumindest im September. Die meisten der tausendsechshundert Einwohner sind im Tourismus beschäftigt. Im Herbst bringen sie ihre Hotels und Pensionen auf Vordermann. Überall wird geputzt, ausgebessert oder repariert. Noch ist ein gemeinsames Mittagessen mit den Kindern möglich, aber ab November ticken die Uhren anders. Sobald Unterkünfte, Gastronomie und Skilifte geöffnet haben, geben die zahlenden Gäste den Takt in Ischgl vor.

Es dauert keine halbe Stunde, bis ich wieder bei der Friedhofsmauer ankomme. Halb eins. Noch hätte ich die Chance, auszusteigen. Es mir anders zu überlegen, Ischgl als Unschuldige zu verlassen und Tom zu verschonen. Aber … will ich das? Ich horche in mich hinein, schließe die Augen. Alles kommt wieder hoch. Das verkaufte Elternhaus. Mutter und Vater, die von heute auf morgen ohne Bleibe waren. Der Kredit, den er auf meinen Namen aufgenommen hat. Hoppel. Ein Ruck geht durch meinen Körper, ich öffne die Augen und balle die Fäuste. Nein! Es gibt kein Zurück! Ich bin fest entschlossen.

Hinter einem großen Haselnussstrauch sortiere ich den Inhalt meiner Bauchtasche. Spritze, Enzianschnaps, und – für alle Fälle – Kabelbinder. Ab jetzt darf ich mir keinen Fehler erlauben. Ich mache einen Doppelknoten in meine Schnürsenkel. Sportschuhe und Funktionskleidung habe ich nicht nur zur Tarnung als Touristin gewählt. Tom ist einen Kopf größer als ich und kräftig. Wenn er sich wehrt, muss ich mich verteidigen können. Schnell und wendig sein. Seinen kräftigen Pranken entkommen.

Den Gedanken an Toms schwarzen Gürtel in Karate schiebe ich beiseite, lege die Hand auf meinen Unterbauch und atme langsam ein. Denke an meine Stärken. Ich habe vorgesorgt. Meinen Körper monatelang gestählt und mich auf den heutigen Tag vorbereitet. Mir kann nichts passieren. Außerdem ist er, meinen Recherchen zufolge, aus dem Karateclub ausgetreten und hat sich stattdessen einer Weinrunde angeschlossen. Nicht aus Interesse an edlen Tropfen, sondern um sich mit finanzkräftigen Leuten zu umgeben. Beziehungen zu knüpfen, die ihm nützen könnten. Er ist bequem und fett geworden, sagt meine Schwägerin. Seine Gier ist unverändert, und genau damit konnte ich ihn ködern.

Ich taste nach der Spritze, dem wichtigsten Utensil für mein Vorhaben. Für den Giftcocktail bin ich eigens nach Holland gereist und habe Mitarbeiter einer Sterbeklinik bestochen. Die Spritze ist meine Eintrittskarte in ein neues Leben und zugleich Toms Verderben. Zumindest, wenn alles gut geht.

Die Sonne steht jetzt über dem Kirchturm. Ich blinzle zum Wetterhahn. Sein leises Quietschen erinnert mich an früher. Es ist ein schöner Tag zum Sterben.

Zeit, den Posten zu beziehen. Es ist dreiviertel eins, laut *Google Maps* wird Tom pünktlich um eins hier sein. Per Mail habe ich mich als Investor ausgegeben, der sich in Ischgl einkaufen will und Beratung von einem Einheimischen braucht. Diskret, versteht sich. Ich muss schmunzeln, als ich an den Mailverkehr denke. In seiner Gier hat mein Zwillingsbruder keinen Verdacht geschöpft. Im Gegenteil. Es hat nicht lange gedauert, bis er Vorschläge unterbreitet hat, wie ich in Ischgl Grundstücke erwerben könnte. Am Gesetz vorbei, versteht sich. Auf diese Weise hat er auch unser Elternhaus verscherbelt, denke ich grimmig. Unter meinen Sportschuhen knirscht der Kies.

Links und rechts vom Kircheneingang stehen Blumentröge mit roten Geranien. Unter dem rechten liegt der Schlüssel für die Sakristei. Dasselbe Versteck wie eh und je. Zum ersten Mal seit einer gefühlten Ewigkeit stecke ich den Schlüssel ins Schloss und öffne das schwere Holztor.

Die Luft im Steingemäuer ist kalt und muffig. Seit unserer Zeit als Ministranten hat sich nichts verändert, stelle ich fest. Sogar der verbogene Drahtkleiderbügel, auf dem das Ornat des Pfarrers hängt, ist noch derselbe.

Die Plastikverpackung raschelt, als ich die Spritze aus meiner Bauchtasche fische. Ich entferne die Schutzfolie und klopfe auf die kleine Durchstechflasche mit dem Gift. Ein heikler Moment: Wenn das Fläschchen zu Boden fällt und zerbricht, ist meine Chance vertan. Das Aufziehen der Flüssigkeit mit der Nadel passiert lautlos, nur mein Herz pocht dröhnend.

Von draußen höre ich Schritte im Kies. Tom. Früher als gedacht. Ich schlüpfe hinter den roten Samtvorhang, der die Sakristei vom Kirchenraum trennt, und halte den Atem an.

Tom steht auf der Schwelle zur Sakristei. Ich kann seinen Schatten sehen, sogar seinen Atem hören. Er ist schwerer und unregelmäßiger als früher. Mein Bruder hat tatsächlich an Gewicht zugelegt. Ein Vorteil, wenn er dadurch weniger wendig ist. Oder ein Nachteil, wenn er sich auf mich stürzt. Und ich werde all meine Kräfte brauchen, um seinen massigen Körper in den Sarg zu betten. Wenn es so weit ist. Ich trete hinter dem Vorhang hervor. Unsere Blicke treffen sich.

»Du?« Seine Überraschung ist echt.

Ich spanne alle Muskeln an und lege den Daumen auf den Kolben der Spritze. Im Halbdunkel der Sakristei sieht er die feine Nadel nicht. Je länger er sich in Sicherheit wiegt, umso besser. Da ist es wieder, das verhasste Grinsen. Er fühlt sich überlegen, sieht mich als wehrlose Schwester. Unterschätz mich ruhig, denke ich und halte seinem Blick stand.

»Die Mail war von dir.« Er nickt selbstgefällig, ist stolz auf seine Kombinationsgabe und wendet sich zum Gehen.

Jetzt!, schreien alle Fasern meines Körpers. Jetzt könnte ich ihm die Nadel in den Nacken rammen, das

Monster besiegen, die Sache beenden. Ich hebe den Arm, halte die Luft an und bin bereit. Wie eine Raubkatze auf Beutejagd. Aber etwas hält mich zurück. Nur nichts überstürzen, sage ich mir und lasse den Arm wieder sinken. Wozu die Eile? Lieber den Moment genießen. Ein letztes Mal plaudern.

»Ja, der Investor war ich. Gut erkannt.« Meine Stimme ist ruhig und gefasst. Ich habe zwei Jahre lang auf diesen Moment hingearbeitet. Alle Zweifel sind verflogen.

Mit großer Geste schiebt er den Ärmel seines Pullis hoch und wirft einen Blick auf die Rolex. Schnaubt ungeduldig. »Bravo, der Punkt geht an dich, Schwesterherz. Und jetzt sag endlich: Was willst du? Ich hab's eilig.«

»Tom auf dem Sprung, natürlich.« Ich nicke. »Trotzdem: Willst du Ischgl ernsthaft ohne einen guten Tropfen verlassen?« Ich meine das Serum in der Spritze, nicht Alkohol. Aber das kann Tom nicht wissen. Für Hochprozentiges hat mein Bruder eine Schwäche.

Plötzlich scheint sein Ärger über das geplatzte Treffen mit dem Investor verflogen, Toms Augen leuchten freudig. »Enzianschnaps?«

Die klare Flüssigkeit ist seine einzig wahre Liebe zur Heimat. Für die Arznei aus der kostbaren Wurzel, die hier in den Bergen wächst, würde er meilenweit gehen. Oder töten, denke ich und kichere grimmig.

»Feiern wir unser Wiedersehen?« Er denkt tatsächlich, ich hätte ihn vermisst. Der Beweis, dass seine Eitelkeit größer ist als sein Misstrauen.

»Es gibt immer etwas zu feiern«, antworte ich.

Er wiegt den Kopf hin und her. Die Spritze in meiner linken Hand hat er immer noch nicht bemerkt. »Eigentlich war ich auf bessere Gesellschaft eingestellt, aber wenn ich schon einmal hier bin … Worauf stoßen wir an?« Er sieht sich um, wahrscheinlich sucht er Flachmann und Schnapsgläser. Das ist er. Der Moment. Ich rufe ab, was ich trainiert habe.

»Wir stoßen auf *dich* an.« Mit einem Satz bin ich bei ihm, hole aus und ziele mit der Nadel auf seine Brust, schräg an den Rippenbögen vorbei. Der Winkel stimmt, die Spritze wird direkt ins Herz treffen. Dass seine Handkante auf mich zurast, nehme ich zu spät wahr. Ich habe Tom unterschätzt: Er reagiert blitzschnell. Den Schlag gegen meinen Nacken kann ich nicht mehr verhindern.

Stille. Mein Hals ist trocken, etwas drückt meine Zunge nach unten. Finsternis überall. Holzgeruch umgibt mich. Lärche, wenn ich nicht irre. Der Sarg.

Ich sollte hier nicht liegen. Es ist Toms Platz. Sein Moment, sein Ende. Nicht meines. Die Chance, mich zu befreien, ist gering. Trotzdem muss ich es versuchen. Vielleicht lässt sich der Deckel nach oben drücken. Wenn er noch nicht versperrt ist. Ich versuche, meine Arme zu heben. Sinnlos. Ein starkes Kribbeln von den Schultern abwärts. An den Handgelenken schneidende Schmerzen. Die Kabelbinder! Tom hat mir die Hände hinter dem Rücken zusammengebunden. Wenigstens kann ich die Finger bewegen. Mit ausgestreckten Zeigefingern taste ich meinen unteren Rücken ab. Suche nach dem Gurt meiner Bauchtasche. Nichts. Habe ich sie verloren?

»Guck-Guck!« Toms Gesicht erscheint, zumindest ein Teil davon. Ich sehe nur seine Augen, die durch einen Spalt zu mir in die Finsternis starren. Langsam hebt er den Sargdeckel.

»Das war die beste Idee, die du jemals hattest«, sagt er und lehnt sich lässig an die Außenseite des Sarges. »Darauf trinken wir!« Tom schraubt den Flachmann auf und prostet mir zu. Ich will protestieren, um Hilfe schreien. Vielleicht ist Harry noch hier? Ich lege all meine Kraft in einen Schrei, presse die Luft aus meinen Lungen und erschrecke. Mehr als ein ersticktes Gurgeln schaffe ich nicht. Tom hat mir einen Knebel in den Mund gestopft.

»Die Finanzpolizei ist hinter mir her, es wird langsam unbequem.«

Nicht nur die Finanzpolizei, will ich sagen. Seelenruhig nimmt mein Bruder einen großen Schluck vom Enzianschnaps, mit dem ich auf seinen Tod trinken wollte. Jetzt trinkt er auf meinen. Er folgt meinem Blick und setzt die Flasche ab. »Ich weiß, allein trinken ist unhöflich. Normalerweise. Heute jedoch, angesichts der besonderen Umstände …« Er macht eine kleine Verbeugung vor dem Sarg. »… können wir auf Etikette verzichten.« Nach einem weiteren Schluck rülpst er und wischt sich den Mund ab. Mir graust.

»Ah!« Er nickt anerkennend und schraubt den Flachmann wieder zu. Der Ring an seiner rechten Hand ist unübersehbar: Weißgold mit drei roten Steinen. Wuchtig und geschmacklos.

»Du hast wirklich an alles gedacht, Schwesterlein.«

Ich weiß nicht, was mich wütender macht: der süßliche Tonfall seiner Stimme, dass ich ihn unterschätzt habe, oder meine Tränen, die ich nicht wegwischen kann.

Er schwenkt die Bauchtasche vor dem Sargdeckel, der nun ganz offensteht.

Langsam öffnet er den Reißverschluss und schließt ihn wieder. Natürlich weiß er, dass ich dieses Geräusch schon immer gehasst habe. Auf, zu. Auf, zu. Mir wird heiß. Ritsch. Ratsch. »Kabelbinder, etwas zu trinken und …« Ritsch. »Eine Spritze.« Ratsch. Er hält die Nadel hoch. »Für mich?«

Ich nicke wütend und er zuckt mit den Schultern. »Planänderung. Ich werde mich absetzen und zwar genau …« Kurzer Blick auf seine Rolex. »… jetzt.« Seine Hand streicht liebevoll über den Sargdeckel. »Neuer Name, neuer Wohnort, neues Leben. Morgen werde ich beerdigt, dann ist es amtlich. Thomas Walser kann nicht mehr zur Rechenschaft gezogen werden.«

Ich schließe die Augen. Er soll meine Verzweiflung nicht sehen. Ab morgen, vierzehn Uhr, kann er sein altes Leben endgültig hinter sich lassen. Und ich meines in ein paar Minuten, wie es aussieht.

Er beugt sich zu mir, die Spritze aufgezogen in der rechten Hand. Die Nadel kommt näher, ich versuche, auszuweichen. Sinnlos: Meine Schultern stoßen links und rechts gegen die Sargwände. Mit einem Ruck rammt er mir die Spritze in den rechten Oberschenkel und bewegt sie kreisend wie einen Steuerknüppel. Der Schmerz ist unbeschreiblich. Ich beiße so fest auf den Knebel, dass meine Kieferknochen knacksen. In meinen Ohren rauscht das Blut, und obwohl mir Tränen aus den Augen schießen, drehe ich den Kopf zu Tom. Suche seinen Blick und fixiere ihn. Ich weiß, wie nervös ihn das macht. Wenn er schon meinen Plan durchkreuzt, soll er es wenigstens nicht leicht haben. Jetzt kommt ein neuer Schmerz dazu, ausgelöst von Toms Daumen, der im Staccato auf den Kolben tippt. Zum Runterdrücken fehlt ihm der Mut. Feigling!

»Die Spritze lasse ich dir da. Wie du damit umgehst, weißt du ja.« Der Knebel drückt auf meine Zunge, ich will schreien und strample vor Wut. Die Nadel steckt bis zum Schaft der Spritze im Oberschenkel. Jede Bewegung schmerzt.

»Gift oder Sauerstoffmangel: du entscheidest.« Er zwinkert mir zu.

Draußen vor der Kirche höre ich aufgeregte Frauenstimmen. Eine davon kommt mir bekannt vor: Katharina. »... wollte doch hier sein ...«, ist das Einzige, was ich verstehe. Der Bus! Ich stöhne, atme röchelnd aus, mein Herz rast. Sie werden ohne mich fahren. Ich zapple wie ein Fisch, versuche, mich aufzurichten, hebe den Kopf. Wenn ich laut genug schreie, wenn ich schnell genug bin, wenn ich mich gegen den Sargdeckel stemme ... Tom drückt mich nieder und streicht mir über die schweißnassen Haare. Ein Grinsen wie damals. Diabolisch, grausam, feig. Ich schließe die Augen und denke an Hoppel. An sein seidenweiches Fell unter meinen Fingern. Es ist aussichtslos, ich gebe auf. Soll doch Tom den Kolben einfach runter drücken. Das Gift in meinen Körper lassen.

»In Ischgl bleiben«, sagt er versonnen, lächelt und verschwindet plötzlich aus meinem Sichtfeld. Ich hebe den Kopf, halte den Atem an. Seine Hand, eben noch an der Kante des Sarges, gleitet weg. Erst als ich den Aufprall seines massigen Körpers auf den Steinfußboden höre, begreife ich. Tom ist zusammengebrochen.

»In Ischgl bleiben? Kannst du haben, sogar für immer.« Mein Herz setzt ein paar Takte aus, als ich sehe, wem die Stimme gehört, wer sich über den Sargrand beugt: Katharina. »Das war knapp.« Sie fackelt nicht lange und zieht die Spritze aus meinem Oberschenkel. Dann schneidet sie mit ihrer Nagelschere den Kabelbinder durch. Ich will mich als Erstes vom Knebel befreien, kriege aber das Stoffende nicht zu fassen. Meine Finger sind taub.

Katharina zieht mir das Tuch aus der Mundhöhle. »So, und jetzt komm!«

Ich staune, wie kräftig sie ist, als sie mir aus dem Sarg hilft.

Meine Schuhspitze streift Tom, der am Boden liegt. Eine Nagelfeile steckt seitlich in seinem Hals.

Katharina muss ihn von hinten überrascht haben. Atmet er noch? Bilde ich mir das Zucken seiner Lider nur ein? Seine Augen sind weit aufgerissen, starren sie mich an? Typisch Tom: Erst in seiner eigenen Blutlache hat er den Mut, mir in die Augen zu sehen.

Von draußen sind Schritte zu hören. Meine Atmung wird schneller. Tom muss weg, bevor jemand die Aufbahrungshalle betritt. »Schnell!«, zische ich und fasse Tom unter den Achseln. Wenigstens muss ich ihn nicht allein in die Holzkiste hieven.

»Keine Sorge, sie schauen sich noch schnell den Friedhof an, bevor sie uns mit der Leiche helfen.« Katharina hebt die linke Augenbraue. »Allein hättest du ihn doch sowieso nicht in den Sarg heben können.«

»Du hast gewusst, was ich vorhabe?«

»Schon lange.« Katharina geht neben Tom in die Hocke. In der rechten Hand hält sie die Spritze. Der klobige Ehering ist viel zu wuchtig für ihre zarten Finger: Weißgold mit drei roten Steinen.

»Wichtig ist, dass der Winkel stimmt«, sagt sie und setzt die Nadel auf Toms Brustkorb an. »Am Rippenbogen vorbei, direkt ins Herz.« Sie drückt ab. »Und jetzt: Stirb, wenn du kannst.«

Carola Christiansen

EIN FALL UNTER FREUNDEN

St. Anton am Arlberg, Tirol

Der Kombi hielt vor dem Hotel.

»Danke fürs Abholen.« Richter nickte der Frau am Lenkrad zu und drehte sich zu Pauline um. Sie sah ihn durch schmale Augenschlitze an. Ihre Wut war auf der langen Fahrt mit dem Reisebus stetig gewachsen und seit der Ankunft am Busbahnhof in St. Anton war sie in trotziges Schweigen verfallen. Obwohl es ihr schwerfiel, wortreich, wie sie im Gegensatz zu ihm eigentlich war. Richter wandte sich ab und stieg aus. Durch die geöffnete Tür strömten unbekannte Düfte zu ihr herein. Die Luft war anders als sonst. Gut, alles war anders, denn normalerweise reisten sie im Winter an – zum Skifahren. Die Hänge, die das Hotel umgaben, waren jetzt grün. Der Schlepplift hatte Sommerpause. Aber vor allem machten sie hier sonst einfach nur Urlaub.

Richter öffnete ihr die Autotür und sah sie auffordernd an. »Pauline?«

Sie zögerte. Natürlich musste sie den Wagen irgendwann verlassen, doch sie wusste, dass es danach kein Zurück gab. Widerwillig stieg sie aus. Statt Schnee, der unter ihren Schuhen knirschte, oder geschulterter Skier, denen sie hätte ausweichen müssen, nur dieser zarte, würzige Duft nach Erde und Wildkräutern. Unter anderen Umständen hätte es ihr gefallen.

Die Frau am Lenkrad, Tochter der ehemaligen Wirtin, rief ihnen zu: »Bleibt also alles wie besprochen?«

Richter nickte nur und zerrte das Gepäck aus dem Kofferraum. Der Wagen wendete und durch die halb heruntergelassene Scheibe rief die Fahrerin: »Dann hol i mei Muader.«

Pauline sah ihr hinterher. Erst als der Wagen nicht mehr zu sehen war, gab sie sich einen Ruck, ließ Sommerdüfte Sommerdüfte sein und machte sich auf den Weg zum Eingang des Hotels. Die automatischen Glastüren glitten auseinander. Drinnen war es heller als im Winter, Lichtreflexe tanzten durch den Raum. Sie ließen die braunen Fliesen aufleuchten. Die Holzverkleidung von Decken und Wänden schimmerte honigfarben. Richter war ihr gefolgt, er kniff die Augen gegen die blendende Helligkeit zusammen und marschierte an ihr vorbei zu dem kleinen verglasten Tresen.

»Du kannst es kaum erwarten, nicht wahr?« Pauline stellte sich neben ihn. »Ich dachte, alles sollte anders werden, wenn du endlich pensioniert bist!« Ihre Stimme war lauter geworden und die Frau am Empfang räusperte sich verlegen.

»Ihr Zimmer ist im zweiten Stock, ganz oben also.« Sie hielt ihnen den Schlüssel mit dem geschnitzten Holzanhänger entgegen. »Die anderen Gäste sind schon eingetroffen. Wie Sie gewünscht haben, warten alle in der Bar.«

Sie stiegen die Treppe zu ihrem Zimmer hoch, vorbei an vergilbten Bildern vergangener Hotelgäste aus mehr als vier Dekaden.

»Ehrlich, Herr Hauptkommissar a. D.«, sagte Pauline etwas atemlos auf den letzten Stufen. »Wie lange noch? Du bist in Rente. Ich möchte endlich mal Ruhe haben. Jahrzehntelang habe ich vor Angst um dich kein Auge zugetan. Wenn du unbedingt Beschäftigung brauchst, warum dann nicht etwas Gemeinsames, etwas völlig anderes? Etwas, das nicht gefährlich ist: Eine Pension oder ein Hotel zum Beispiel, so à la Bed and Breakfast.«

Er schloss die Tür auf und als sie an ihm vorbeiging, sagte er: »Pauline, du weißt, dass ich das hier tun muss.«

Sie stellte ihren Koffer ab. »Dann bringen wir es hinter uns … Die anderen warten.«

Er folgte ihr aus dem Zimmer. Vor der Tür nahm er ihre Hände. »Hör bitte auf, dir ständig Sorgen zu machen.«

»Ach, Moritz, hier eine Bitte, dort ein kleiner Gefallen, natürlich mache ich mir Sorgen.«

Er drückte ihre Hände, dann ging er wortlos Richtung Treppenhaus. Sie folgte ihm seufzend. Die Etagen waren durch massive Holztüren voneinander getrennt. Vor der Tür zum Erdgeschoss blieb er stehen. »Gehst du vor?«

Sie wusste, was er von ihr erwartete und dass er in Gedanken schon woanders war. Sie wusste auch, wo. Vor jedem *Auftritt* musste er sich sammeln. Allein. Wenn es möglich war, am Tatort oder zumindest in dessen Nähe. Er würde also ins Untergeschoss gehen. Dort befand sich der Wellnessbereich, in dem es vor einem halben Jahr passiert war … Ihr lief ein Schauer über den Rücken.

Aus dem kleinen Raum, in dem sich die Bar befand, hörte Pauline aufgeregte Stimmen. Als sie eintrat, verstummten sie abrupt. Die Anwesenden sahen ihr erwartungsvoll entgegen. Es waren wirklich alle gekommen. Nur eine fehlte, aber das war von vornherein klar gewesen. Paulines Blick fiel auf die Fenster mit den blau-weiß karierten Vorhängen. Vor einem halben Jahr hatten tausende tanzender Schneeflocken sie in den Bann gezogen.

Heute schimmerte die Abendsonne rotgolden durch die Scheiben. Jemand räusperte sich und sie nickte.

»Liebe Anwesende, im Namen meines Mannes und auch von mir herzlichen Dank für euer und für Ihr Erscheinen.« Das ist das letzte Mal, mein lieber Moritz, dachte sie, während sie freundlich in die Runde lächelte. Ferdinand Baumgartner, der neue Eigentümer des Hotels, kam vom Tresen auf sie zu.

»Ihr Mann?«

»Wird gleich hier sein«, erwiderte sie.

Wie aufs Stichwort stand er plötzlich hinter ihr im Eingang. Damit war ihr Part erledigt, sie ging zum Sofa und setzte sich zu Jupp und Leonie Kuhlhoff. Nach einer geflüsterten Begrüßung sah sie wieder zu Moritz. Der strich sich gerade seine ergraute Mähne zurück, schien kurz innezuhalten – vor seiner *Enthüllungsshow*. Aufklärung, nannte er es. Er hatte sich gut gehalten, fand sie, war fit und durchtrainiert. Ein bisschen ähnelte er Christoph Waltz, oder umgekehrt.

»Schön, dass alle gekommen sind.« Langsam betrat er den Raum und schien ihn sofort auszufüllen. Er musterte jeden einzelnen. Die ehemalige Wirtin stand mit ihrer Tochter am Tresen und nickte ihm zu. Daneben Frau Baumgartner, die wie üblich blass und übernächtigt aussah. Herr Baumgartner stand mitten im Raum und dirigierte die Kellnerin, die ein Tablett mit vollen Sektgläsern balancierte. Sie ging als erstes zu Richter. »Geht aufs Haus.«

Es dauerte sicher fünfzehn Sekunden, die sich peinlich in die Länge zogen, bevor Richter entschieden abwinkte. »Jetzt nicht.«

Die Kellnerin verschwand und Baumgartners Lächeln gefror auf seinem Gesicht. Ein Auge zuckte heftig, als er hervorstieß: »Herr Richter, wir hocken hier nur Ihretwegen, weil Sie meinen, Licht in Ereignisse bringen zu müssen. Diese Ereignisse wurden schon von den zuständigen Behörden vollständig aufgeklärt.« Er warf einen demonstrativen Blick auf Reto Wyss, der auf dem Sofa zusammenzuckte. »Sein Gspusi, Rebecca Sommer, wurde zweifelsfrei überführt.«

»Wir werden sehen«, erwiderte Richter ruhig.

Baumgartner schnaubte. Die Kellnerin stand inzwischen ohne Tablett, dafür mit sichtlichem Unbehagen neben dem Kamin.

Richter verschränkte die Hände hinter dem Rücken. »Wie alle wissen, erwartet Rebecca Sommer in der Schweiz ein Gerichtsverfahren. Nur aufgrund der überlasteten Behörden kam es bisher noch nicht zur Verhandlung. Sie darf die Schweiz jedoch nicht verlassen.« Er durchschritt den Raum und blieb vor Reto Wyss, Rebeccas Freund, stehen. »Danke, dass du trotzdem gekommen bist.«

Wyss brummte eine Antwort und Richter sah ihn einige Sekunden an, bevor er sich abrupt an die Kellnerin wandte. »Und Sie hören bitte damit auf, Ihre Gedanken an die möglichen Wünsche der Anwesenden zu verschwenden.«

Ertappt fuhr sie zusammen.

»Auch wenn mein alter Freund«, er nickte Jupp Kuhlhoff zu, »gewiss nichts gegen einen Drink einzuwenden hätte.«

»Hört hört«, sagte Kuhlhoff.

Mit einer eleganten Drehung kehrte Richter zurück an die Bar. »Erinnern wir uns an das, was sich hier im vergangenen Winter abgespielt hat. Zu dem tragischen Ausgang führte meiner Meinung nach eine schicksalhafte Verkettung von unglücklichen Umständen. Du …«, sein Zeigefinger wies auf Reto, »… hast ebenso dazu beigetragen wie Sie, verehrte Frau Wirtin. Ungewollt, selbstverständlich.« Er räusperte sich. »Auf jeden Fall begann es hier in diesem Raum, ziemlich genau vor einem halben Jahr.«

St. Anton im März

Die Stammgäste saßen auf den Kuschelsofas vor dem Tresen. Der Schein des Kaminfeuers flackerte über Gesichter, die vor Hitze, und bald auch vom Crémant, glühten. Das Gespräch kam allerdings etwas schleppend in Gang. Schuld daran war Reto Wyss, der Schweizer, der in diesem Jahr nicht mit Ehefrau, sondern Geliebter angereist war. Seine Ehefrau war allen seit zwanzig Jahren bekannt. Die Männer starrten in ihre Gläser, die Frauen studierten Getränkekarten. Reto hatte seine Neue als Rebecca Sommer vorgestellt. Pauline hob unauffällig den Blick von der Karte. Retos Neue war leger, doch unverkennbar teuer gekleidet. Dazu ein perfekter Haarschnitt und perfektes Make-up. Eigentlich sah sie Retos Ehefrau verblüffend ähnlich.

Die Barhocker direkt vor ihnen wurden von Einheimischen belagert. Bier und Obstler gingen dort reichlich über den massiven Holztresen. Trachtenjanker wurden abgestreift und hingen schief über geschnitzten Stuhllehnen. Der Sauerstoff im Raum wurde knapp. Die Wetterberichte, die laut aus dem Radio in den kleinen Gastraum plärrten, wurden katastrophaler, gingen aber dennoch im Stimmengewirr unter. In der Sofaecke räusperte Jupp Kuhlhoff sich. Er löste den Blick von seinem Crémant und dröhnte mit lautem Bass: »Lass mal hören,

Moritz, wie is dat so als Pensionär?« Sonst wollte er immer gruselige Details aus dem Polizeialltag wissen.

Richter sah mit unbewegtem Gesicht auf seine Hände, nur seine Augen hatten sich etwas zusammengezogen.

»Wir gewöhnen uns daran«, erwiderte Pauline hastig. »Wie geht's mit euren Enkeln, Leonie?«

»Schsch«, Richter legte einen Zeigefinger auf den Mund und nickte Richtung Tresen.

»... habe ich mich entschlossen, das Hotel zu verkaufen«, sagte die Wirtin gerade.

Schlagartig verstummten sämtliche Gespräche. Nur die Stimme aus dem Radio war laut und unerbittlich: *Aufgrund des heftigen Schneefalls sind alle Straßen nach St. Anton unpassierbar. Der Ort ist zurzeit von der Außenwelt abgeschnitten.*

Automatisch blickten alle zu den Fenstern und starrten in die wirbelnden Schneeflocken. In diesem Moment öffnete sich die Ausgangstür zur Terrasse, ein eisiger Windzug fuhr durch den Raum und eine Frau erschien in einer Wolke von Schnee. Sie schüttelte dicke weiße Flocken aus ihrem Haar und schaute um die Ecke in die Bar. Plötzlich schien sie zu einer Eissäule zu gefrieren. Fünf Augenpaare richteten sich auf Reto Wyss, der aussah, als würde er am liebsten in ein Erdloch kriechen. »Maria«, sagte er schwach, »welch Überraschung.«

Am nächsten Morgen klebte es ihnen immer noch im Gedächtnis wie Kaugummi unter der Schuhsohle: Ihr Hotel sollte verkauft werden.

Inzwischen wussten sie, dass ein ortsansässiger Restaurantbetreiber und der Vertreter einer europäischen Hotelkette die Interessenten waren. Reto Wyss stocherte lustlos in seiner Müslischale, während seine Freundin ungerührt ihr Frühstücksei verdrückte. Maria Wyss saß mit ihrem Kaffee an der Bar. Richter beobachtete sie. Sie hielt sich gut in dieser unmöglichen Situation. Er kannte sie auch anders: unberechenbar und dominant. Reto hatte nichts zu lachen gehabt. Und nicht viel zu melden. Doch nun wirkte Maria fast, als würde sie gleich in Tränen ausbrechen.

Richter sah zum Fenster. Er blickte in einen weißen Sog aus abertausend Schneeflocken. Die Straße war nicht mehr zu erkennen. Selbst die Lichter der Nachbarhäuser schimmerten nur schwach durch das Schneetreiben. Skifahren war ausgeschlossen, ein Spaziergang in den Ort kaum möglich. Die meisten Gäste hatten sich an die Bar zurückgezogen, denn die Tische im Restaurant wurden für den Abend eingedeckt. Aus den Lautsprechern dudelte der übliche Heimatsender. Reto saß mittlerweile in einer Ecke des Plüschsofas, bleich und ungewöhnlich schweigsam. Seine Freundin war verschwunden, seine Frau starrte mit verhangenen Augen immer noch in ihre Tasse. Mit einem Mal sprang sie auf und stürmte aus dem Raum.

Kaum war sie weg, ließ Richter die Zeitung vom Vortag sinken. »Reto, deine Frauen drehen irgendwann durch. Hattest du wirklich keine Ahnung, dass Maria hier aufkreuzen würde?«

Reto Wyss hob den Blick von der Tischplatte: »Natürlich nicht. Sie wollte wie üblich zur *Baselworld*, Uhren und Schmuck, das liebt sie. Warum sie sich plötzlich umentschieden hat, frag mich nicht.«

Aus den Augenwinkeln bemerkte Richter die Wirtin mit den potenziellen Käufern. Der Hotelier redete mit hochrotem Gesicht auf sie ein.

In dem Moment wurde es vor der Tür laut. Anscheinend gab es Streit. Richter erhob sich, um nachzusehen. Kaum war er durch die Tür, erkannte er Marias Stimme. Sie war nach Verlassen der Bar offenbar auf Rebecca Sommer gestoßen. Es hatte wohl schon ein heftiger Wortwechsel stattgefunden, jedenfalls schäumte Maria vor Wut und schrie Rebecca an. »Du weißt hoffentlich, dass Reto ein armer Schlucker ist. Mal sehen, wie lange die Liebe hält, wenn ich den Geldhahn zudrehe. Und das werde ich, darauf kannst du Gift nehmen! Sobald ich hier endlich herauskomme!«

Rebecca Sommer musterte sie vom Sofa aus. »Tu, was du nicht lassen kannst.« Der mitleidige Blick gelang ihr nicht ganz, ihre gelangweilte Überheblichkeit wirkte aufgesetzt. Vielleicht hatte Retos Vermögen bei ihrer Zuneigung doch eine Rolle gespielt, überlegte Richter gerade, als eine Frau mit einem etwa zwölfjährigen Jungen durch den Terrasseneingang hereinkam. Baumgartner tauchte urplötzlich aus dem Treppenhaus auf, packte den Jungen fest am Arm und schob ihn und die Frau zum Fahrstuhl. Der Hotelier schien seit einiger Zeit im Treppenhaus gewartet zu haben.

»Benehmen wir uns zivilisiert. Wir müssen uns eben arrangieren, solange wir hier festhängen.« Die Stimme von Retos Freundin zog Richter in den Disput der beiden Frauen zurück. Während die Fahrstuhltür sich langsam schloss, eilte Hans Klammer, der zweite Kaufinteressent, aus der Bar und drängte sich im letzten Moment mit in die Kabine.

»Du wirst mir meinen Aufenthalt hier nicht vermiesen!«, schrie Maria Wyss aus Leibeskräften. »Ob es dir passt oder nicht, ich werde gleich in die Sauna gehen, arrangiere dich doch, mit wem du willst!« Sie rauschte Richtung Treppenhaus davon.

»Wen interessiert's?«, sagte Rebecca mit einem Augenrollen, wandte sich um und starrte Richter herausfordernd an. »Na, war's unterhaltsam?«

Richter räusperte sich. Sie dachte wohl, er hätte gelauscht. War es peinlich, dass sie recht hatte? »Schon ...«, sagte er schließlich. Er drehte sich um und ging zurück in die Bar.

»Was war los?«, fragte Jupp Kuhlhoff.

»Ich würde in den nächsten Stunden von einem Saunabesuch abraten«, erwiderte Richter.

Reto Wyss machte sich zögernd auf den Weg zu seiner Freundin. »Kommst du mit aufs Zimmer?«

»Danke, mein Bester. Mir reicht es erst mal. Du hast mir echt toll geholfen, als diese Furie, deine Frau, auf mich losgegangen ist.« Sie schnaubte, doch dann trat ein bösartiges Funkeln in ihre Augen. »Ich überlege, ob ich nicht vielleicht auch Lust auf Sauna habe ...«

Reto Wyss zuckte hilflos mit den Schultern.

Vor dem Abendessen legte Pauline sich in die Wanne und Richter ging zurück in die Bar. Dort fand er Reto, Jupp und dessen trinkfeste Frau Leonie bei einer Runde Schnaps. Den roten Wangen nach war es nicht ihre erste. Am Tresen hockten außerdem Baumgartner und der Restaurantbesitzer Klammer. Baumgartner hatte gerade eine Runde Enzian bestellt. »Lassen's nur, das mach i selbst«, sagte er zu der Kellnerin und nahm ihr das Tablett aus der Hand. Er stellte es auf dem Tresen ab, doch bevor er die Gläser unter den Anwesenden verteilte, zog er ein großes weißes Taschentuch hervor und schnäuzte sich umständlich.

Die Gläser waren schnell gekippt, es folgte eine Runde Marillenschnaps, an der auch Richter teilnahm. Danach kamen zwei Runden Meisterwurz. Ein besonders übles Destillat, wie Richter schon nach der ersten Runde fand, weshalb er die zweite aussetzte. Hans Klammer winkte ebenfalls ab. Er erhob sich etwas unsicher und verabschiedete sich. Baumgartner schüttelte den Kopf. »Dem Hans hätt ich mehr zugetraut«, sagte er grinsend. »Aber ihr seid's hoffentlich aus andrem Holz. Möcht noch jemand einen?«

Nach allgemeinem Abwinken rief er achselzuckend die Kellnerin, dabei stieß er ein halbvolles Schnapsglas um. »Also die Rechnung – und der Tresen könnt a mal wieder an Wisch vertrag'n.«

In der Türöffnung tauchte die Frau auf, die Richter am Vormittag zusammen mit dem Hotelier und dem Kind gesehen hatte. Sie flüsterte Baumgartner etwas zu, woraufhin er einige Geldscheine auf die Theke warf und ihr mit grimmigem Gesicht folgte.

Die Kellnerin wischte über den Tresen. Richter nahm eine Handvoll Erdnüsse, während sein Blick gedankenverloren dem Lappen folgte. Geistesabwesend zeigte er auf ein weißes Häufchen, das neben den Schnapsgläsern liegen geblieben war.

»Wer waren denn diese Frau und das Kind vorhin?«

Die Kellnerin hielt in der Bewegung inne und blickte auf. »Das waren die Frau und der Bub vom Baumgartner. Eigentlich wollten sie heute abreisen. Nur lief der Kauf ja nicht wie geplant. Nix ist entschieden. Und Abreisen geht eh nicht. Aber mit dem Bub ist's halt extrem ...«

»Du wirst doch nicht über Gäste ratschen?« Plötzlich stand die Wirtin hinter ihr. Schuldbewusst senkte die

Kellnerin den Kopf. Musste die Wirtin ausgerechnet in diesem Moment auftauchen?

Erst jetzt bemerkte Richter die Stille im Raum. Die anderen Gäste waren wohl auch an dem Thema interessiert.

Gerade als die Gespräche wieder schleppend in Gang kamen, erschien Rebecca Sommer in der Türöffnung – totenblass, mit feuchten Haaren und wildem Blick. Ihr Hotelbademantel hing schief aus dem Gürtel und stand viel zu weit auf, doch schockierender waren die nassen, blutroten Flecken auf dem weißen Frottee. Erschrocken sprang Reto hoch und eilte zu ihr. »Um Himmels Willen, bist du verletzt?«

»Deine Frau …« Rebeccas Beine gaben nach und sie sank auf den dunkelbraunen Teppichboden. Wyss sackte wie in Zeitlupe neben ihr auf die Knie. Richter musterte die Frau und kam zu dem Schluss, dass das Blut nicht ihr eigenes war. »Gebt ihr Wasser – Enzian geht auch!«

Er stürmte die Treppe zum Wellnessbereich hinunter. Unten riss er die Tür auf und wurde von heißer Luft und gedämpftem Licht empfangen. Er blinzelte ins Halbdunkel. Als er an der Tür zur Sauna vorbeiging, glaubte er, dahinter einen Schatten wahrzunehmen. Aber er starrte weiter geradeaus zum Tauchbecken, aus dem der Oberkörper einer Frau ragte – reglos, das Gesicht auf den Fliesen. Richter erkannte Maria Wyss. Beim Näherkommen sah er die blutige Wunde an ihrem Kopf. Er ging in die Hocke und fühlte nach einem Puls. Sein erster Eindruck hatte ihn nicht getäuscht, sie war eindeutig tot. Blut mischte sich mit Wasser auf den hellen Fliesen und rann ins Becken. Seine Knie knackten leicht, als er sich aufrichtete und zur Sauna ging. Mit einer Hand wischte er sich Schweiß aus den Augen, mit der anderen fischte er sein Handy aus der Hosentasche. Kein

Empfang. Die Saunatür hatte einen Einsatz aus dunklem Glas. Sie klemmte. Er zog kräftiger und schließlich gelang es ihm, sie zu öffnen. Der Anblick und der Geruch ließen ihn zurückzucken.

Zurück in die Gegenwart

Richter räusperte sich laut. Die Anwesenden hatten ihm atemlos gelauscht. Man hätte das Fallen einer Stecknadel hören können. Nur Baumgartners Frau schaute unablässig auf ihre Uhr. Sie und ihr Mann hatten während Richters Rückblick auf zwei Barhockern Platz genommen. Vor den Fenstern schlich die Dämmerung heran, Bergketten und Häuserdächer verschwammen zu einem tiefblauen Aquarell, drinnen schaltete sich die automatische Beleuchtung ein.

»Maria Wyss war tot, sie hätte auf keinen Fall gerettet werden können. Am Rand des Tauchbeckens fehlte eine Fliese, die später von der Polizei bei euch«, er deutete mit dem Kopf auf Reto Wyss, »gefunden wurde.«

»Untergeschoben«, stieß der hervor.

»Immer noch reines Aufzählen von Fakten«, entgegnete Richter. »In der Sauna fand ich also Hans Klammer. Mausetot. Kein schöner Anblick. Er hatte offenbar einen Anfall gehabt und die Tür nicht mehr aufbekommen. Dabei war er auf den Heizofen gefallen …« Die Gesichter vor ihm wurden blass. »*Vor* der Sauna stirbt also eine Frau, während fast gleichzeitig *in* der Sauna jemand einem Herzinfarkt erliegt. Die Polizei ging davon aus, Klammer sei durch einen Unfall gestorben.« Er räusperte sich. »Der arme Kerl muss gegen die Tür geschlagen haben. Die hakte zwar, war aber nicht verschlossen. Irgendwann fragte ich mich, was wirklich passiert ist …«

Sein Blick wanderte zu dem Schweizer. »Reto, ihr hattet allen Grund, deine Frau zum Teufel zu wünschen.«

Der Schweizer lief rot an. »Du häsch ja nöd all Tasse im Schrank, du Schaffseckäl!«

»Ich nehme mal an, das war kein Kompliment … trotzdem, einen größeren Gefallen, als abzutreten, konnte sie euch nicht tun bei deiner Finanzlage. Allerdings hättet ihr sie sicherlich nicht so plump aus dem Weg geräumt. Und das blutige Beweisstück im eigenen Zimmer – viel zu dick aufgetragen.«

Reto Wyss lehnte sich wieder zurück. Im selben Moment sprang Baumgartners blasse Begleiterin auf. »Es tut mir leid, ich muss jetzt wirklich gehen.« Sie warf Baumgartner einen beschwörenden Blick zu. Er packte sie hart am Handgelenk und zog sie zurück auf den Stuhl. »Warte.«

»Herr Baumgartner, *ihre* Finanzlage ist, gelinde gesagt, desolat. Es war nicht schwer herauszufinden, in welchem Ausmaß Sie sich verspekuliert haben. Sie brauchten dringend ein Prestigeobjekt für Ihre Investoren und deshalb mussten Sie dieses Kleinod von Hotel unbedingt in Ihre Kette einreihen.« Bevor Baumgartner etwas erwidern konnte, wandte Richter sich an dessen Frau. »Verehrte Frau Baumgartner, ich erfuhr, dass Ihr Sohn an ADS leidet, einem Aufmerksamkeitsdefizitsyndrom«, fuhr er fort und ignorierte den finsteren Blick ihres Mannes. »Es wird auch ADHS genannt. Bei Ihrem Sohn ist es ungewöhnlich stark ausgeprägt, richtig? Im letzten Winter kam ich nicht umhin, Geschrei und Gepolter aus Ihrem Zimmer zu hören. Folgen Sie bitte meinen Schlussfolgerungen und berichtigen Sie mich, falls ich mich irren sollte: Am Tag des Geschehens war er schwieriger als sonst, was Sie sich nicht erklären konnten. Also gingen

Sie in die Bar, um Ihren Mann um Hilfe zu bitten – für dieses kurze Gespräch gibt es eine Zeugin. Vermutlich glaubten Sie, Ihr Sohn hätte seine Tabletten wie üblich genommen. Vielleicht hatte Ihr Mann Ihnen auch versichert, sie ihm gegeben zu haben. Es handelt sich um Ritalin in relativ hoher Dosierung, korrekt?«

Sie nickte wie betäubt. Richter sah kurz zu der Kellnerin hinüber, die ebenfalls nickte.

»In den letzten sechs Monaten habe ich mich ein wenig damit beschäftigt: Der Wirkstoff Methylphenidat hat einen bitteren Geschmack und ist nur zeitnah im Körper nachzuweisen. Vor allem aber kann bereits eine Dosis von 60 mg bei Menschen mit Bluthochdruck in der Sauna zum Herzinfarkt führen.« Baumgartner musterte ihn aus zusammengekniffenen Augen. »Würde jemand eine Tagesration von dreimal 60 mg zerkleinern und sie in besonders bitteren Kräuterschnäpsen auflösen, dann hätten wir die Wirkung des Ritalin verstärkt durch Alkohol – ein nicht ganz junger, leicht übergewichtiger Mann würde unter einer Belastung wie in der Sauna sicherlich einen Schwächeanfall erleiden. Hielte jemand dann von außen die Tür zu …«

Baumgartner sprang auf, sein Stuhl fiel polternd zu Boden. »Was fällt Ihnen ein! Klammer hatte einen Unfall! Daran bestand nie ein Zweifel. Und die andere Sache wurde vor einem halben Jahr abgeschlossen. Der Mittäter sitzt hier im Raum!«

»Besonders erschütternd …«, sagte Richter ungerührt mit einem Seitenblick auf Reto, »… finde ich die Kaltblütigkeit, mit der das Leben einer Unbeteiligten geopfert wurde, nur um das wahre Motiv zu verschleiern.«

Baumgartner stand da mit hochrotem Kopf, als würde er im nächsten Augenblick auf Richter losgehen. Schwer atmend machte er einen Schritt auf ihn zu. Richter wich nicht zurück, doch Pauline sprang fast vom Sofa. »Moritz, pass auf!«

Da erhob Frau Baumgartner sich langsam. »Hast du dem Steff seine Medizin nicht gegeben?«

Baumgartner zögerte. »Verdammte Scheiße«, schrie er schließlich, »so war es nicht!«

Seine Frau zuckte zusammen, hielt jedoch die Stellung. »Wie war's dann?«

Er senkte den Kopf wie zum Angriff, die Augen blutunterlaufen. »Gut, ich hab dem Idioten das Ritalin in die Schnäpse getan. Ich wusste, der geht gleich in die Sauna. Aber ich wollt ihm nur einen Schrecken einjagen, er sollte einsehen, dass er sich mit dem Hotel übernimmt. Ich bin runter in die Sauna, um nachzusehen. Da lag die Wyss. Sie muss ausgerutscht sein, jedenfalls war sie tot. Klammer hämmerte von innen an die Saunatür und …«

»Und Sie haben die Tür, die nur etwas klemmte, einfach zugehalten«, vollendete Richter den Satz. »Damit nicht genug. Sie haben die Fliese als Ablenkungsmanöver im Zimmer der Schweizer versteckt. Und zu guter Letzt haben Sie unserer Wirtin Vorwürfe wegen der defekten Saunatür gemacht. Daraufhin hat sie sich die Schuld an Klammers Tod gegeben. Rückblickend war dies Ihr größter Fehler, denn aus diesem Grund bat sie mich, den Fall noch einmal unter die Lupe zu nehmen.«

Richter sah zu Pauline. Sie rollte die Augen. Er machte eine leichte Verbeugung in ihre Richtung. Da kapitulierte sie und applaudierte ihm lautlos.

Sie saßen wieder an der Bar.

»Ich hatte recht«, sagte Richter mit einem triumphierenden Lächeln. »Ich wusste es einfach. Jemand war aus dem Weg geräumt worden. Es hat nur eine Weile gedauert, bis mir klar wurde, wer es wirklich war. Gut, dass die Wirtin …«

»Was wird jetzt aus dem Hotel?«, unterbrach Kuhlhoff.

»Ist das deine ganze Sorge, Jupp?« Richter runzelte die Stirn. Pauline stieß ihn in die Seite. Er seufzte übertrieben. »Man hört Gerüchte von zwei Nordlichtern …«, fuhr er schließlich fort. »Bed and Breakfast oder so …«

Andrea Hessler

BLAUER TOD

Kleinwalsertal, Vorarlberg

Der Bus zuckelte auf der Landstraße dahin. Maries Magen hob sich. Warum nur hatte sie sich von Valerie überreden lassen, mit fröhlichen Rentnern und einer Wandergruppe, die sich laut schnatternd als *Die Waldfeen* vorgestellt hatte, in einem Reisebus achthundert Kilometer gen Süden in die Alpen zu fahren? Okay, sie war gestresst, denn der letzte Fall, den sie als private Ermittlerin für den Reeder Gunnar Harksen erledigt hatte, hatte sie jede Menge Nerven und fast sogar das Leben gekostet. Sie hatte Erholung dringend nötig. Und Valerie war neuerdings auf dem Gesundheits-, Meditations- und Naturtrip. »Du wirst als neuer Mensch zurückkommen!«, hatte die Freundin begeistert verkündet. Den Einwand, dass es nicht besonders erholsam und auch nicht sehr naturnah sei, in einem mit Diesel betriebenen Fahrzeug so weit zu fahren, um ein paar Tage in den Bergen rumzustiefeln, hatte sie abgebügelt. »In Hamburg würdest du auch CO_2 ausstoßen. Schade, dass ich Dienst habe und keine Zeit, mitzukommen.«

Ich könnte jetzt gemütlich auf der Couch abhängen, grollte Marie innerlich. »Verdammt, ausgerechnet das Kleinwalsertal in Österreich«, murmelte sie. »Ich bin eine Hamburger Deern, ich mag keine landschaftlichen Erhebungen, die höher sind als die Dünen auf Sylt. Diese Berge! Ich bin doch nicht die Geierwally!« In der Ferne erhoben sich majestätisch der Hohe Ifen, die

Kanzelwand und das Fellhorn im nachmittäglichen Dunst des Spätsommers.

Seit Beginn der Fahrt morgens um fünf Uhr am Zentralen Omnibusbusbahnhof in Hamburg hatte Marie keine fünf Sätze gesprochen. Als Privatdetektivin war es besser, zu handeln als zu reden, und Smalltalk war noch nie ihr Ding gewesen. Was mir in dieser Hinterwäldler-Gegend wohl so blühen wird?, spekulierte sie in Gedanken. Womöglich verrückte Kühe. Oder aufdringliche Ärzte. Naturheilkundliche Klinik! Waldbaden! Das war doch eher etwas für Leute, die nicht richtig waren im Oberstübchen. Zudem war sie so sportlich durchtrainiert, dass sie bei den US-Marines hätte anheuern können. Warum dann wandern? Wenn hier nicht etwas Interessantes passiert, reise ich morgen wieder ab, schwor sie sich.

Maries Sitznachbarin, die sie freundlich mit »Hallo, ich bin Gundula« begrüßt hatte, war nicht wie die anderen *Waldfeen* mit Outdoor-Klamotten ausstaffiert. Die ältere Dame mit dem blonden Pferdeschwänzchen trug gut sitzende schwarze Jeans und eine rosa Daunenjacke des Nobel-Labels Moncler, die Marie schon im Schaufenster von AppelrathCüpper bewundert hatte. Ihre Lippen waren so knallrot wie ihr Nagellack. Sobald sie sich bewegte, wehte der sanfte Duft von Chanel Nr. 19 herüber und machte die Luft im Bus etwas erträglicher. Sie hatte kein Gespräch angezettelt, sondern abwechselnd den Reiseführer studiert und die vorbeiziehende Landschaft bewundert.

Marie zog ihren Proviant aus der Seitentasche ihres Brooks-Rucksacks, einen silbernen Flachmann mit dreißig Jahre altem Remy Martin. Der Cognac half gegen nervende Mitreisende ebenso wie gegen Anfälle von

Übelkeit beim Blick auf 2000 Meter hohe Bergrücken. Sie nahm einen ordentlichen Schluck. Auf den Wiesen tappten braune Kühe umher, schlenkerten ihre Euter und schepperten mit ihren Glocken. Am Straßenrand stapften stämmige Burschen und dralle Maiden in Trachtenklamotten vorbei und winkten den Besuchern aus dem Norden zu. Marie musste grinsen. War das alles echt oder Folklore? Sie beschloss, das Ambiente doch ganz unterhaltsam zu finden. Mit einem auffordernden Nicken reichte sie Gundula den Flachmann. Diese lächelte freundlich und prostete Marie zu.

Alle paar hundert Meter stoppte der Bus an einem Hotel oder einer Pension und entließ Mitreisende ins Bergglück. Bald saßen nur noch die fröhlichen *Waldfeen*, Gundula und Marie im Bus. Der letzte Halt war endlich die Fellhorn-Klinik, idyllisch gelegen inmitten von Wald und Wiesen.

»Ich glaube, wir sind da«, sagte Gundula und deutete stirnrunzelnd auf das altersschwache Gemäuer.

»Sieht aus hier wie im Film *Rocky Horror Picture Show*«, bemerkte Marie. Wie auf Kommando schoben sich bleigraue Wolken vor die Sonne, kurz darauf zuckten Blitze über den Bergkämmen und Donner brüllte. Es schüttete.

»Horror-Villa«, kommentierte Marie den Wetterumschwung. »Mal sehen, ob der Chef ein Dr. Frankenstein ist.«

»Na denn man tau«, sagte Gundula und schnappte sich ihre voluminöse Umhängetasche. An der Bustür wurden sie von muskulösen, weißgekleideten Herren mit riesigen Schirmen in Empfang genommen.

»Wir werden von den Männern mit den weißen Westen abgeholt«, sagte Gundula grinsend. Sie stiefelten im

Sturmschritt zum pompösen Portal. Dieses wurde von zwei ernst blickenden Karyatiden aus weißem Marmor gestützt. Von den Sockeln bröselte Sandstein. Eine Gruppe weiß gekleideter Männer und Frauen mit missmutigen Gesichtern, fast ebenso blass wie jene der Marmor-Damen, stand unter dem Vordach des früher sicherlich noblen Eingangs. In ihrer Mitte erwartete Professor Dr. Kilian Kramm, Chef der Fellhorn-Naturklinik und Erfinder der Alpenländischen Kräuter- und Tinkturen-Medizin, kurz AKTM, die fröhliche Truppe.

»Na, gesund sehen der Professor und seine Helfer aber nicht aus«, zischte Marie Gundula zu.

Die verzog den Mund und meinte: »Der Typ ist furchtbar, das sehe ich jetzt schon.«

»Willkommen, meine Damen, in unserem Refugium für Gesundheit, Schönheit und Wohlbefinden«, begrüßte sie der Medicus, dessen Urlaubsbräune heftig kontrastierte zum bleichen Hautton seiner Truppe. Um seine Augen und den Mund hatten sich Falten eingegraben, die eher von Sorgen, Missmut und zu vielen Solariumstunden, als vom Lachen zu stammen schienen. »Bitte folgen Sie mir in unseren wunderbaren Gesundheitspalast. Unsere Hausdame, Frau Mittermaier, wird Sie später auf Ihre Zimmer bringen«, erläuterte er den weiteren Ablauf. »Ab neunzehn Uhr erwarten wir Sie in unserer Aula zu einer Einführung in die Alpenländische Kräuter- und Tinkturenmedizin. Jetzt laden wir Sie aber erst einmal zu einem Begrüßungstrunk ein, einem Kräuter-Cocktail, den unsere grandiose Kräuterhexe Barbara zubereitet hat. Nach der Einführung bieten wir Ihnen ein abendliches AKTM-Treatment in unserem Spa mit unserer unvergleichlichen Sandra, deren Zauberfinger Ihre Hautirritationen mit unserer Kräuter-Creme einfach wegstreicheln werden. In dieser Zeit steht Ihnen auch unser Internist Dr. Wenger für ein Gespräch zur Verfügung. Während des Treatments verwöhnt Sie Bernard, unser Elsässischer Koch, mit Snacks, kreiert aus dem Gemüse unseres Bio-Gartens, verfeinert mit hiesigen Wildkräutern. Bernard hat lange Zeit in der *Paris Bar* in Berlin gekocht und ist ein echter Meister der gesunden Sterneküche.«

Gundula leckte sich die Lippen. »Das klingt super. Ich wollte schon immer mal Haute Cuisine auf Kräuterbasis probieren.«

Marie flüsterte: »Ich bin ja mehr für Steaks.«

»Ich sehe, dass die beiden Damen dort hinten ihre Neugierde kaum zügeln können«, bemerkte Professor Kramm süffisant. »Vielleicht kann ich Ihre Aufmerksamkeit wieder fesseln mit unserem heutigen Abschluss-Highlight. Das wird eine entspannende Ying-Yang-Massage unserer beiden wahren Massage-Götter Johannes und Korbinian sein. Und schauen Sie doch zwischendurch gern mal bei Bernard in der Küche vorbei. Er freut sich, wenn er seine Tipps und Tricks der Alpenländischen Kräuter-Gesundheitsküche weitergeben kann. Morgen früh treffen wir uns zum Energietanken an unserem Kraftplatz, und anschließend werden wir gemeinsam waldbaden nach original japanischer Tradition des *Shinrin Yoku*.«

Die Hausdame, Kräuterhexe Barbara und Sandra mit den Zauberfingern lächelten säuerlich, einige Damen in engen weißen Kitteln, die ihre Rundungen deutlich abzeichneten, boten den Gästen kleine Gläschen mit dem Kräutercocktail an. Die meisten *Waldfeen* schauten verzückt, nur wenige verzogen ob des bitteren Tranks das Gesicht. Die beiden Massage-Götter ließen ihre Armmuskeln spielen, zettelten schon mal einen kleinen

Augenflirt mit jüngeren *Waldfeen* an und wippten unruhig auf ihren Gesundheitsschlappen hin und her. Der kleine Elsässer Koch mit dem Bäuchlein und den Glubschaugen hing an den Lippen von Professor Kramm und wirkte, als müsste er mühsam die Tränen unterdrücken. Der gebräunte Klinikchef beendete seine Ansprache und rauschte mit wehenden weißen Rockschößen aus der Lobby davon.

»Ende erster Akt, in der Hauptrolle sahen Sie Professor Seltsam«, sagte Gundula und kostete mit angewidertem Gesichtsausdruck vom Kräutertrunk.

»Schmeckt wie Fernet-Branca, nur ohne Alkohol«, kommentierte Marie. »Und ist bestimmt sehr gesund. Also ich freue mich jetzt auf diese ganze AKTM-Geschichte, vor allem auf den Kraftplatz.« Sie lächelte in Richtung der beiden gut gebauten Massage-Götter. »Wie werden sie uns wohl energetisieren?«, flüsterte sie zu Gundula. »Sex wäre nicht schlecht.« Sie leckte sich lasziv die Lippen.

»Ich glaube, die losen gerade aus, wer deinen gestählten Luxuskörper massieren darf«, sagte Gundula. »An uns gesetzteren Damen haben sie sicherlich kein außerberufliches Interesse.«

Sie kicherten und schlürften den Rest des furchtbar bitteren Kräuterdrinks.

»Bitte folgen Sie mir«, ächzte die Hausdame. Ihre Stimme klang wie die der Hollywood-Diva Lauren Bacall. Unter ihrem engen grauen Kostüm zeichneten sich ihre Doppel-D-Brüste und ihre Pobacken ab.

»Ich bin ja mal gespannt, wie die Zimmer aussehen«, sagte Gundula und schaute Marie skeptisch an.

»Hoffentlich haben die Damen *Wunderhände* und *Zauberfinger* sie in Ordnung gebracht«, entgegnete Marie grinsend.

»Auch die Massage-Götter wären als Roomservice nicht schlecht«, ergänzte Gundula. »Und bitte Champagner statt Kräuter-Cocktail.«

Das Personal zerstreute sich tuschelnd in Richtung Küche und Spa. Marie schnappte noch einige Sätze auf, die nicht eben schmeichelhaft für den Klinikchef waren. »Frischfleisch für den Professor«, zischte Kräuterhexe Barbara.

»Jetzt kann er sich mal wieder richtig ins Zeug legen bei den alten Schachteln«, murmelte Sandra mit den Zauberfingern.

»Mal sehen, welche er als erste vögelt«, flüsterte Korbinian seinem Masseur-Kollegen Johannes zu.

»Frischfleisch und frisches Geld«, raunte dieser und grinste boshaft.

»Ach, seid doch einfach still«, jammerte Bernard und wischte sich mit einem Geschirrtuch über das schweißnasse Gesicht. Dann watschelte er in Richtung seines Küchenreichs.

Die *Waldfeen*, Marie und Gundula versuchten, mit der Hausdame Schritt zu halten, die energisch die Treppe hinaufstöckelte. Die Zimmer waren komfortabler, als der äußere Anschein der Klinik vermuten ließ. Marie streckte sich auf dem Bett aus und betrachtete die Decke mit den Stuckornamenten, die Seidentapeten und Jugendstilmöbel. Sie trat ans Fenster. Die Wolken hatten sich wieder verzogen, ein Regenbogen leuchtete in der Ferne und es war totenstill. Sie öffnete die großen Flügeltüren, die auf einen französischen Balkon hinausführten, und nahm einige tiefe Atemzüge der frischen, mit Terpen geschwängerten Bergluft. Doch die Ruhe wurde gestört durch Geschrei, das aus einem der Erdgeschossfenster heraufschallte. »Lass mich bloß zufrieden, du eifersüchtige alte Kuh«, brüllte eine Männerstimme, die nur Professor Kramm gehören konnte.

»Ach ja?«, kreischte eine weibliche Stimme. »Noch bin ich nicht so alt wie du, du alter Bock! Und zudem jünger als die meisten der Wald-Tussis! Aber du vögelst ja sowieso alles, was nicht bei drei auf dem Baum ist! Vergiss bloß nicht, dass mir die Hälfte von allem hier gehört, sonst verliere ich irgendwann endgültig die Geduld!«

Marie bemerkte Gundula, die im Innenhof vor dem Fenster im Erdgeschoss stand, aus dem der Streit heraufschallte. Sie lauschte und paffte dabei eine Zigarette, was auf dem gesamten Klinikgelände streng verboten war. Nach wenigen Minuten schnippte sie die Kippe achtlos weg, schaute sich hektisch um und verschwand im nächstgelegenen Seiteneingang. Marie fragte sich, ob ihre neue Bekannte wohl noch mehr von dem Streit mitbekommen hatte und ihr davon erzählen würde.

Sie beschloss, ein Nickerchen zu machen, um nicht während des professoralen Vortrags einzuschlafen. Sie träumte gerade von energetisierenden Streicheleinheiten der Massage-Götter, da gellten Schreie durchs Haus, Türen schlugen und ein Mordsgepolter störte den abendlichen Frieden. »Was ist denn hier los?«, murmelte sie. »Kaum hat man sich mal auf Ruhe und Erholung eingestellt, gibt es ein Tohuwabohu wie auf der Reeperbahn samstagnachts!« Sie stand ächzend auf und riss wutentbrannt die Zimmertür auf. Am anderen Ende des Flurs sah sie Gundula, die im glänzenden Morgenrock aus ihrem Zimmer rauschte und »Ich will meine Ruhe!« brüllte.

Aus der Eingangshalle klang hysterisches Schluchzen in den ersten Stock herauf. Die Lauren-Bacall-Stimme schrie: »Wo ist Wenger?«

Marie und Gundula stürmten die Treppe hinunter und trafen auf die bereits bekannte Klinikmannschaft, zu der sich immer mehr Küchenhilfen, Kellner und Zimmermädchen gesellten. Von den *Waldfeen* war keine zu sehen – die tummelten sich wohl schon im Spa.

Das Klinikpersonal stand starr vor Schreck um seinen Chef herum. Dessen gebräunter Teint hatte sich grau verfärbt. Er lag gekrümmt auf der Seite, die Augen vor Entsetzen geweitet. Vor seinem verzerrten Mund schäumten blutige Blasen. Korbinian beugte sich zu Professor Kramm hinunter und fühlte seinen Puls.

»Er hat wieder experimentiert, der Idiot!«, rief Kräuter-Barbara.

Creme-Sandra bedachte sie mit einem vernichtenden Blick und konterte: »So ein Blödsinn. Er weiß doch, was er macht. Hol schnell den *Nux vomica*-Trunk, damit er sich übergibt. Es sieht so aus, als hätte er Gift geschluckt.«

»Die Symptome könnten vom Blauen Eisenhut stammen«, mutmaßte Barbara. »Ich habe schon tausend Mal gesagt, wir sollten das Zeugs endlich aus der Wiese rausreißen. Vielleicht ist davon versehentlich etwas in sein Getränk oder das Essen gelangt. Hat auch von euch jemand Beschwerden?«

Alle schüttelten betreten den Kopf.

»Es ist wohl zu spät«, sagte Korbinian. »Ich spüre keinen Puls mehr.«

Die ganze Mannschaft redete aufgeregt durcheinander. »Quatsch, er lebt, schau doch, seine Augen – die bewegen sich! Wir müssen das Gift aus seinem Körper spülen, holt verdammt nochmal endlich *Nux vomica*!«, schrie Sandra.

Frau Mittermaier ließ sich auf einen Stuhl fallen und hielt sich die Augen zu. Die beiden Masseure zerrten den Professor an den Füßen hoch. »Spucken Sie es aus, raus mit dem Zeug!«, sagte Korbinian.

Marie und Gundula beobachteten fassungslos die hilflosen Bemühungen von Professor Kramms Mitarbeitern, die ihren Chef kopfüber an den Füßen hielten und schließlich auf den Boden legten.

»*Nux vomica*? Ist das nicht die Brechnuss?«, fragte Marie in die Runde. »Die enthält Strychnin. Was soll das eine Gift gegen das andere helfen?«

»Richtig dosiert oder als homöopathisches Medikament führt Brechnuss nicht zum Tod, sondern man muss sich nur übergeben«, erläuterte Barbara.

»In dem Zustand bringt ihn das doch erst recht um«, wandte Marie ein. »Wo ist eigentlich dieser Internist? Der Klinikchef liegt im Sterben und der einzige weitere Arzt lässt sich nicht blicken?« Sie zupfte Gundula am Ärmel. »Komm mit, wir gehen mal in die Küche und schauen uns da um. Irgendwer muss ihm das Gift ja in etwas reingemischt haben – wenn er denn tatsächlich vergiftet worden ist.«

Gundula zögerte. »Warte bitte einen Moment, das Schauspiel hier ist noch nicht zu Ende.« Doch der Klinikchef hatte seinen Part offensichtlich beendet. Die Wiederbelebungsversuche Korbinians waren vergeblich. Professor Kramm zuckte einige Male und trat in den ewigen Kräuterhimmel der AKTM ein.

»Ich rufe die Polizei«, sagte Bernard. »Jemand von euch hat ihn umgebracht!«

»Das kommt gar nicht in Frage«, übernahm die leichenblasse Hausdame das Regiment, die sich offensichtlich wieder gefasst hatte. »Wisst ihr, was passiert, wenn hier Polizisten rumschnüffeln? Dann können wir den Laden gleich dichtmachen. Das wäre das Ende der

AKTM. Und das Ende der Klinik und eurer Karrieren. Wie und wo wollt ihr euch denn bewerben, wenn bei eurem letzten Arbeitsplatz der Chef vergiftet wurde?« Einige Mitarbeiterinnen weinten. »Wir tragen ihn in sein Apartment und machen ihn so zurecht, dass es aussieht, als sei er an einem Herzinfarkt gestorben. Bei seinen Herzrhythmusstörungen fällt das gar nicht auf. Und Wenger stellt den Totenschein aus. Dann taugt er endlich mal zu etwas.« Frau Mittermaier schien sich gefasst zu haben. Sie schaute böse in die Runde. »Und wehe, ich höre etwas anderes. Ansonsten ist Kofferpacken angesagt, verstanden? Im Übrigen könnt ihr euch eure Krokodilstränen schenken. Das alte Scheusal hat doch einige hier anwesende Damen und Herren drangsaliert und gevögelt und den Mädels sogar ihre Rezepte geklaut.«

Marie schaute zu Barbara und Sandra, die mit verächtlich verzogenem Mund auf ihren verblichenen Chef starrten.

»Geklaute Rezepte – die AKTM war offensichtlich nicht das alleinige Werk des Professors«, flüsterte Gundula. »Kein Wunder, dass die beiden schon bei der Vorstellungsrunde so sauer geguckt haben.«

»Los jetzt«, flüsterte Marie. »Wir ermitteln. Ich glaube nicht, dass die Dorfpolizei dem Fall gewachsen ist.«

»Aber vielleicht war es ja doch ein Unfall, ein Versehen«, wandte Gundula ein. »Wer weiß, was Professor Seltsam alles so probiert hat mit seiner Kräuter-Medizin. Wir müssen das der Spurensicherung überlassen.«

»Papperlapapp.« Marie schüttelte den Kopf. »Ich bin Privatdetektivin. Bis die Bullen hier sind, kann der Mörder oder die Mörderin alle Spuren beseitigt haben.«

Auf Gundulas Wangen erschienen rote Flecken.

»Gift ist meist bei Mörderinnen das Mittel der Wahl, aber hier haben sicherlich alle Ahnung von Kräutern und Gift«, stellte Marie leise fest. »Wir müssen uns sputen. Dalli!«

Sie gingen langsam rückwärts, öffneten die Tür in den langen Gang, der zum Küchentrakt führte, und schlichen zur Küche. In Schalen und Gläsern türmten sich Blätter, Pilze und Wurzeln; auf der hölzernen Arbeitsplatte lagen Löffel, Messer und Kellen in wildem Durcheinander. Auf dem Herd brodelten ein grünliches Gebräu sowie verschiedene Saucen. Überall standen Flaschen und Einweckgläser herum; auf schön dekorierten Platten hatte Bernard wohl schon die Begleitsnacks zum nächtlichen Spa-Treatment angerichtet. Offensichtlich hatten er und die gesamte Küchenmannschaft Hals über Kopf ihren Arbeitsplatz verlassen, als das Geschrei in der Empfangshalle losging.

»Schau mal«, sagte Gundula und zog einen Briefbogen zwischen Einmachgläsern hervor. »Hat er hier seine Rezepte versteckt?« Sie runzelte die Stirn. »Sehr geehrter Herr Loehr«, las sie vor, »wir müssen Ihnen leider mitteilen, dass wir keine gemeinsame Basis mehr für eine vertrauensvolle Zusammenarbeit sehen. Aufgrund verschiedener Vorfälle in jüngster Vergangenheit müssen wir zu unserem Bedauern die Kündigung aussprechen. Bitte verabreden Sie das weitere Vorgehen mit unserer Personalchefin Dominique Mittermaier.« Gundula stockte. »Oh weh, deshalb war der kleine dicke Koch so von der Rolle«, stellte sie fest. »Gourmet-Meriten aus der *Paris Bar* und dann so eine Demütigung. Wenn das kein Motiv ist.«

»Aber Bernard wäre ziemlich blöd, wenn er den Chef unmittelbar nach der Kündigung mittels seines Spezialgebiets um die Ecke bringen würde«, wandte Marie ein.

»Vielleicht ein Racheakt im Affekt. Und schau mal …«, Gundula beugte sich über das Messer, das auf der Arbeitsfläche lag. »Siehst du das? Ein winziges blaues Pflanzenteil. Könnte das ein Blatt vom Blauen Eisenhut sein? Erinnerst du dich? Von dem Kraut hat doch die Kräuterhexe gesprochen. Dass es hochgiftig ist. Das dürfen wir keinesfalls anfassen.«

Marie schob das Messer mit einem Küchenhandtuch in eine der Gefriertüten, die in der Küche herumlagen. »Steck es zur Sicherheit in deine Tasche«, sagte sie zu Gundula. »Trotzdem glaube ich nicht, dass es Bernard war. Ich glaube, der hat nicht die Eier für so etwas. Meine Favoritin ist die Personalchefin im zu engen grauen Outfit mit dem zu großen Hintern. Nur so ein Gefühl.«

»Und was ist mit dem Rest der Truppe? Die waren doch alle sauer auf den Chef. Geldgier, Rache, Eifersucht – da haben wir ein schönes Bündel an Motiven«, spekulierte Gundula.

»Hast du vorhin unten im Hof eigentlich etwas Genaueres gehört, als du beim Rauchen warst?«, fragte Marie.

»Ich?« Gundula tat erstaunt. »Etwas gehört? Nein, ich stand ja nur eine Zigarettenlänge da. Kramm und die Hausdame haben gestritten, aber über was … keine Ahnung. Übrigens war in dem Raum auch eines der Zimmermädchen. Ihr Make-up war verschmiert und ihr Dekolleté verrutscht.«

»Meinst du …«, wollte Marie weiter fragen, da sagte Gundula wie aus der Pistole geschossen: »Und der Herr Professor hatte die Hose unten. Mehr muss ich dazu wohl nicht sagen …«

Marie verzog angewidert den Mund. »Diese alten Säcke … Deshalb war die Mittermaier so echauffiert.«

Gundula holte ihr Handy aus der Tasche. »Tja, Google weiß alles. Habe ich mich doch richtig erinnert. Das Gift des Blauen Eisenhuts kann über die Schleimhäute und sogar über intakte Haut aufgenommen werden. Vielleicht hat ihm das Mädchen etwas Gift auf sein bestes Stück gerieben.«

»Nein ... das wäre doch viel zu gefährlich für sie selbst. Das muss jemand gemacht haben, der sich gut mit Pflanzen auskennt, skrupellos ist und genügend Muße hatte, dem Professor das Gift so beizubringen, dass er keinen Verdacht geschöpft hat. Und das kann nur in der halben Stunde zwischen dem Streit und Kramms Zusammenbruch in der Lobby passiert sein. Komm, wir schauen mal, ob es dort Neuigkeiten gibt.«

Sie hetzten zurück zur Eingangshalle. Professor Kramm lag auf einer Trage. Inzwischen war der Internist Dr. Wenger eingetroffen. Er war aufgedunsen und feine rote Äderchen überzogen seine Nase.

»Alki« sagte Marie.

»Eindeutig Tod durch Herzversagen«, stellte Dr. Wenger fest und blickte zur Hausdame Mittermaier.

»Was ist das nur für eine merkwürdige Klinik«, murmelte Gundula. »Mir ist schon ganz schlecht. Ich muss mal aufs Klo.« Sie holte einen kleinen Kosmetikbeutel aus ihrer Tasche und stellte Marie ihre riesige Statement Bag vor die Füße. »Kannst du bitte drauf aufpassen?« Dann verschwand sie Richtung Toilette.

In Maries Nase plagten Pollen der Bergwiesenblumen die Schleimhäute. Heuschnupfen, auch das noch! Sie nieste. Einmal, zweimal ... und wieder mal kein Taschentuch greifbar. Maries Blick fiel auf Gundulas Tasche. Sicherlich hatte sie Papiertaschentücher dabei. Ohne lange zu überlegen, kramte Marie herum. Neben dem

Beutel mit dem Messer entdeckte sie die Taschentücher. Und einen zerknitterten Umschlag, adressiert an Diplombiologin Gundula Färber, Riezlern. Absender: Professor Kramm, Fellhorn-Naturklinik. Die laufende Nase war vergessen – Marie zog den Brief aus dem Umschlag. Er stammte von Anfang der Neunziger, war vergilbt und verschmiert. »Meine liebe Gundula«, stand dort in schnörkeliger Handschrift, »leider muss ich sowohl unser Arbeitsverhältnis als auch unsere private Beziehung beenden. Ich darf die Interessen meiner Klinik und meiner Mitarbeiter nicht gefährden. Ich bin sicher, Du wirst Dich in der Praxis meines Freundes Konstantin in Hamburg wohlfühlen, der so freundlich ist, Deine Bewerbung entgegenzunehmen …«

Marie stockte der Atem. Sie beugte sich wieder über die Tasche, kramte weiter – und fand ein kleines Fläschchen mit einem weißgrauen Pulver. Auf dem Aufkleber prangte ein Totenkopf neben einer Abbildung der Brechnuss. Die lustige, schicke Gundula hatte den Medizin-Casanova ins Jenseits befördert und eiskalt zuerst die Rettungs- und dann die Vertuschungsversuche der Mitarbeiter verfolgt.

Marie zog ihr Handy aus der Jackentasche und rief den Polizeinotruf an.

Gundula kam von der Toilette zurück. Sie starrte auf ihre Tasche, dann auf Marie, die den Umschlag und das Fläschchen in Händen hielt, und wurde leichenblass. Zitternd umklammerte sie eine Stuhllehne. Ihr freundliches Gesicht war zu einer Grimasse verzerrt. »Er ist selbst schuld«, zischte sie. »Er war zeitlebens ein egoistischer Narzisst.«

»Du hast alles clever eingefädelt«, sagte Marie. »Blauer Eisenhut zur Ablenkung, jede Menge Verdächtige mit

Motiv, und dazu noch die schöne Idee mit *Nux vomica*. Du hast früher hier gelebt und gearbeitet. Du wusstest, dass Kramms Leute versuchen würden, seinen Magen mittels Brechnussextrakt zu leeren. Bei einer Obduktion hätte man keinen Blauen Eisenhut gefunden, aber eine geringe Menge Strychnin und daraufhin einfach Tod durch eine Überdosis *Nux vomica* vermutet.«

»Er hat mich damals weggeworfen wie ein Stück Dreck, nur weil ich einige Jahre älter bin als er«, sagte Gundula mit tonloser Stimme. »Ich wollte mich heute mit ihm aussprechen, wollte, dass er sich entschuldigt. Er hat mich auf einen Sekt in sein Apartment eingeladen und dann nur ausgelacht.«

»Da hast du aus dem Giftschrank der Kräuterhexe das Strychnin besorgt«, schlussfolgerte Marie.

»Ich habe es in seinen bescheuerten Kräutertee geschüttet, den er immer noch wie damals auf dem Schreibtisch stehen hatte«, sagte Gundula.

»Er war es nicht wert, Gundula«, sagte Marie. Aus der Ferne war der Klang des Martinshorns zu hören.

Yvonne Asmussen

DER STAMMTISCH

Bad Hindelang, Allgäu

Als der Bus das Hinweisschild nach Oberjoch passierte, setzten die Schmerzen ein – ein Gefühl, als ob sich die Knochen in seinem Bein verdrehen und zu neuen Formen biegen würden. Natürlich befanden sich die Tabletten unerreichbar in seiner Tasche im Gepäckraum. Fox biss die Zähne zusammen und starrte aus dem Fenster.

Die kurvige Straße war gesäumt von den typischen Allgäuer Häusern – weißer Putz mit dunklen Holzbalkonen, von denen die Geranien wie Partygirlanden herabhingen. Großflächige Wandmalereien zierten die Hauswände; Landschaften, lachende Kinder, gelegentlich auch religiöse Motive. Da wo er herkam, nannte man das Graffiti. Eine Straftat, für die man sogar in den Knast wandern konnte. Hier war es ein Ausdruck von Kultur, Identität und Idylle. Sollten die Einwohner am Pass mit ihren Hausmalereien glücklich werden. In seinen Augen waren sie einfach nur kitschig.

Der Bus hielt auf dem zentralen Parkplatz des Ortes und die Fahrerin verkündete eine kurze Pause. Einige der Fahrgäste erhoben sich und stiegen aus, um sich ein bisschen die Beine zu vertreten oder zu rauchen. Nur Duke und er hatten sich die Jacken angezogen und warteten auf ihr Gepäck.

Sie hatten etwas zu erledigen. Genau hier.

Die Busfahrerin klappte das Gepäckfach auf und reichte ihnen die Taschen und den Rucksack. Dann sortierte sie das Gepäck neu. Schließlich rief sie die Fahrgäste wieder zusammen und kurze Zeit später rollte das Gefährt davon, anderen Dörfern und Ortschaften entgegen.

»Wie geht es jetzt weiter?« Duke hatte sich eine Zigarette angezündet und blies den Rauch in den blauen Himmel.

Fox ließ seinen Blick über die Häuser schweifen. Zuerst mussten sie die Lage sondieren, Informationen sammeln. Und dann würden sie gemeinsam entscheiden, was zu tun war. Er deutete zu dem Gasthof auf der anderen Straßenseite.

»Da ist unser Ziel. Der *Goldene Löwe*. Ich habe uns dort zwei Zimmer gebucht. Wir checken ein, erkunden ein bisschen die Gegend. Und heute Abend hören wir uns erst mal in der Gastwirtschaft um.«

»Okay, Fox.«

»Ach, noch etwas. Von nun an bist du nicht Duke, sondern Neil. Ich bin Erik. Und achte darauf, dass deine Tattoos immer bedeckt sind. Wir wollen nicht auffallen.«

»Schon klar.« Duke grinste angesichts der Ironie: zwei gemeinsam reisende, langhaarige Männer, beide Ende dreißig, der eine durchtrainierte Einsneunzig, der andere rothaarig und stark hinkend – sie fielen bereits in diesem Moment auf, wo sie einfach nur rauchend auf dem Parkplatz standen und dem Bus hinterherschauten. Und da halfen auch die neutralen T-Shirts und Jacketts nicht, die sie anstelle ihrer Lederjacken und Kutten angezogen hatten.

»Sie sollen nicht wissen, wer wir sind. Wenigstens nicht sofort.«

Duke nickte, schulterte den Rucksack und packte den Griff seiner Tasche.

»Kommst du klar?«

»Ja.« Fox hob seine Reisetasche auf und fragte sich, ob die Busfahrerin sich später wohl daran erinnern würde, dass sie für ihre Größe ziemlich schwer gewesen war. »Bringen wir es hinter uns.«

Die junge Frau an der Rezeption war blond, hübsch und trug ein grünes Dirndl – Tradition, auf die sie großen Wert legten, hier, in Bad Hindelang. So hieß es in einem Werbefilm des Ortes.

»Herr Schneider, Sie wohnen in Zimmer 5, das liegt zur Bergseite.« Sie schob ihm einen Zimmerschlüssel mit einem klobigen Anhänger über den Tresen. »Und für Sie, Herr McKinnley, haben wir Zimmer 6 reserviert, direkt gegenüber. Frühstücksbüffet gibt es zwischen halb sieben und neun im Frühstückszimmer oder auf der Terrasse – dort den Flur entlang und durch die Glastür. Wenn Sie mittags oder abends etwas essen wollen, können wir Ihnen unser *Stüberl* empfehlen. Ansonsten gibt es natürlich zahlreiche Restaurants und Gastwirtschaften im Ort. Sogar einen Chinesen.« Es klang, als würde sie bei dem Wort die Nase rümpfen. »Wir haben eine Mappe mit den Sehenswürdigkeiten und schönsten Wanderrouten rund um Bad Hindelang zusammengestellt. Sie liegt auf Ihren Zimmern aus. Wanderkarten können Sie hier am Empfang bekommen. Und wenn Sie Fragen oder Wünsche haben, wenden Sie sich gern an mich oder das Personal.«

Sie nahmen ihr Gepäck und stiegen hoch in den ersten Stock. Die Treppe war steil, die Stufen schmal. Fox hielt sich am Geländer fest und kämpfte sich nach oben. Die lange Busfahrt hatte seinem Bein nicht gutgetan. Neben dem nervtötenden, ziehenden Schmerz in den

Knochen kämpfte er gegen das Taubheitsgefühl an, das sich immer bei längerem Sitzen einstellte. Beides würde ihn wohl noch eine ganze Weile begleiten, hatten ihm die Ärzte erklärt. Vielleicht sogar bis an sein Lebensende.

Oben angekommen wischte er sich mit dem Jackenärmel den Schweiß von der Stirn. Duke warf ihm einen besorgten Blick zu.

»Alles gut bei dir?«

»Klar. Alles bestens.«

Zum Mittagessen setzten sie sich in das *Stüberl*, wie es in verschnörkelten eingebrannten Buchstaben auf einem polierten Holzbrett über der Tür stand. Die Gaststube war ebenso traditionell eingerichtet wie die Zimmer – Holzvertäfelung, bemalte Bauernschränke, blau-weiß karierte Tischdecken und Vorhänge. Auf den Regalen standen geschnitzte Kühe; Jagdtrophäen und Abzeichen des Schützenvereins hingen an den Wänden. Sie suchten sich einen kleinen Tisch in einer Ecke, von der aus man den ganzen Raum im Blick hatte, und bestellten die »Hüttenbrotzeit«. Das Weißbier kam aus einer lokalen Brauerei und wurde laut Karte frisch gezapft.

Um diese Zeit war außer ihnen kaum jemand in der Gaststube; eine Familie mit zwei Kindern zahlte gerade. Sie hatten also Gelegenheit, sich in Ruhe umzusehen und ihre nächsten Schritte zu planen.

Der Nebentisch weckte Fox' Interesse. Er war etwas größer als die anderen Tische in der Gaststube. In seiner Mitte thronte ein Ständer mit einem geschnitzten Schild auf dem in verschnörkelten Buchstaben *Stammtisch Heimat Bad Hindelang* stand.

»Da.« Fox deutete mit dem Kinn in die Richtung. »Da sitzen sie. An diese Kerle müssen wir ran. Wir sollten …«

Die Kellnerin kam mit zwei großen Tellern, auf denen sich Bratkartoffeln, Speck und Spiegeleier zu stattlichen Bergen häuften.

»Können wir den Tisch, an dem wir gerade sitzen, für heute Abend acht Uhr reservieren?«, fragte Fox.

»Ja klar. Ich notier's mir. Wie ist denn der Name?«

»Schneider.«

»In Ordnung.« Sie kritzelte etwas auf ihren Notizblock. »Ich geb's weiter. Gut'n Appetit.«

Fox und Duke begannen zu essen. Die Bratkartoffeln waren erstklassig.

Eine halbe Stunde nach dem Essen stand Fox wieder an der Rezeption. Die freundliche Blonde stellte ihm eine Wanderkarte zur Verfügung und schilderte ihm ausführlich die Vorzüge der Gegend – die traumhafte Landschaft, die reine Luft, die klaren Bäche.

»Vor allem für Allergiker ist Bad Hindelang der ideale Ort«, sagte sie. »Wir haben hier kaum Pollen, stattdessen sehr viel Ruhe. Nur die Motorräder, die immer den Berg hochjagen, stören. Besonders im Sommer. Aber der Bürgermeister und eine Initiative sind dabei, Maßnahmen zu treffen.« Sie legte ein Klemmbrett auf die Theke, an dem bereits etliche Zettel hingen. »Hier ist eine Petition gegen den Lärm. Falls Sie sich beteiligen wollen.«

Fox warf einen kurzen Blick auf die Überschrift *Fahrverbot für Motorräder auf dem Oberjochpass*. Da würde er bestimmt nicht unterschreiben.

Er dankte für die Wanderkarte, auf der der Bürgermeister mit Familie abgelichtet war – er im Trachtenanzug, Frau und Tochter im Dirndl und der kleine Sohn in Lederhose. Das Grinsen hätte er diesem Mann gern aus dem Gesicht gewischt, stattdessen ballte sich seine Faust um den klobigen Zimmerschlüssel in der Jackentasche.

Vor dem Gasthof wartete Duke bereits auf ihn.

»Hier ist die Karte«, sagte Fox. »Wie müssen wir gehen?«

»Da lang.« Duke mit seinem legendären Orientierungssinn zeigte auf einen schmalen Weg, der hinter dem Gasthof an mehreren Gebäuden vorbei zu einer Wiese führte. »Hoffentlich wird dir die Steigung nicht zu anstrengend.«

»Wir gehen langsam. Jedenfalls ist Bewegung besser, als endlos lange rumzusitzen.«

Sie kamen an einer Scheune vorbei, in der Heu und ein großer Jauchetank standen, dann an einem leeren Stall. Schwalben flogen ein und aus. Die Kühe trafen sie auf einer der Wiesen an, hellbraune Tiere mit weißen Rändern um Augen und Mäuler. Die Sonne schien, Vögel sangen in den Fichten am Hang, Bienen summten, es duftete nach Gras und Blumen.

Idylle pur, dachte Fox und lauschte einer Kolonne Motorradfahrer, die unter ihnen den Pass zum Oberjoch hochfuhren. Es war eine geile Strecke – Kurven und Steigung im nahezu perfekten Maß, ein Traum für jeden Motorradfreak. Nur die Kreuze am Straßenrand störten. Keine Wegkreuze wie in der Gegend üblich, obwohl sie auch mit Blumen und Kerzen geschmückt waren. Vier hatte er bisher auf der Strecke gezählt. Und bis nach oben zum Oberjoch waren es bestimmt noch mehr.

An einer Wegbiegung blieben sie stehen. Der Hang fiel zur Straße hin ab. Direkt unter ihnen befand sich eine Passage mit drei engen, aufeinanderfolgenden Kurven, auf dieser Seite begrenzt von nacktem Fels, auf der anderen Straßenseite von einer Leitplanke. Dahinter ging es steil in die Tiefe, sodass man fast die Kronen der Bäume berühren konnte.

»Ist es hier?«

Fox nickte. An dieser Stelle gab es weder Kreuz noch Blumenschmuck noch Kerzen. Nur die Fichte mit der abgebrochenen Krone und ein Stück Leitplanke, das vor nicht allzu langer Zeit ausgebessert worden war.

»Ich habe genug gesehen.« Die Schmerzen in seinem Bein waren stärker geworden. »Lass uns zurückgehen.«

Am Abend saßen sie wieder in der Wirtsstube. Es war gut, dass er den Tisch reserviert hatte, die Gaststube war voll. Es war laut, es wurde geredet und gelacht. Viele der Gäste waren Touristen und ihre Unterhaltungen drehten sich um Wanderungen und Sehenswürdigkeiten. Die drei Kellnerinnen hetzten zwischen den Tischen hin und her und servierten Bier, gegrillte Haxen, Bratkartoffeln und Wurstsalat. Ein Typ in kurzen Lederhosen saß auf einem kleinen Podest und zupfte auf einer Zither herum.

Auch der Nebentisch mit dem kunstvoll geschnitzten Schild war voll besetzt. Jeder der acht Männer hatte einen großen Krug Bier vor sich stehen, auf dem ein Wappen und ein Name eingraviert waren. Sie unterhielten sich laut in ihrem Allgäuer Dialekt – für jeden Außenstehenden unverständlich. Doch Fox hatte sich vorbereitet. Er hatte viel Zeit gehabt in den vergangenen Monaten, und er hatte sie genutzt, sich mit dem Dialekt beschäftigt, sich hineingehört. Er konnte verstehen, was die Männer am Nebentisch besprachen.

»Sind sie es?«, fragte Duke leise.

Fox nickte und erinnerte sich. Es war im Juli gewesen, ein angenehmer Abend nach einem langen, heißen

Sommertag. Sie hatten draußen auf der Terrasse gesessen, um dort zu essen und ihr Bier zu trinken. Irgendwann war er reingegangen, um Bier zu bestellen und nach dem Klo zu fragen. Da hatte er sie alle gesehen, an ihrem Stammtisch.

Jetzt saßen sie wieder da, genau wie vor einem Jahr. Ja, es waren dieselben Männer. Der Bürgermeister hatte ihn heute schon von der Wanderkarte aus angegrinst. Die Gesichter der anderen hatten sich in sein Hirn gebrannt wie der Brandmalkolben die Buchstaben auf das Schild des Stammtisches.

Auf der Straße vor dem Gasthof fuhr ein Motorrad vorbei, dem Geräusch nach zu urteilen eine japanische Rennmaschine. Einer der Typen am Stammtisch runzelte die Stirn.

»Ist da immer noch nix geschehen?«

»Na. Die Petition soll nächste Woche eingereicht werden.«

»Pff. Petition. An den Hut stecken können die sich ihre Petition. Um mit diesen Idioten auf ihren Straßensägen fertig zu werden, braucht es harte Methoden. Die verstehen nix anderes.«

Wieder fuhren draußen Motorräder vorbei. Diesmal waren es vier oder fünf. Fox schob sich Hirschgulasch auf die Gabel und versuchte, zu essen. Es ging nicht.

»Letztes Jahr hatten wir unsere Ruh' nach dem ... ihr wisst's schon.«

Die anderen nickten langsam und bedeutungsvoll.

»Die Leute sind vergesslich. Man müsst' halt wohl wieder ein Exempel statuieren.«

»Das geht nicht, das können wir nicht ...«

Einer griff über den Tisch und packte den Bürgermeister am Ärmel.

»Nächstes Jahr sind Wahlen. Du willst doch im Amt bleiben? Denk mal drüber nach.«

Sie starrten sich über den Tisch hinweg an, dann nickte der Bürgermeister und schwieg.

»Ist schon recht. Aber jetzt redet ihr am besten ohne mich weiter. Was ich nicht weiß …« Einer der Männer, ein rundlicher Kerl mit roten Wangen, stand auf, klopfte auf den Tisch und ging.

»Ist besser, wenn der Josef nicht dabei ist«, sagte einer der anderen. »Dann braucht er auch nicht lügen.« Er beugte sich über den Tisch, senkte seine Stimme und Fox hätte sein Bankkonto leergeräumt für ein Richtmikrofon. Es war laut in der Gaststube und er konnte nicht mehr jedes Wort verstehen. »Hört mal … Ich hab … Heizöl … Kanister … in … Scheune. Morgen Abend … Kühe … hinunter … oben noch mal …«

»An der gleichen Stelle? Ja, bist du denn närrisch? Das fällt doch auf! Da kann nicht einmal mehr der Josef …«

»Na, nicht an der gleichen Stelle. Etwas weiter oben hinauf.«

Sie nickten. Auch der Bürgermeister.

»Abgemacht?«

»Ja. Wir lassen uns unsere schöne Heimat nicht nehmen von so ein paar Deppen.«

Sie tranken ihr Bier, wischten sich den Schaum von Lippen und aus Bärten und sahen zufrieden aus.

Fox umklammerte sein Besteck so fest, dass die Knöchel an seinen Händen weiß wurden. Bisher hatte er Zweifel gehabt. Ja, da waren Erinnerungen, Fetzen von einem Gespräch, das er meinte, gehört zu haben. Aber er hatte Zweifel gehabt. Monatelang. Nagende, bohrende Zweifel. Jetzt war es damit vorbei. Diese Seppel waren skrupellos.

Er dachte an die Fichte mit der abgebrochenen Krone, die ihn aufgefangen, ihm das Leben gerettet und dabei das rechte Bein an sieben Stellen gebrochen hatte. So wie seine Hüfte und das Becken. Dabei durfte er nicht undankbar sein. Seine Freundin hatte nicht so viel Glück gehabt. Sie war vom Sozius geschleudert worden und gegen den Stamm geprallt. Später hatte man ihm erzählt, dass ihr dabei das Genick gebrochen worden sei. Sein Clubbruder, der direkt hinter ihm gefahren war, war mit dem Schädel gegen den nackten Fels geprallt. Da hatte auch der Helm nichts mehr genützt, er war noch am Unfallort gestorben. Angeblich hatten beide nicht gelitten. Und was nützte ihnen das? Tot blieb tot. Die Ermittlungen hatten ergeben, dass eine Ölspur in der Kurve den Sturz verursacht hatte. Ein Fahrzeug hätte Öl verloren, so hatte es geheißen. Fox hatte den Bericht gelesen. Mehrmals. Und natürlich erinnerte er sich auch an die Namen der ermittelnden Polizeibeamten: Einer davon war ein Josef Huber gewesen.

Er legte das Besteck zur Seite. In seinem Magen gab es keinen Platz mehr für das Hirschgulasch. Er war randvoll mit brodelnder Lava.

Am nächsten Morgen bezahlte Fox ihre Rechnung. In bar. Zur Sicherheit.

»Hat's Ihnen denn gefallen bei uns in Bad Hindelang?« Die Blonde trug heute ein gelbes Dirndl.

»Die Aussicht, die Menschen … unbeschreiblich.« Dabei dachte er an eine Fichte mit abgebrochener Krone und ein Schild mit den geschnitzten Worten *Stammtisch Heimat Bad Hindelang*.

»Dann beehren Sie uns doch bald wieder.« Sie reichte ihm die ausgedruckte Quittung. »Servus!«

Fox nahm seine Tasche, die jetzt viel leichter war als gestern.

Draußen schien die Sonne von einem blauen Himmel. Es war warm und roch nach frisch gemähtem Heu. Ein Tag wie gemacht, um Motorrad zu fahren. Prompt kamen auch einige Maschinen angerollt, eine ganze Kolonne. Fox lächelte. Die Jungs und Ladies auf ihren Bikes würden nichts zu befürchten haben. Weder morgen noch in den nächsten Wochen oder sonst irgendwann. Dafür hatten sie gesorgt. Der Brief an den Bürgermeister war bereits im Kasten, der an den Stammtisch lag in Zimmer 5. Und Duke kümmerte sich um den Rest. Wie er es genau machte, wusste Fox nicht. Es interessierte ihn auch nicht. Wichtig war nur, dass es funktionierte.

Duke bog gerade um die Ecke, als der Reisebus in der Ferne auftauchte. Es war Zeit, diesen Ort zu verlassen. Plötzlich fiel Fox ein, was bei Beerdigungen gesagt wurde: *Asche zu Asche, Staub zu Staub.*

Und Scheiße zu Scheiße.

»Ist alles bereit?«, fragte er.

»Ja. In zehn Minuten ist Abrechnung.«

Die Busfahrerin war eine andere als am Vortag. Sie öffnete die Klappe und sie stellten ihre Taschen zu dem anderen Gepäck – Koffer, Rucksäcke, ein Kinderwagen. Dann stiegen sie ein und nahmen auf den hintersten Sitzen Platz, wo Fox im Mittelgang sein Bein ausstrecken konnte. Es schmerzte heute, als hätte es erneut Bekanntschaft mit der Fichte gemacht. Wann würde das Reinigungspersonal des *Goldenen Löwen* den Brief finden? Den Brief, in dem sie klar machten, dass sie den Ort in

Zukunft beobachten würden, weil sie jetzt wussten, wie es lief. Hier, in Bad Hindelang.

Mittlerweile hatte die Busfahrerin die Gepäckluken zugeschlagen. Die Hydraulik zischte, als sich die Türen schlossen, der Motor sprang an und der Bus schüttelte sich. Sie rollten los, verließen den Parkplatz und bogen auf die Straße ein, die hinauf zum Oberjoch führte.

In diesem Augenblick spiegelte sich rotgoldenes Licht im Fenster, schön wie ein Sonnenuntergang über dem Meer. Fox wandte den Kopf. Hinter dem Gasthof loderte eine Stichflamme, bestimmt zehn, fünfzehn Meter hoch. Dann folgte eine schwarze Fontäne, die steil in den Himmel stieg. Offenbar war gerade der Jauchetank explodiert. Duke schaute kurz über die Schulter. Wäre er ein ausgebildeter Sprengmeister gewesen, er hätte wohl kaum besser planen können.

»Done«, sagte er zufrieden und lehnte sich in seinem Sitz zurück.

Fox dachte an die zwei Gräber, die er und seine Clubbrüder regelmäßig besuchten, während es hinter ihm Feuer und Scheiße auf Holzbalkone, üppige Geranien und bemalte Hauswände regnete. So würde es von nun an immer sein, sobald ein Motorradfahrer unter dubiosen Umständen auf dem Oberjochpass verunglückte.

Bis sie es begriffen hatten, die Männer vom Stammtisch.

Fenna Williams

GEDULD UND SPUCKE

Stein am Rhein, Kanton Schaffhausen

Rita von Due war mit sich zufrieden. Sie hatte alles im Gepäck, was sie für ein erfolgreiches Klassentreffen brauchte: gepflegte Rachegelüste, die Chuzpe, diese in die Tat umzusetzen, und Spucke, wertvolle Spucke.

Wenn der Typ in der Sitzreihe hinter ihr nicht bald aufhören würde, seine Frau bei jeder Gelegenheit abzukanzeln und so auch Ritas Reisefrieden zu stören, würde sie alle drei Waffen an ihm erproben. Sie fragte sich gerade, ob sie das Ekelpaket auch auf konventionellere Weise zum Schweigen bringen konnte, als seine Frau ihr auf die Schulter tippte. »Fahren Sie die ganze Strecke mit?«, wollte sie wissen. »Unser Ziel ist …«

»Wir sind aus Hamburg«, unterbrach ihr Mann und ließ eine Rede über die Vorzüge der Stadt vom Stapel, die trotz des Fahrgeräusches mühelos von Reihe 1 bis 30 mitgehört werden konnte. »Wir haben alles, was man sich wünschen kann, vor Ort. Keine Ahnung, warum meine Frau trotzdem in die Berge will. Ich habe mich breitschlagen lassen, damit danach ein für alle Mal Ruhe ist. Lass uns wenigstens im Sommer hinfahren, habe ich gesagt, da ist die Luft in den Bergen rein, dann sind die Eingeborenen ja alle bei uns am Meer.«

»Ich fahre zu einem Klassentreffen nahe Stein am Rhein«, antwortete Rita auf die Frage seiner Frau, als hätte es die Unterbrechung durch ihn nicht gegeben. »Meine Mitschüler und ich, das war keine rosarote

Romanze, eher das Gegenteil. Deshalb war ich seit meiner Matura nie wieder dort.«

»Schweizer Kleinstadt: zu klein und zu piefig, was?«, wertete ihr Hintermann das Gesagte aus.

Rita drehte sich zu ihm um, sah in sein feistes, mit winzigen roten Äderchen durchzogenes Gesicht und gab eine Antwort, die sie sich früher gegenüber ihren Mitschülern niemals getraut hätte, für die sie aber heute, nach knallhartem Straßenkampf als Verhandlungsführerin ihrer Firma, gefürchtet war. »Ja, die Größe spielt immer eine Rolle. In einer idyllischen Kleinstadt voller glücklicher Touristen und malerischer Winkel fallen Menschen, die ständig zeigen müssen, wie viel besser sie sind als andere, stärker ins Gewicht. Bei knapp zwei Millionen Hamburgern nimmt man einen wie Sie in Kauf, in Stein am Rhein haben zwei, drei von Ihrer Sorte den Effekt einer Seuche.«

»Also, das ist doch …« polterte der Mann los, aber seine Ehefrau streckte begeistert die Hand durch die Lücke zwischen den beiden Kopfstützen, offensichtlich dankbar, dass sich endlich jemand traute, es mit ihrem Gatten aufzunehmen. »Mareile Wachsmuth. Sehr erfreut, Sie kennenzulernen.«

»Rita von Due«, antwortete Rita und drückte der Dame die Hand.

»Hahaha, wie lustig«, sah Mareiles Gatte seine Chance gekommen, doch noch vor ihr einzulochen. »Kommt aus der Schweiz und heißt wie das Nationalgericht!« Er schlug sich auf die Schenkel. »Bezieht sich Ihr Name eher auf Ihre käseweiße Haut oder auf geistigen Käse?«

Fünfundzwanzig Jahre sammelte Rita nun schon Antworten für diese Art Provokation. Jedes Mal, wenn jemand mit ihr in den Ring stieg, der mit ebensolcher

Hingabe verletzte wie Rotwein-Rosie, Stinke-Peter, Eitel-Veit und all die Mitläufer der Klasse, die ihr das Leben zur Hölle gemacht hatten, sah sie das als Trainingsstunde für den Moment der Abrechnung an, der nun nur noch wenige Stunden entfernt lag. In Sekundenschnelle ging sie ihre Liste aller möglichen Antworten durch und entschied sich für Variante sieben, für Menschen, die selbst nicht die hellste Kerze auf der Torte sind und deshalb alle, die sie als klüger oder glücklicher empfinden, aus purer Bösartigkeit abkanzeln.

»Weder noch«, beantwortete sie deshalb Wachsmuths Frage. »Eher auf meine Kunst, Nervtöter an ihrem eigenen Käse ersticken zu lassen, indem ich die Hitzezufuhr unter dem Gagglo erhöhe.«

Mareiles Gesicht leuchtete auf wie eine Straßenlaterne in der Dämmerung. »Ja«, sagte sie verträumt. »Ganz gleich, wie lang der Geduldsfaden ist, irgendwann kommt eine Zeit, in der man begreift, dass man nicht warten muss, bis er reißt, sondern dass man ihn selber durchschneiden kann.«

Der Mann aus der Bankreihe vor Rita wollte den Schlagabtausch offenbar nicht nur hören, sondern selbst mitmischen. Er wandte sich um und kniete sich dann auf das Sitzpolster wie ein Kind, das besseren Überblick über die nachfolgenden Reihen gewinnen möchte. »Ich gehe davon aus, dass Sie sich heutzutage getrauen, es mit Stein am Rhein aufzunehmen, sonst würden Sie sich nicht freiwillig wieder hinwagen«, sprach er Rita an. »Schätze, Ihre Kontrahenten von damals müssen sich heute warm anziehen.«

Rita grinste. »Thermoanzug wäre ratsam, aber selbst der schützt nicht davor, mit den eigenen Waffen geschlagen zu werden.«

»Ein Klassentreffen an sich ist ja schon eine Mischung aus gutem Willen und dem glatten Gegenteil«, konstatierte ihr Gegenüber und hielt sich an den Kopfstützen fest, da der Bus in die Kurve ging. Er klammerte so stark, dass sich die gelblichen Fingerkuppen, die ihn als starken Raucher auswiesen, vor Anstrengung weiß zu färben begannen. »Ich hoffe, Sie haben die Spielregeln zu Ihren Gunsten festgelegt? Werden Sie einen Ausweg für Geläuterte zulassen? Die Chance, dem Denkzettel zu entgehen?«

»Selbstverständlich. Gehört das nicht zu einem fairen Kampf dazu?« Rita lächelte in Anbetracht der Rettungsgasse, die sie gelassen hatte. »Mit Nachsicht wird behandelt, wer mich an der Bushaltestelle in Stein am Rhein abholt, um mich mit hinauf in den Wald zum Chalet *Feuertöpfli* zu nehmen. Ich habe meine Ankunftszeit allen sechzehn Quälgeistern gemailt.«

»Oh, ich hoffe, niemand wartet auf Sie. Sonst wären Sie ja zur Rücksicht gezwungen«, zeigte die Hamburgerin nicht nur Verständnis für Ritas Situation, sondern auch, in welche Richtung die Winde ihrer Träume wehten.

Der Herr aus der Vorderreihe zückte seine Visitenkarte, die ihn als Alexander Steiner, Journalist aus Wiesbaden auswies. »Ich schreibe eine wöchentliche Kolumne, für die ist mir jede Inspiration willkommen. Bitte, Frau von Due, würden Sie mich informieren, wie Ihre Geschichte weitergeht? Das Thema ›Rache‹ ist immer in Mode.«

Mareile Wachsmuth nickte begeistert: »Mich, als …« Sie stockte und fuhr dann fort. »… würde das auch interessieren.«

Rita hatte keine Mühe, das Wort »Leidensgenossin« in die Satzpause der Rednerin einzufügen, vor allem, weil Wachsmuth maulte. »Kaum sind zwei Frauen zusammen, haben echte Männer keine Chance – es wird sofort über uns gelästert.«

»Im Gegenteil«, sagte Rita. »Ein einziger Mann von Ehrlichkeit, Hilfsbereitschaft und Einfühlungsvermögen lässt sämtliche Peiniger vergessen. Mein Exemplar heißt Toni, und mit ihm zusammen habe ich das heutige Treffen organisiert.«

»Außenseiter laden ein«, vermutete Wachsmuth.

»Ganz genau.« Rita ließ sich nicht provozieren. »Toni gehört das Chalet und er hat es heute Abend allein für uns reserviert. Er ist damals noch vor dem Abschluss von der Schule abgegangen, hat aber ein Auge auf mich gehabt, bis ich glücklich das Weite suchen konnte. Er selbst ist als Koch durch die Welt getourt und hat tausenden von Menschen bewiesen: Liebe geht durch den Magen, beruhigt die dortige Säure und wer nicht sauer ist, wird auch nicht gemein.«

»Das trifft dann ja auf Sie nicht zu«, ätzte Wachsmuth.

Rita seufzte selig. »Ach, wenn ich heute Abend mit dem Kochen fertig bin, dann schon.«

Der Bus brachte Rita bis zur Anlegestelle der Rheinschifffahrt von Stein am Rhein. Ihre Mitreisenden klebten an den Fensterscheiben, als sie sich im Gewusel auf der Uferpromenade umsah. Kein bekanntes, wenn auch um fünfundzwanzig Argumente gealtertes Gesicht weit und breit. Sie drehte sich zum Bus und hob den Daumen zum Zeichen, dass »Operation Klassentreffen« durchgeführt werden würde wie geplant. Dennoch fand sich in ihrem Magen kurzzeitig ein dunkles, klumpiges Gefühl ein, das sich nur mit dem Wort »Bedauern« beschreiben ließ.

Mit einem Seufzer zückte Rita ihr Smartphone und rief im *Feuertöpfli* an. Tonis Stimme kam warm und vertraut durch den Hörer. »Herzlich willkommen auf heimischer Erde, liebe Freundin«, begrüßte er sie. »Spar dir das Suchen, alle sechzehn Nervensägen sind bereits seit Stunden hier und trinken auf deine Kosten. Und das nicht zu knapp. Rotwein-Rosie hat natürlich den teuersten geordert, und zwar gleich zwei Flaschen.«

»So schnell kann doch selbst sie nicht trinken«, staunte Rita.

»Alles wie früher«, bestätigte Toni ihre Vermutung. »Die erste Flasche ist gleich in ihrer Umhängetasche verschwunden.«

»Hat jemand nach mir gefragt?«

»Niemand. Nach mir auch nicht.« Die Antwort stand in bitterem Kontrast zu seiner leutselig klingenden Stimme. »Es sei denn, du wertest ›Wann gibt es Essen?‹ als interessierte Frage nach meinem Leben oder die Verteidigung, warum du nicht abgeholt wurdest, als eine nach deinem.« Er räusperte sich und imitierte einen früheren Mitschüler. »Wir dachten, wer ein ganzes Klassentreffen ausrichtet, um sich bei uns nach so langer Zeit doch noch beliebt zu machen, der hat auch genug Geld für ein Taxi übrig.«

»Das war der Eitel-Veit«, riet Rita mühelos. »Und wahrscheinlich hat er dabei mit seinen Manschettenknöpfen gespielt.«

»Heutzutage sind sie aus Gold«, bestätigte Toni. »Müssen höllisch schwer und unbequem sein in der Größe. Aber wer schön sein will, muss leiden.«

»Und sonst?«

Toni lachte den enttäuschten Ton fort und schwang sich damit deutlich auf das gemeinsame Vorhaben ein.

»Sonst ist die Bagage gerade mitten in Phase Eins: draußen im Wald, bei den Heidelbeeren. Sie pflücken den Nachtisch.«

»Ich hoffe, unsere Widersacher futtern dabei jede Menge ungewaschene Waldfrüchte«, sagte Rita. »Dann schöpft niemand Verdacht und sucht nach anderen Kontaminierungsquellen.«

»Und da wir zwei keine Zeit hatten, im Wald dabei zu sein, sind wir ein einziges Mal nicht der dumme, sondern der glückliche Rest«, erinnerte Toni. »Nicht mehr lange, und der schweizerische Forstverein stellt zusammen mit der kantonalen Gesundheitsbehörde flächendeckend Warnschilder auf. Danach habe ich meine Waldbeeren für mich allein.«

Während Rita auf ihr Taxi wartete, fragte sie sich, ob ihre Biografie ohne die Abschlussfeier, ohne die bitterste Stunde ihres Lebens, anders verlaufen wäre, entschied sich dann aber, diesen Gedanken nie wieder zu pflegen. Jetzt hatte sie die anderen in der Hand. Schließlich war sie Wissenschaftlerin, plante vorausschauend und präzise. In ihrem Labor beschäftigte sie sich mit Gegenmitteln für Zoonosen, die nach der Zulassung durch die EMA, die Europäische Arzneimittel-Agentur, in den Impfdosen internationaler Pharmafirmen Verwendung fanden. Die Labortiere, mit denen sie ihre Zeit verbrachte, waren Giftschlangen, tropische Insekten sowie infizierte Füchse und Wildschweine, an denen die Vakzine erstmalig erprobt wurden.

Rita streichelte gedankenverloren ihre Reisetasche, enthielt sie doch die kleine, gemeine Zutat des Sieges über ihre Vergangenheit: perfekt und in beachtlichen Mengen aufbereiteter Speichel eines mit dem Fuchsbandwurm infizierten vierbeinigen Wirts, der durch mikroskopisch kleine Eier jede Menge Schaden in Zweibeinern anrichten konnte. Eigentlich beschäftigte sie sich coram publico mit Tollwut, frönte aber insgeheim ihrem Steckenpferd, der Erforschung todbringender Auswirkungen von Parasiten des mitteleuropäischen Raums auf den menschlichen Körper. Der nach ihrem Lieblingstier, dem Fuchs, benannte Schmarotzer machte ihr dabei besonders viel Freude, weil er gern auf Wildschweine überging und so den Bestand dieser Prädatoren auf subtile Weise schwächte und dezimierte.

Mehr Spaß bei der Arbeit konnte man nicht haben!

Rita lächelte versonnen. Parasiten waren wirklich ein passendes Mitbringsel für das Klassentreffen, denn Schweine würden ihr bei dieser Gelegenheit genug begegnen. Die wildesten von ihnen würden ebenso lange leiden müssen, wie sie gelitten hatte.

Rita genoss die Fahrt durch die Landschaft des schweizerischen Grenzlandes zu Deutschland. Der Rhein war hier sauber und jung und die sanft rollenden Hügel betonten die Ruhe, die er ausstrahlte. Erstaunlich, wie genau sie sich an alles erinnern konnte. Trotz ihrer konsequenten Weigerung, hier zu leben, hatte sie keine Wegbiegung vergessen, denn jede war mit Demütigung und Hänselei über ihre Schüchternheit, jedes Haus der Klassenkameraden mit Schmach und Böswilligkeiten zu ihrem Namen verbunden. Sie war für die anderen zu unmodern, zu rückständig gewesen, Toni zu dumm und zu dick. Nichts Weltbewegendes hatten die anderen an ihnen auszusetzen gehabt, aber es hatte sich im Laufe der Zeit zum Aussatz gemausert. Rotwein-Rosie hatte es verstanden, ihre Bewunderer Stinke-Peter und Eitel-Veit vollständig in ihren Bann zu ziehen. Der Rest der Klasse hatte sich, in vorauseilendem Kadavergehorsam und um nicht selbst zur Zielscheibe zu werden, ebenfalls gegen Rita und Toni verschworen. Das Wort »Mobbing« gab es noch nicht, aber leider die Gefühle der Ohnmacht und des Ausgeliefertseins, die es auslöste.

Rita fuhr an dem abgelegenen Gasthof vorbei, an dem man an einer Stelle sanft in den Rhein hineingleiten kann, bis Strudel dafür sorgen, dass des Lebens Müde nicht wieder aus dem Wasser herauskommen. Dort hatte Toni sie gefunden. In letzter Sekunde.

Mit nassen Kleidern hatten die beiden am Ufer gesessen und geschwiegen, bis Rita endlich den Mut gehabt hatte zu erzählen, wie Peter und Veit nach der Abschlussfeier am Abend zuvor über sie hergefallen waren, um »ihr letztes ›Jungfernstündlein‹ schlagen zu lassen«, wie sie es genannt hatten. Als sie sich vor Angst einnässte, hatten sie mit wüsten Beschimpfungen von ihr abgelassen, aber Ritas Entsetzen, ihre Angst und ihre Scham waren geblieben, über all die Jahre hinweg.

Genauso lange wie ihre Freundschaft mit Toni, der ihr in der Folge die Aufgabe stellte, die sie aus ihrer Opferrolle herausholte: »Wenn du dich nach einem Vierteljahrhundert noch so fühlst wie heute und eine Bestrafungsart findest, die allen, die Bescheid wussten und nicht halfen, jede Menge körperliche Schmerzen beschert, dann unterstütze ich dich. Ich übe mit dir zusammen Rache. Aber für simples Erschießen oder Vergiften gebe ich mich nicht her.«

Als Rita den Taxifahrer bezahlte und ausstieg, klangen Lachen und Lärm der anderen aus dem Wald zu ihr herüber. Als wären sie auf einem Schulausflug, dachte Rita und hatte einen Augenblick das Gefühl, ihre Kleider wären noch nass. Sie trockneten schlagartig, als Stinke-Peter sie entdeckte und auf sie zukam. »Ach guck! Das Fondue ist da!»

Rita schnupperte. Tatsächlich, Peter verwendete weiter dieses Rasierwasser, das nicht mal den alten Herren stand, für die es entwickelt worden war. Sie hatte den Geruch in der Nase, seit er auf ihr gelegen hatte, um ihr für immer seinen Stempel aufzudrücken. »Du riechst wie immer nach *Ernte*. Du hast schon damals versucht, mit der Wahl deines Parfüms eine geistige Reife vorzutäuschen, die dir auf ewig versagt bleiben wird«, konterte Rita seinen Kommentar in der scharfsinnig-gelassenen Art, für die sie in ihrem neuen Leben berühmt war.

Peters Augen wurden zu Schlitzen. Dann trat er auf Taschendiebnähe an sie heran und raunte ihr zu: »Bisher haben Veit und Rosie und ich geschwiegen. Aber wenn du hier und heute ein Theater aufführen willst, dann denk daran: Wir sind zu dritt. Drei zu eins, eineinhalb vielleicht, wenn man Toni mitzählt. Und wir drei würden immer füreinander aussagen.« Sein Gesicht verzerrte sich zu dem, was er offenbar für ein triumphierendes Lächeln hielt. »Wer sollte auch glauben, dass wir ausgerechnet einer lahmen Ente wie dir auflauern? Außerdem: Das Ganze ist fünfundzwanzig Jahre her. Verjährt.«

»In sozialen Medien verjährt nichts. Der Wirbel dort würde reichen, um dein Baugeschäft aus den Angeln zu heben und neu zu justieren – unter anderer Leitung.« Rita lächelte entspannt und sagte in ganz normaler Lautstärke, als gäbe es nichts zu verheimlichen: »Ich habe die Kleider ungewaschen aufgehoben. Toni hatte mir dazu geraten. Ich bin sicher, an denen kann man eure DNS noch immer nachweisen. Für eine Verurteilung im Netz würde das allemal reichen.«

Peter riss die Augen auf: »Du traust dich was.«

Rita nickte: »So viel wie du. Nennt sich ›Augenhöhe‹. Ist immer überraschend für die, die von oben auf andere herabsehen und glauben, sie werden so höher eingeschätzt, als sie tatsächlich stehen.«

Eitel-Veit fand sich ein und Rita fragte sich, ob sie da eine Zehntelsekunde Unsicherheit in seinem Blick erkennen konnte, weil er sich unangenehm deutlich an das letzte Mal erinnerte, an dem sie und er sich gesehen hatten. Aber dieser Moment ging vorüber in dem erkennbaren Wunsch, vor Rotwein-Rosie und seinem Kumpel ebenso unbelehrbar und unversöhnlich dazustehen wie diese beiden.

»Komm schon«, sagte Rosie und stellte sich neben Peter. »Du wirst dir doch von der Laborratte nicht den Tag verderben lassen.« Sie steckte ihm eine Heidelbeere in den Mund und kraulte dann seinen Nacken, wie andere es bei einem Hündchen tun. Dann zeigte sie auf Ritas Reisetasche. »Du meine Güte! Du bleibst über Nacht bei Toni?« Sie drehte sich zur Meute um, die jetzt langsam aus dem Wald kam und sich vor dem Chalet versammelte. »Schaut mal, wie sich die Zeiten gleichen, unsere beiden sind bis heute zusammen.«

Rita lächelte, ganz Herrin der Situation. »Wir sind einander treu. Also genau das Gegenteil zu dir und Peter. Du spielst doch immer noch ›Bäumchen wechsle dich‹ mit Veit, oder?« Mit Erstaunen stellte sie fest, dass selbst die Luft in einem frischen Wald wie aufgeladen knistern konnte. Zufrieden wandte sie sich zum Gehen, schulterte dabei mit Schwung ihre Reisetasche und versetzte

Peter so einen eindrucksvollen linken Haken. Dann ging sie ohne weiteres Wort vor den anderen her die Treppe hinauf zum Restaurant.

In der Tür stand Toni, rund, gesund, mit genau dem liebevollen Blick, den er stets für sie reserviert hatte, und zog sie in seine Arme. »Keine Ausnahmen?«, fragte er leise in ihr Ohr.

»Keine Ausnahmen«, bestätigte Rosie. »Wer nicht durch gutes Leben, Glück und Wohlstand dazulernen will, darf es gern durch Leiden, Krankheit und Schmerz versuchen.«

Den anderen rief Toni über ihre Schulter zu: »Die Tische sind gedeckt. Getränke stehen bereit. Setzt euch schon mal und bedient euch.« Er zeigte auf die Schüsseln und Eimerchen der Beerenpflücker. »Wer Heidelbeeren hat, bringe sie bitte zu uns in die Küche. Rita und ich erledigen den Rest.«

Während die zwei in der Küche hantierten, kam ab und zu jemand vorbei und lieferte Heidelbeeren und weiteren Gesprächsstoff ab. Doch während es jede Menge Fragen nach Flaschenöffnern, fehlendem Bedienungspersonal oder dem Weg zu den Toiletten gab, bot keiner Hilfe an oder zeigte Interesse für die beiden in der Küche.

»Ich habe mich schlaugemacht«, sagte Toni. »Das Netz ist ja voll von Informationen über den Fuchsbandwurm. Gibt es tatsächlich keine Heilung?«

»Bisher nicht«, bestätigte Rita, fügte dem Käsefondue eine großzügige Portion Speichelkonzentrat hinzu und verfuhr ebenso beim Heidelbeernachtisch und der zu schlagenden Sahne. »Aber ich hege große Hoffnung, dass es bald sechzehn gut situierte Privatpersonen gibt, die meiner Firma durch Spenden ein neues Forschungsfeld eröffnen.« Sie zögerte einen Moment, dann gab sie eine weitere Dosis ihrer Laborergebnisse in die geschmeidige gelbliche Masse und entsorgte anschließend den Kochlöffel. »*Echinokokkose*-Patienten können heutzutage zwar chirurgisch und medikamentös behandelt werden, aber die Betroffenen müssen dennoch lebenslang Tabletten einnehmen, weil es keine Behandlungsmethode gibt, durch die sie die Parasiten wieder vollständig loswerden. Dass das anders wird, daran würde ich unter Hochdruck arbeiten, dafür sind Freundinnen doch da.«

Toni lächelte. »Ich schlage dich für den Nobelpreis vor, ich weiß nur nicht, ob für den in Pharmazie oder Medizin.«

»Friedensnobelpreis«, scherzte Rita. »Weil wir Frieden haben, wenn dies hier vorbei ist.«

Toni verteilte die letale Käsemasse vorsichtig auf die bereitstehenden Caquelons. »Ich sehe den Zeitungsbericht schon vor mir: ›Klassentreffen mit Langzeitschaden! Bei sechzehn von achtzehn Ehemaligen einer Abschlussklasse aus Stein am Rhein wurde die seltene, leider auch unheilbare *Echinokokkose* diagnostiziert, gemeinhin als Fuchsbandwurm bekannt. Der Mensch infiziert sich häufig durch die Aufnahme kontaminierter Waldfrüchte, die er ungewaschen zu sich nimmt. Die neu gegründete Leidensgemeinschaft unter ihrem Vorsitzenden Veit Eitel, selbst von der unheilbaren Krankheit gebeutelt und von der unerträglichen Vorstellung getrieben, Zwischenwirt eines hässlichen Parasiten zu sein, bat die anerkannte Pharmazeutin Rita von Due, ihren ehemaligen Mitschülern und Mitschülerinnen noch ein paar schmerzfreie Jahre zu schenken, und überließ ihr deshalb einen Großteil des Vermögens sämtlicher Betroffenen für Forschungszwecke. Auf die Frage, wie sie diesen Meilenstein der pharmazeutischen Entwicklung aufzustellen gedenkt, entgegnete Rita von Due bescheiden …‹«

Toni hielt der Freundin einen Kochlöffel wie ein Mikrophon vor den Mund und Rita sprach hinein: »Mit viel Gefühl für die Betroffenen, Geduld und Spucke.«

Andrea Z. Rhein

TOUR DE TELL

Schächental, Kanton Uri

Aufs Velo steigen, antreten. Die Kette schnurrt.

Endlich rauscht Roger Favre wieder über die Straße. Ein göttliches Gefühl! Stark wie seine Helden. Von Hugo Koblet bis Urs Zimmermann, Rennfahrer der ersten Liga. Sie lassen das Team für sich arbeiten, streichen den Sieg auf dem Podium aber allein ein. So muss man es machen, davon ist Roger Favre überzeugt.

Nicht nur auf dem Rad.

Martin Favre sieht sich dem Windschatten seines Onkels Roger nachhetzen. Mit gebogenem Rücken legt der ein straffes Tempo durch die engen Gassen Altdorfs vor, als würde er gerade die Tour de Suisse fahren. Und wie jedes Jahr war Roger ausgeruht, weil der mit seinem bequemen SUV angereist ist, während Martin noch die lange Busfahrt in den Knochen steckt. Roger hat wie immer bestimmt, dass sie beide das Trikot mit dem als Schweizerkreuz stilisierten Logo seiner Firma tragen, das er eigens hat anfertigen lassen. Wie in einer Profimannschaft. Albern.

Martin schwitzt. Obwohl die Luft hier noch kühl ist im Schatten der eng stehenden Häuser, bis wohin die müde Septembermorgensonne ihre Finger nicht hat ausstrecken können.

Drei Tage. Ich werde es überleben, denkt er. Die Frage ist nur, wie.

Früher ist Martin gern Velo gefahren. Hatte Spaß an der Bewegung, an der dumpfen Wiederholung, Tritt für Tritt für Tritt. Die ihm Luft gab, zu atmen, und Raum, zu denken und zu fühlen. Die einsamen Runden um Bern befreiten ihn für einige Stunden aus der Klammer der Familie, aus der unausgesprochenen, aber alles überschattenden Ungleichheit der Brüder Favre, die nicht einmal der Tod seines Vaters hat lösen können. Und der Martin bis heute nicht entkommen ist.

Roger gefällt sich auf seiner Rennmaschine. Ihm gefällt der Anblick, den er jedem bietet, der hinsieht: der athletisch-gebogene Oberkörper, der parallel zur Stange ruht, der runde Tritt, ganz effizient nur aus der Hüfte, die langen, festen Muskelstränge der glattrasierten Beine, die fließende Bewegung, mit der er nach der Flasche im Halter greift, sie schräg an den Mund hält, trinkt und sie wieder zurücksteckt, die Sonnenbrille richtet. All das belegt, dass er das Velo vollständig unter seiner Kontrolle hat, dass er es beherrscht.

Er freut sich schon auf die steilen Anstiege. Darauf, beweisen zu können, dass er den Biss hat, der ihn nach oben hieven wird. Auf die Strapazen und den Schweiß, der davon erzählen wird.

Das Schächental mit seinen Miniprozentchen an Steigung ist nur zum Einrollen. Da wird er Martin noch ein wenig schonen. Aber spätestens ab Unterschächen nimmt er ihn ran.

Roger legt noch einen Gang drauf und versichert sich mit einem kurzen Schulterblick, dass Martin folgt.

Wäre Martin sein Sohn und nicht der seines Bruders, säße er ganz anders im Sattel. Nicht wie dieser nasse Sack. Dann würde Martin ihn herausfordern, ihm davonsprinten.

Er hätte Eleganz. Und Spannkraft. Ein Ziel vor Augen. So einen Sohn hätte Roger. Aber Martin ist und bleibt seines Bruders Sohn. In allem.

Und genau deshalb ist es richtig, Capital-A in die Firma zu holen und sie nicht irgendwann Martin ganz zu überschreiben, obwohl er genau das seinem Bruder auf dem Sterbebett zugesagt hat. Es ist das Beste für die Firma.

Und nebenbei das Beste für ihn selbst. Member of the Supervisory Board*! Mit den großen Jongleuren der Finanzbranche an einem Tisch sitzen! Das wird ihn für seine Partei noch interessanter machen. Dann kann sie ihn als Kandidaten nicht mehr ignorieren. Er hat es geschafft. So wie sich die Straße in weiten Schwüngen zum Örtchen Bürglen hinaufwindet, erhebt er sich aus der Bedeutungslosigkeit der Familienfirma und steigt nun ganz hoch hinauf.*

Bürglen. Martin hält Ausschau. Wenn es eines gibt, worauf er sich gefreut hat, dann darauf. Gleich muss sie kommen.

»Schau«, ruft er, als er die Statue entdeckt und mit ausgestrecktem Arm auf sie weist. »Wilhelm Tell! Halt doch mal. Für ein Foto!«, ruft er seinem Onkel nach.

Martin kann seine Augen nicht von der Statue lassen. Fast hätte er die Kurve verpasst und wäre in ein Auto gefahren. Schnell richtet er seine Spur wieder aus.

Roger schüttelt den Kopf. Ein Foto? Von diesem Zwerg? Wie enttäuschend. So schrecklich unscheinbar. Das soll unser Nationalheld sein? Er spuckt aus.

»Auf der Straße sind die echten Helden«, ruft er nach hinten, während er aus dem Sattel geht, um die Kehren stehend im Wiegetritt zu nehmen. Das ist Eleganz und Kraft in einem!

Martin hat einfach keinen Biss. Pah, ein Foto! Er ist kein Firmenleiter. Basta. Und wenn er Geschäftsführer bleiben will, so täte er gut daran, die Art seines Vaters endlich hinter sich zu lassen und von ihm, Roger, zu lernen.

Tell. Ich habe Wilhelm Tell verpasst. Und das Museum. Martins Gedanken hängen drei Kurven zurück.

»Der brave Mensch denkt an sich selbst zuletzt.« Das war das Lieblingszitat seines Vaters. Und Martins Lebensmotto. Er beißt die Zähne zusammen.

Aber heißt das, dass er seinem Onkel wie ein Primarschüler hinterherrennen muss? Aus reinem Trotz fährt er nicht stehend, wenn Roger stehend fährt, setzt sich nicht in den Sattel, wenn der es tut. Ein billiger Trotz, das weiß Martin.

Die Sonne brennt jetzt heiß auf seinen Rücken, der Schweiß läuft ihm das Gesicht herab. Was für eine sinnlose Plackerei, dieses sture, endlose Treten, dem Alten hinterher.

Wie gern würde er tauschen mit dem Mann, der in einem Vorgarten die Blumen schneidet. Mit der Frau auf dem Balkon, die ein Schwätzchen mit der Passantin hält. Ja, selbst mit der Katze, die sich auf dem Garagendach sonnt.

Ich wollte doch kontra geben, denkt er. Dieses Mal hat er es sich fest vorgenommen. Wie unzählige Male zuvor.

Letzten Monat ist er zweiunddreißig geworden. Er hat studiert. War sogar im Ausland. Er hat eine eigene Familie gegründet, ist Vater! Und dennoch fühlt er sich wie ein kleiner Junge, wenn er vor Roger steht. Jedes Mal. Was auch immer er sich im Stillen ausmalt, das er Roger sagen wird oder das er hätte sagen sollen, nie bringt er es aus sich raus.

Wie viel Mühe muss es seinen Vater zeitlebens gekostet haben, gegen Roger zu bestehen. Manchmal denkt Martin, dass es der ständige Kampf war, der seinen Vater viel zu früh ins Grab gebracht hat.

Wie soll Martin es schaffen, sein Versprechen einzuhalten? In der Firma bleiben, um sie als Familienbetrieb an seine Kinder weiterzugeben und sie vor Roger zu schützen: Martin hatte es versprochen. Noch auf dem Sterbebett des Vaters. Natürlich hatte er es versprochen.

Martin schaltet einen Gang runter und sucht sein eigenes Tempo. Einmal aus Rogers Windschatten heraus, wächst der Abstand schnell. Wie gut sich das anfühlt!

Er wird mich nicht unterkriegen. Er wird mich nicht unterkriegen. Er wird mich nicht unterkriegen, hämmert er in seinen Kopf, im Rhythmus seines Tritts.

Raus aus dem Ort. Endlich Berge! So sehr Roger die Zuschauer im Ort genossen hat, so sehr freut er sich auf den Zweikampf: Mann gegen Berg.

Auf den grün bewaldeten Erhebungen zeichnet das klare Licht die Höcker und Hügel, die Täler und Tiefen in gestochen scharfen Konturen. Und dort, im Hintergrund, überragen gewaltige Felsspitzen nackt und grau die unschuldigen Buckel.

Ein leichter Gegenwind ist aufgekommen, der seine Stirn und Brust kühlt.

Roger hört keine Fahrgeräusche mehr hinter sich. Tatsächlich, sein Neffe ist abgefallen. Quält sich den flachen Anstieg herauf. Wie ein alter Mann, nicht, als wäre er dreißig-irgendwas. So ein Idiot.

Roger nimmt Kraft aus den Pedalen und lässt sich neben den schnaufenden Jungen zurückfallen.

»Hab ich dir nicht letztes Jahr schon gesagt, du brauchst andere Übersetzungen in den Bergen?«, sagt er. »Selbst schuld, wenn du wieder schlappmachst. Dieses Mal warte ich auf der Passhöhe nicht auf dich.«

Martin antwortet nicht. Keine Regung auf dessen hochrotem Gesicht. Kein Nicken. Kein Kopfschütteln. Als hätte Roger nichts gesagt, verkriecht der Junge sich genauso, wie sein Vater es immer getan hat, so dass Roger ihn am liebsten schütteln würde, bis etwas herauskommt.

Ein langes Hupen ertönt von hinten.

»Überhol schon«, ruft Roger mit erhobener Faust zurück.

Die Fahrerin gestikuliert wild, weist auf den Gegenverkehr, der ihr ein Überholen unmöglich macht.

»Dumme Kuh, was regst du dich so auf?«

»Mach Platz«, antwortet die Frau aus dem Fenster gelehnt.

Roger spuckt aus. Er wird ihr zeigen, mit wem sie es zu tun hat. Er bremst und reiht sich hinter Martin. Doch in dem Moment, in dem ihr Wagen zum Überholen ansetzt, zieht Roger den Lenker nach links und fährt in weitem Bogen neben Martin, die Fahrbahn wieder blockierend. Die Frau muss scharf abbremsen und quittiert mit empörtem Dauerhupen.

Alte Schlampe, denkt Roger, spurtet vor und fährt in Schlangenlinien die gesamte Fahrspurbreite aus.

Martin wünscht sich ein Loch, in das er auf der Stelle versinken kann.

Durch das dumme Trikot weiß jeder, dass ich zu diesem Rüpel gehöre, denkt er. Bloß weg von ihm.

Er stellt das Treten ein und lässt seinen Onkel wieder ziehen. Bald findet Martin auf der nun moderaten Steigung in einen immer ruhigeren Tritt.

Wie schön die weißgetupften Gipfel in der Sonne glänzen und wie friedlich das Flüsschen rechts unter ihm in der grünen Schneise ruht. Radfahrer ziehen an ihm vorbei, grüßen. Wanderer kommen ihm entgegen. Er nickt grüßend zurück.

Und mit jedem Meter Abstand fließen Tritt und Atem und Gedanken ineinander.

Er sieht sich vor seiner Frau stehen. Erst gestern früh, beim Abschied. Sie hatte das Kind auf dem Arm. Er erinnert sich an das Unwohlsein in jeder Faser seines Körpers, den Wunsch, einfach zu Hause zu bleiben und die Zeit mit seinem Onkel schon hinter sich zu haben. Erinnert sich an den Versuch, all das vor ihr zu verbergen. Vergeblich.

»Warum tust du dir das an, Martin?«, fragte sie müde.

Er konnte nur mit den Schultern zucken und wusste, dass er die Antwort vor allem sich selbst schuldig blieb.

Martin schaut auf seinen Tacho. Erst zwölf Kilometer geschafft. Noch knapp vierzehn liegen vor ihm.

Mit dem Anziehen der Steigung ist die Ruhe vorbei. Martins Oberschenkel brennen. Keuchend schöpft er Atem. Keine Chance, Roger auf Abstand zu halten. Sein Onkel turnt leicht wie eine Bergziege um ihn herum, mal neben ihm, wenn der Verkehr es zulässt, mal vorweg, wenn er den Rennfahrer markieren und Martin demütigen will, mal hinter ihm, wenn er einem Auto oder Motorrad weichen muss.

So geht es Kilometer um Kilometer. Martin darf nicht ans Anhalten denken. Die Vorstellung, abzusteigen, setzt sich sofort fest, bis er schließlich nachgibt. Und dann regnet es Rogers Abfälligkeiten und die Pause wird quälender als das Fahren.

Er wird mich nicht unterkriegen, er wird mich nicht unterkriegen, versucht er wieder, Rhythmus in seine Gedanken zu bekommen.

»Was bist du für ein Langweiler heute«, stichelt Roger. »Sagst kein Sterbenswörtchen.«

Martin schluckt.

»Reden und fahren«, presst er heraus, »das geht nicht gleichzeitig.«

»Mein Gott, Junge. Du hast noch einen Weg zu gehen«, fährt Roger unbeirrt fort. »Im Business muss man Zähne zeigen. So einfach ist das.«

Posthaus Urigen! Oh nein! Roger erkennt das prächtige Gasthaus sofort. Dicht gedrängt sitzen die Gäste auf der Terrasse mit den bunten Schirmen, lachen, klirren mit Gläsern und Bestecken. Sicher will Martin gleich dort einkehren! Wenn er nicht mehr Biss bekommt, wird der Investor ihn schnell an die Luft setzen, denkt Roger.

Nicht, dass es ihm um Martin leidtun würde. Wer's nicht draufhat, den fressen halt die Hunde. Aber ein Neffe im Unternehmen würde ihm für seine Kandidatur bei den Nationalratswahlen ganz gelegen kommen.

»He Jüngelchen«, ruft er über die Schulter, »denk nicht mal ans Einkehren, bevor wir am Ziel sind.« Er nimmt Tempo raus, bis Martin bei ihm ist.

*Roger bleckt die Zähne. »*Work hard, play hard, *kennst ja mein Motto«, sagt er und legt ihm beschwichtigend die Hand auf den Arm. »Eine Firmenleitung ist wie ein Radrennen, Martin. Hier kannst du viel lernen!«*

Ein Auto lässt ihn hinter Martin einlenken, aber schon ist er wieder neben ihm.

»Der Name Favre ist nicht von allein an die Spitze geklettert. Ich musste viele harte Steigungen dafür nehmen.«

Roger spritzt sich den letzten Schluck aus seiner Trinkflasche in den Mund.

»Und wenn wir weiterwachsen wollen, müssen wir den Gang wechseln.« Ein fragender Blick von Martin. »Ich spreche von Kapital.«

Roger kann Martins schnelle Seitenblicke nicht deuten. Aber er muss vorsichtig sein.

»Und für die Investoren müssen wir eins a dastehen: schlank, modern und effizient. Wie eine perfekte Rennmaschine.«

Nervige Kuhfliegen, die Roger umkreisen, ihm zu nah an den Ohren und dem Mund herumschwirren, bringen ihn kurz aus dem Konzept. Er versucht, sie kopfschüttelnd abzuwehren.

»Wir können es jetzt beweisen, Martin.«

»Was beweisen?«, fragt Martin keuchend. War da Misstrauen in seinem Blick? Vorsichtig wagt Roger sich weiter vor.

»Beweisen, dass wir unliebsame Entscheidungen angehen. Ohne Kompromisse. Und du, Martin, auch du musst dich beweisen.« Roger schlägt nach einer Fliege, die sich auf seinen Arm gesetzt hat. »Deshalb wirst du als Geschäftsführer nach unserer Rückkehr eine Betriebsversammlung einberufen«, fährt er fort. »Und die Belegschaft darüber informieren …«

Das tiefe Dröhnen eines Motorrads lässt ihn stocken.

»Scheiß Töffs. Abknallen sollte man euch«, donnert er.

»Roger, worüber soll ich informieren?«

Roger schaut noch immer dem Motorrad hinterher. »Dass wir uns betriebsbedingt um zwanzig Prozent verschlanken müssen«, sagt er und schnappt die Fliege, die sich auf seinen Lenker setzen will. »Du wirst derjenige sein, der entscheiden wird, wer gehen muss«, fügt er hinzu und hält Martin triumphierend die zerquetschte Fliege hin.

Mit flackernder Lichthupe fordert ihn ein Postauto auf, Platz zu machen.

Roger klopft Martin auf den Rücken, tritt energisch in die Pedale und setzt sich vor ihn. Jetzt muss Martin beweisen, ob er ein echter Favre sein kann.

Da fährt dieser Dreckskerl nach solch einer Eröffnung seelenruhig vor ihm her. Martin hat seinem Onkel vieles zugetraut, aber das? Und ihn als Geschäftsführer hat er nicht einmal eingeweiht.

Etwas zerreißt in Martin.

Wie er diesen Mann hasst. Jede Muskelfaser in dem drahtigen Körper hasst er. Die dünnen Ärmchen, den albernen spitzen Zeitfahrhelm. Er hasst alles an Roger. Nicht er, Martin, gereicht dem Firmentrikot zur Schande, Roger beschmutzt es mit seinem Verrat. Roger verrät alles, wofür sein Bruder und die Favres vor ihm gestanden haben und was auch Martin bewahren will: die Tradition des Familienbetriebs. Die Verantwortung, die sie für die Menschen tragen, die durch ihre Arbeit, durch ihre Loyalität seit drei Generationen geholfen haben, den Betrieb zu dem zu machen, was er heute ist. Die ein Anrecht darauf haben, weiterhin Teil der Familie zu sein. Die nicht auf dem Shareholder-Value-Altar irgendeines beschissenen Fonds geopfert werden sollen. Dieser miese Verräter!

Immer fester tritt Martin in die Pedale, spürt gar nicht mehr, wie steil die Straße ansteigt, nimmt nur vage den Tunnel wahr, der sich vor Roger auftut. Martin tritt und tritt. Sein Blick ist an Roger geheftet, das rote Trikot mit dem weißen Kreuz. Ein Ziel, das er treffen muss. Das Ziel seiner Wut.

Roger kramt seine kleinen Akku-Lampen aus der Rückentasche und blickt kurz über die Schulter. So nah ist Martin schon gekommen! Tja, manche Menschen brauchen Feuer unterm Hintern, damit sie in Gang kommen. Vielleicht steckt ja doch noch was in dem Jungen, denkt er. Nun gut, also wird er mal einen Gang drauflegen.

Martin rast blind in den Tunnel. Er sieht nur das weiße Kreuz auf rotem Grund vor ihm im Scheinwerferlicht der Autos. Er geht aus dem Sattel, fährt im Stehen. Setzt sich wieder. Kurbelt, atmet, kurbelt, atmet. *Arschloch, Arschloch, Arschloch.* Autos überholen zu dicht, es stört ihn nicht. Rogers Silhouette verschwindet kurz im gleißenden Gegenlicht der Tunnelöffnung, dann erscheint sie wieder. In gerader Schnur bewegt sie sich am rechten Fahrbahnrand auf der Straße, die nun als Galerie an der schroffen Felswand hängt.

Sie haben die Lini erreicht, die Todesstrecke, wie die Motorradfahrer sie nennen, weil nur ein mickriges, nicht einmal mannshohes Metallgeländer den Sturz ins Nichts verhindern soll.

Martin nimmt all das nicht wahr. Eine Radlänge trennt sie. Roger verlangsamt, um seine Lampen zurückzustecken. Und schon ist Martin neben ihm.

»Du Arschloch!« Er keucht. Vor Wut. Nicht vor Anstrengung. Roger sieht ihn verwirrt an.

»Du willst die Firma an eine Heuschrecke verschachern und ich soll die Drecksarbeit für dich machen? Dafür bist du wohl zu feige, was?«

Ein langes Hupen jagt an Martin vorbei.

»Bist du verrückt?«, schreit Roger. Der Junge ist völlig durchgedreht! »Das ist gefährlich!« Roger beschleunigt, doch Martin zieht mit.

Ich lasse mich nicht unterkriegen! Jetzt nicht mehr.

»Hau ab!« Roger fährt seinen linken Arm aus, um Martin hinter sich zu halten. Weg aus der Mitte der Fahrbahn. Aber sein wahnsinniger Neffe hält ihn fest. Roger zerrt sich frei. Versucht erneut, sich abzusetzen, gewinnt eine halbe Radlänge Vorsprung.

Martin hat das Gefühl, sein Kopf platzt. Er schreit. Schreit den Druck heraus, den Druck all der Jahre, den Druck seines Schweigens, den Druck seines Vaters.

»Genug!«, schreit Martin, während er sein Vorderrad kraftvoll in Rogers Seite rammt.

Während Martins Körper, eben noch hart arbeitend, sich nun leicht wie eine Feder durch die Luft Richtung Straße bewegt, fangen seine Augen Rogers Blick ein, der selbst nicht begreift, dass er in einem grotesken Tanz erst über der Brüstung, dann hinter der Brüstung schwebt.

Dann ist Roger verschwunden.

Martin lässt seinen Körper schwer auf dem Asphalt ruhen. Seine Augen noch immer auf der Stelle, an der Roger in die Tiefe verschwunden ist.

»Hohl ist der Boden unter den Tyrannen«, geht es Martin durch den Kopf.

Ulrike Bliefert

DAVOS SCHÖN IST

Davos, Kanton Graubünden

»Davos schön ist.« Originelleres fiel meinem Ressortleiter offenbar nicht ein. »Almabtrieb. Kühe, Käse, Volksbrauchtum und Jodeldodeldü. Sie wissen schon.«

»Warum ich?«

»Ihre Aufnahmen von der Basler Fasnacht damals? Erste Sahne.«

Das prädestinierte mich in den Augen meines Ressortleiters offenbar automatisch für alles Schweizerische. Dabei waren meine Erfahrungen seinerzeit eher niederschmetternd gewesen. Fragt man Sie zum Beispiel an einer Basler Supermarktkasse, ob Sie *e Gugge* wollen, geht es keineswegs darum, etwas anzugucken, sondern darum, ob Sie eine Tüte haben wollen. Und *Anke* hat nichts mit einer Dame gleichen Vornamens zu tun, sondern heißt Butter. Also am besten versuchen Sie im Urlaub gar nicht erst, Schweizerdeutsch zu sprechen, denn schon wer Rösti und nicht *Rööschti* sagt, outet sich als *Schwoob* – wobei mit *Schwoobe* grundsätzlich alle Deutschen gemeint sind. *Schwöbli* hingegen sind Weißbrötchen; womit wir bei der allgemeinen schweizerischen Verniedlichung wären: »-li« passt fast immer. Nur bitte nicht – wie ich seinerzeit – den Fehler machen, aus dem soeben gelernten *Gugge* – für Einkaufstüte – ein *Güggeli* zu machen, da es sich bei einem *Güggeli* nicht um ein Tütchen, sondern um ein Grillhähnchen handelt. Und beachten Sie unbedingt, dass das angehängte »-li« so gut wie überall, jedoch nie, niemals auf den Schweizer Franken anzuwenden ist. Bei Geld hört in der Heimat der geheimen Konten jedwede Verniedlichung auf.

Sie können sich vorstellen, dass mein inneres *Schweinehündli* sich nachhaltig dagegen sträubte, ein paar Klamotten einzupacken und das Foto-Equipment zu verladen. Mein Navi prophezeite für die Strecke Köln Davos gut sieben Stunden. Ab Roggwil freute ich mich schon langsam auf Älplermagronen, und die eine oder andere Stange. Sie ahnen es: Eine *Stange* ist keine Stange, und *Magronen* sind keine Makronen. Doch aus dem herzhaften Abendessen wurde nichts. Denn hinter Vaduz begann es unter der Motorhaube meines altersschwachen Golfs zu qualmen, und ich schaffte es gerade noch auf einen Pinkelparkplatz namens Heidiland – kein Witz! –, bevor der Motor endgültig seinen Geist aufgab. Es wurde bereits dunkel, die Außentemperatur sank im Minutentakt und mein Handy lag in den letzten Zügen. Aber wie heißt es so schön: Wenn der liebe Gott eine Tür schließt, öffnet er ein Fenster. In diesem Fall das Seitenfenster eines Reisebusses. Und ob der liebe Gott nun seine Hand im Spiel hatte oder nicht: Die Fahrerin hatte ein freundliches Sommersprossengesicht, erfasste mit »Der is im Arsch« sekundenschnell den Zustand meines Wagens und bot mir an, mich mitzunehmen. Und so legte ich die restlichen Kilometer bis Davos in Gesellschaft einer Gruppe sangesfreudiger Damen mittleren Alters zurück, die allem Anschein nach geborene Frohnaturen waren und wohl auch bereits das eine oder andere Piccolöchen intus hatten. Beim dritten Durchgang von »Ja, Grüezi wohl, Frau Stirnima« sang ich herzhaft mit.

Die Ernüchterung folgte auf dem Fuße: Im *Chalet Grischuna* war die Küche bereits geschlossen. Also machte ich mich über die Reste eines Chicken-Sandwichs von der Tanke her, genehmigte mir ein Gläschen Leitungswasser und stellte den Wecker auf halb sechs.

Auf der Suche nach unkonventionellen Motiven hatte ich mich in Köln bereits mit einer jener Frauen verabredet, die vor dem Umzug für das Schmücken der Kühe, Ziegen und Schafe zuständig sind. Und natürlich hatte ich mich zuvor entsprechend schlau gemacht: Die üppigen Blumentürmchen zwischen den Hörnern der Viecher heißen *Tschäppel* – erstaunlicherweise ohne »i« am Ende – und die riesigen Kuhglocken nennt man *Fahrtreicheln. Fahr-Treicheln.* Nicht *Fahrt-Reicheln.* Und bitte fragen Sie mich jetzt nicht nach dem Wort-Ursprung.

Die knapp viertelstündige Taxifahrt von Davos nach Klosters kostete stolze hundert Franken, und ich schickte erneut ein herzhaftes inneres »like« an die nette Reisebusfahrerin und ihre feuchtfröhliche Damenriege.

In der Käserei, in der das Schmücken einer Super-Milchkuh namens Hübschi stattfinden sollte, roch es penetrant nach Käse, was sich als Kriegserklärung für meinen leeren Magen erwies. Im Stall erwartete mich eine finster dreinblickende alte Frau. »I bin nid d's Ursi«, knarzte sie und wackelte mit dem Kopf. Die Frau trug schwarz von Kopf bis Fuß. Das ließ nichts Gutes ahnen. Ich hatte keinen Schimmer, was man in Graubünden höflicherweise auf »Ibinitzurrsi« zu antworten hatte und rang mir ein zaghaftes »Grüezi« ab. Zu meiner Erleichterung erschien just in diesem Moment eine zweite, erheblich jüngere Frau in der Stalltür. »Ursina Furrer.«

Aha. Meine Verabredung. Auch ganz in Schwarz. Sie wies mit einer Kopfbewegung auf die alte Frau. »Meine Schwiegermutter. Bitte entschuldigen Sie, dass wir nicht

Bescheid gesagt haben, aber es ging alles ein bisschen drunter und drüber.« Ursina Furrers Händedruck war imponierend. »Wissen Sie, mein Mann ist gestern Abend noch mal rauf zur Alm. Dabei hätt' er's besser wissen müssen.«

»Seich!« die Alte spuckte verächtlich aus. »Versuffnä Schwinhund! Jetzt hedsnä hald verwütscht!«

Ursina Furrer zuckte mit den Achseln. »Da hat sie leider Recht.« Ihr schien zu entgehen, dass ich nicht die geringste Ahnung hatte, was da gerade verhackstückt wurde. »War nicht wiederzuerkennen, mein Pirmin«, plauderte sie munter weiter. »Sie sagen, 's könnt' en Bär gewesen sein.« Zur Demonstration machte sie Kratzbewegungen mit beiden Händen. »Oder en Wolf.«

»Wooolf ... Bääär ...« echote die Alte. »Saucheib!« Ungnädig vor sich hin brabbelnd schlurfte sie davon. Eine unbehagliche Pause entstand. Ich versuchte es mit »Ähm ... Ihr Mann ist ... verletzt?« Zugegeben: dumme Frage angesichts der ganz in Schwarz gekleideten Damen.

»Verletzt?« Ursina Furrer kicherte. »Der Pirmin ist sogar schon eingesargt.«

»Mein Beileid.«

»Danke, aber ...«, Pirmin Furrers Witwe zuckte erneut mit den Schultern. »... irgendwann hat's eben so weit kommen müssen.«

Im Nachhinein wurde mir klar, dass ich spätestens hier hätte nachhaken sollen. Womöglich hätte ich damit ein Leben gerettet. Aber hinterher ist man immer klüger. Und das mit dem Lebenretten war in diesem Fall sowieso ein eher zweischneidiges Schwert.

»Kommen Sie!« Ursina Furrer zog mich hinaus in den Garten. Und da stand sie: Hübschi, die Superkuh.

Doch anstelle des *Tschäppels* zierte sie eine kunstvoll zwischen den Hörnern drapierte schwarze Atlasschleife. Ich machte pro forma ein paar Bilder: Trauerbeflorte Schweizer Kühe sind nicht unbedingt das, was man in der Reisebeilage einer großen Kölner Tageszeitung sehen möchte.

Als mich Ursina Furrer anschließend zum Frühstück einlud, nahm ich das Angebot dankend an. Mein Magen hatte das Sandwichfragment vom Vorabend gründlich verdaut und schrie nach Gesünderem. Wir plauderten über dies und das, während der frisch von Bären oder Wölfen oder was auch immer zerfetzte Pirmin nebenan in seinem Sarg lag. Natürlich fand ich es – gelinde gesagt – ungewöhnlich, mit einer frisch gebackenen Witwe über den letzten Schweizer *Tatort* und die Herbst-Kollektion eines chinesischen Online-Modeshops zu plaudern. Aber Menschen trauern bekanntlich auf die unterschiedlichste Weise.

Gestärkt mit *Ruchbrot* und hausgemachtem Käse suchte ich mir einen Platz an der Landstraße, stellte mein Equipment auf, und pünktlich um halb elf kamen sie herangebimmelt: fröhliche Zicklein, Schäfchen und Rinder mit Gestecken aus Almrausch, Astern und Sonnenblumen auf dem Kopf und üppig bestickten Halsbändern, an denen güldene Glocken und Glöckchen hingen. Auf den einen oder anderen *Tschäppel* hatte man Kreuze und Täfelchen mit frommen Sprüchen montiert – wie es hieß: zur Abwehr böser Geister.

Ich dachte an Pirmin Furrers offenbar grässlich zugerichtete Leiche und konnte nicht umhin, festzustellen, dass das mit der Bösegeisterabwehr vielleicht einen Tag früher hätte stattfinden sollen. Ich hatte ja keine Ahnung, wie recht ich damit haben sollte.

Angesichts der reichen Fotoausbeute war ich schon fast geneigt, mein Zeug zusammenzupacken, als ich sie den Hang herunterkommen sah: Die Superkuh Hübschi! Die mit dem Trauerflor um das Gehörn. Und auf ihrem Rücken saß eine weibliche Gestalt. Nein, das war nicht Ursina Furrer, das sah ich schon von Weitem. Die zierliche junge Frau war in ein Gewand aus Lumpen und alten Fetzen gehüllt, und ihre langen schwarzen Haare starrten vor Dreck. Ihr Gesicht war über und über mit Lehm – oder was auch immer – beschmiert, und an den Händen klebte Stroh. Ungeachtet dessen thronte sie geradezu hoheitsvoll auf dem schwankenden Leib der Kuh. Ich schoss eine Aufnahme nach der anderen. Für die Reisebeilage war das mit Sicherheit kein geeignetes Motiv, aber es gab schließlich auch noch Halloween. Seltsamerweise kam niemand sonst auf die Idee, die pittoreske Kuhdung-Queen abzulichten. Die Schaulustigen hatten es wohl lieber alpenländisch bunt. Dachte ich jedenfalls.

Ursina Furrer marschierte – ganz in Schwarz – der Hübschi und ihrer sonderbaren Reiterin hinterher, und die alte Frau Furrer bildete, die restlichen Furrerschen Kühe vor sich her treibend, die Nachhut.

Im Festzelt rief ich in der Pause zwischen Alphornbläsern und Jodelchörli meinen Ressortleiter an, um ihm das Ableben meines Golfs zu melden. Ich dachte voller Wehmut an die hilfsbereiten Ladies aus dem Reisebus. Die hatten das, was sich im Lauf von zwanzig Jahren in einem Auto ansammelt, ratz-fatz in einen handlichen blauen Müllsack gepackt, bevor mein Wagen Richtung Schrottplatz ging, und ihre munter geschmetterte Mischung aus irischen Sauffliedern und deutschem Volksgut hatte mich sogar ein wenig über dessen Verlust hinweggetröstet. Aber die Damen waren nun mal – wortwörtlich – über alle Berge. Mein Ressortleiter stöhnte: Ein bezahlbarer Leihwagen stand erst am nächsten Tag zur Verfügung, und mein Kämmerchen im *Chalet Grischuna* war bereits vergeben. Also blieb mir nichts Anderes übrig, als mit Müllsack und Pack in einen jener Luxuspaläste umzuziehen, in denen das Bad so groß ist wie anderswo das ganze Zimmer.

Ich beschloss, die Fotoausbeute in aller Ruhe zu Hause zu sichten und das Beste aus dem luxuriösen Zwangsurlaub zu machen. Nach einem ausgedehnten Schläfchen ging ich runter in die Wellness-Oase. Den Pool mit Blick aufs schweizerische Alpenpanorama ließ ich mangels Badeanzug links liegen und steuerte den Saunabereich an. Dort angekommen traf mich fast der Schlag: fünf Sterne und 'ne Lobby mit den Dimensionen eines Fußballfeldes, aber nicht mal 'ne klitzekleine separate Damensauna. Fluchend wickelte ich mich in mein Badetuch und hoffte auf Privatsphäre. Vergebens. Der Typ, der kurz nach mir die Saunakabine betrat, passte perfekt ins Beuteschema *Traumschiff*- oder *Herzkino*-affiner Damen: Mitte vierzig, sportlich, mittelgroß, mit sorgfältig manikürten Fingernägeln und gepflegter, künstlich blond gesträhnter Lockenpracht. *Frauenarzt Dr. Dingenskirchen,* schoss mir spontan durch den Kopf. Oder *Der Anwalt, dem die Frauen vertrauen.* Tierarzt oder Architekt ginge auch.

»Hallo.« Sonore Stimme. Passt.

»'n Abend«, brummte ich unfreundlich.

Der Kerl grinste, sagte: »Na, wie isses?«, und räkelte sich demonstrativ. Auf seinen linken Rippenbogen und den Oberarm war je ein Frauenbein tätowiert, mit Netzstrümpfen und roten Pumps. Die Beine waren weit gespreizt, und seine Achselhaare in der Mitte bildeten, sobald er den Arm hob – anatomisch exakt und sozusagen live – die passende Schambehaarung. Ich würgte – höflicherweise allerdings nur innerlich. Der Typ war garantiert weder Arzt noch Architekt und ganz bestimmt kein Traumschiffkapitän, und er taxierte mich wie einen Gebrauchtwagen. Ich machte, dass ich wegkam, ließ das Abendessen auf mein Zimmer bringen und nachdem im Fernsehen nichts Gescheites lief, beschloss ich, den verkorksten Abend mit ein bisschen Whisky aufzuhübschen. Die Bar war Gott sei Dank um diese Zeit noch leer.

»Glenmorangie, Glenfiddich, Talisker? Macallan, Cardhu?« Die Barfrau war ganz offensichtlich froh, dass jemand sie von ihrer Langeweile erlöste.

»Ähm …« Ich verschluckte mich fast an den Erdnüssen. »… haben Sie auch was Normales? Johnny Walker oder so?«

Unmittelbar hinter mir kicherte jemand. »Nehmen Sie den Talisker, der ist nicht ganz so rauchig.« Das Kichern und der hoch willkommene Tipp stammten von einer jungen Frau; offensichtlich Schweizerin, denn Talisker spricht man wohl nirgends sonst auf der Welt *Tohliss-kchr* aus. Sie setzte sich wie selbstverständlich neben mich. Wir kamen ins Plaudern, nach dem zweiten Talisker waren wir per Du, und ich hatte das Gefühl, dass wir uns schon ewig kannten. Sie selbst trank nichts, und ich erinnere mich, dass ich kurz dachte: Wie eigenartig, dass die Barfrau das nicht übelnimmt. Als ich auf die bizarre Kuhdung-Queen zu sprechen kam, wurde meine neue Bekanntschaft schlagartig ernst. »Du hast die … gesehen?«

»Na klar. Wieso?«

»Ach, nichts.« Sie winkte ab. Stattdessen erfuhr ich von ihr, dass der tote Pirmin Furrer wohl ein absoluter Widerling gewesen war. »Hat seine Frau und seine Mutter für sich schuften lassen und regelmäßig zugeschlagen. Brutal. Und wegen jeder Kleinigkeit.«

Scheißkerl, dachte ich. Im Nachhinein erklärte das durchaus die mangelnde Betroffenheit der beiden.

»Früher durften ja nur Männer auf die Alm gehen«, fuhr meine neue Freundin scheinbar übergangslos fort. »Magst du die Geschichte vom *Sennentuntschi* hören?«

»Klar.«

»Ein *Tuntschi* ist so etwas wie ein Dämon. Obwohl … Ich finde den Begriff hier ziemlich deplatziert.« Sie zögerte kurz. Dann winkte sie ab. »Egal! Als es auf unseren Almen noch ausschließlich Männer gab, haben sich einst vier notgeile Sennen aus Lumpen und Stroh 'ne Art Sexpuppe gebaut. Und als sie sie im Suff getauft haben – mit Gülle! – ist sie zum Leben erwacht: zu einer schönen jungen Frau.«

»Mit Gülle? Igitt!« Ich lachte. »Und da dacht ich, in der Schweiz ist alles immer sauber, nett und putzig …«

Meine Bar-Bekanntschaft lachte nicht mit. »Und dann haben die Kerle es tagein tagaus reihum mit ihr getrieben.«

»Uah! Das ist ja ekelhaft!«

»Stimmt! Aber sie hat sich gerächt.« Jetzt lachte auch meine Freundin. »Am End hat sie dem Obersenn bei lebendigem Leib die Haut abgezogen und auf dem Hüttendach zum Trocknen aufgehängt.«

»Grusel!« Ich schüttelte mich. »Gut, dass die alten Zeiten vorbei sind.«

»Das schon, aber …« Sie zuckte lächelnd mit den Achseln und stand auf. »… das bedeutet nicht, dass das *Sennentuntschi* arbeitslos geworden ist.«

»Musst du schon gehen?«

Sie nickte. »Ich hab was zu erledigen.«

»Schade. Aber komm«, ich zückte mein Handy. »Für 'n kleines Erinnerungsfoto wird's doch reichen.« Wir umarmten uns und grinsten in die Kamera. Als ich das Handy in meiner Tasche verstaut hatte, war sie verschwunden. Ich fuhr hoch in mein Zimmer, und kaum im Bett, war ich schon eingeschlafen.

Am frühen Morgen riss mich ein Entsetzensschrei, gefolgt von aufgeregten Stimmen aus dem Schlaf. Der Whisky hatte sich noch nicht so ganz verflüchtigt, und ich lugte leicht benommen durch den Türspalt. Der Mann, der bäuchlings auf dem Flur vor seinem Zimmer lag, war lediglich an einem tätowierten Frauenbein am Oberarm wiederzuerkennen. Der Rest war eine blutige, zerfetzte Masse. Kein Bär, kein Wolf, schoss mir als Erstes durch den Kopf. Minuten später setzte dann das übliche Procedere mit Polizei und Blaulicht ein. Auf dem Gang wuselten jede Menge Menschen in knittrigen weißen Overalls herum und unterhielten sich gedämpft. »… wurde seit Jahren international gesucht«, schnappte ich auf. »… aus Asien und Osteuropa hergelockt …«, »… die Mädchen waren fast noch Kinder«, »nicht schade um den Kerl …«

Ein hagerer Endfünfziger mit Oberlippenbart stellte sich mir als Kommissar Cassian Santschi vor. »Wo waren Sie zwischen …?«

Klar, dachte ich, die übliche Frage nach dem Alibi. »Ich hab ab elf Uhr tief und fest geschlafen und vorher hab ich mich stundenlang an der Bar mit 'ner jungen

Frau unterhalten.« Ich nestelte mein Handy aus der Tasche. »Hier bitte: Das war das Abschiedsfoto. Die Uhrzeit steht ja fälschungssicher obendrüber.«

»Aha …«, murmelte der Kommissar. »Tja, dann: Gute Heimreise.« Erst nach einer eigentümlich langen Pause gab er mir das Handy zurück. »Verfluächts Sennätuntschi …« murmelte er im Weggehen.

Ich warf einen Blick auf das Handydisplay. Auf dem Foto war außer mir niemand zu sehen.

Als es Zeit war, meinen Wagen zu holen, sah ich die beiden Furrer-Frauen auf der Bank vor ihrem Haus in der Sonne sitzen. Sie hielten sich bei den Händen und lächelten zufrieden.

Ashley Wood

BÜNDNERFLEISCHMORD

St. Moritz, Kanton Graubünden

Der dröge Sermon der Busfahrerin, die sich zeitgleich auch als Reiseleiterin versuchte, war nur schwer zu ertragen. Rösli Mayerhans konnte der nasalen Stimme keine Minute länger zuhören. Sie lehnte ihren Kopf an die Scheibe und stieß genervt Luft aus.

»Zu Ihrer Linken sehen Sie den St. Moritzersee, oder wie man auf Rätoromanisch sagt, Lej da San Murezzan. Er ist der kleinste der vier Seen der Engadiner Seenplatte und …«

Rösli spähte hinaus. Endlich war sie in ihrer alten Heimat angekommen. Hier war sie aufgewachsen und hatte mit zwanzig den Drang gehabt, an den Bodensee zu ziehen. Hier … ja, nur noch wenige Minuten und sie konnte endlich aus diesem Bus steigen.

Sie hätte auch mit den öffentlichen Verkehrsmitteln anreisen können, doch das war teurer, als mit dem Reiseunternehmen anzureisen. Besonders jetzt, da sie auf jeden Rappen achten musste. Um ihren Traum zu verwirklichen, hatte sie ihren Job als Verkäuferin aufgegeben und war nun seit zwei Monaten ohne Salär. Sie hatte gekündigt, um sich dem Schreiben hinzugeben. Doch schnell hatte die Realität sie eingeholt. Das Leben einer Autorin war erschreckenderweise nicht so wie in den Filmen. Die vergangenen Wochen hatte sie mehrere Stunden am Tag an ihrem Schreibtisch verbracht, geschrieben hatte sie nur fünfzig Seiten, nach der Überarbeitung waren neunundzwanzig geblieben. So hatte sie sich kurzerhand entschieden, in St. Moritz für einige Wochen eine Ferienwohnung anzumieten, hier oben, wo die Luft noch rein war, ließ es sich bestimmt viel leichter schreiben.

Der Bus stoppte unsanft.

»Meine lieben Reisenden, wie schnell doch die Zeit vergeht. Und *schwupp* sind mehr als drei Stunden um und wir sind im wundervollen St. Moritz angekommen. Genießen Sie Ihren Aufenthalt und denken Sie daran, am Mittwoch fahren wir Schlag acht zurück in Richtung Bodensee. Nächste Woche bin ich in den Ferien, dann wird Vreni, meine Kollegin, Sie begleiten. Ab übernächster Woche bin ich wieder für Sie da. Ich habe Ihnen noch lange nicht alles erzählt, was es auf dieser Strecke zu erzählen gibt. Spannende Geschichten …«

Rösli überhörte die Fahrerin *Schrägstrich* Reiseleiterin geflissentlich. Sie wollte nur raus aus dem Bus.

Mit einem Zischen öffneten sich die Türen. Sie schnappte ihren kleinen Koffer, den sie neben sich auf den Sitz gelegt hatte, schulterte ihre Handtasche und eilte hinaus.

Die Kälte überraschte sie. Anfang September war es normalerweise noch angenehm warm. Sie streifte sich ein Strickjäckchen über und watschelte über den Bahnhofsplatz. Zufrieden scannte sie das Areal. Die Rhätische Bahn rollte an, dahinter ruhte der St. Moritzersee. Nach einem kurzen Augenblick des Innehaltens begab sie sich in die Ferienwohnung.

Sie schritt geradewegs durch das lichtdurchflutete Wohnzimmer der Erdgeschosswohnung und öffnete die Terrassentür. Ein atemberaubendes Panorama bot sich ihr.

Gen Himmel ragende Berge umrahmten den See. Einige Male holte sie tief Luft – sie hatte das Gefühl, hier oben besser atmen zu können. Dann inspizierte sie das Büro. Zu ihrer Überraschung war es modern eingerichtet, mit hellem Mobiliar, und der Arbeitstisch hatte seinen Platz vor dem Fenster.

In der Kochnische brühte sie sich einen Kaffee auf und setzte sich direkt an den Schreibtisch. Während der Laptop mit einem surrenden Geräusch hochfuhr und ihr aktuelles Projekt öffnete, schaute sie zum Fenster hinaus. Der Ausblick war nicht sehr einladend. Auf dieser Seite gab es kein Bergpanorama, sondern den Hinterhof einer Metzgerei.

Der Laptop war so weit. Endlich. Ihr erster Kriminalroman würde in den kommenden Wochen entstehen. Und er würde gut werden. Sie legte ihre Fingerkuppen auf die Tastatur und war bereit, loszulegen. Auf die wenigen Seiten, die sie bis dahin geschrieben hatte, würden hunderte folgen.

Die Kaffeetasse leerte sich allmählich, doch auf dem Bildschirm tat sich nichts. Rösli schob den Stuhl zurück und erhob sich. Reckte ihre Wirbelsäule durch, suchte die Toilette auf und kehrte an den Schreibtisch zurück.

Ein Zwitschern erklang. Sie spähte hinaus und sah einen Vogel auf dem Hofplatz der Metzgerei. Ein kleines Überbleibsel des Sommers. Vergnügt hüpfte er herum. Wenn doch auch ihre Finger so vergnügt über die Tasten hüpfen würden.

Eine Stunde später saß Rösli noch immer an dem Schreibtisch und malte sich ihre glamouröse Zukunft aus. Einladungen in Schweizer Literatursendungen, Porträts in den Hochglanzmagazinen, Romanverfilmung.

Ein dumpfer Knall holte sie in die Realität zurück. Sie schnellte hoch und presste ihre Nase an die Fensterscheibe. Auf dem Platz lag ein Mann, daneben stand ein anderer, ein jüngerer Typ, der eine Zigarette wegschnippte. Geistesgegenwärtig spurtete sie hinaus, rannte das Trottoir entlang und bog in die Einfahrt der Metzgerei, die sie in den Hinterhof führte.

Da lag er. Der Mann, den sie gesehen hatte. Ein älterer Herr mit einer Schürze und Gummistiefeln. Der Metzger. Aus seinem Hinterkopf rann Blut. Hastig schaute sie sich um, sah, wie der Täter im Gebüsch verschwand. Schnell kümmerte sie sich wieder um den Metzger. Tastete seinen Hals ab, dann sein Handgelenk auf der verzweifelten Suche nach einem Lebenszeichen. Mit zitternden Händen eilte sie in die Metzgerei. Ihre Beine fühlten sich schwabbelig an, kaum drin, gaben sie nach und sie strauchelte. Niemand war zu sehen. »Hilfe!«, schrie sie.

Eine Frau schnellte hinter der Theke hoch und schaute sie perplex an.

Rösli fuhr zusammen.

»Verzeihung, ich wollte Sie nicht erschrecken«, sagte die Frau. »Ich musste eben was hochhebe …«

»Der Mann … der Metzger … ein Schuss …« Rösli brachte keinen vernünftigen Satz zustande. »Polizei, schnell.«

»Was? Was ist denn passiert?« Die Verkäuferin kam auf sie zu. »Jetzt beruhigen Sie sich erst einmal. Atmen Sie durch.«

Rösli tat wie geheißen und erklärte dann: »Der Metzger, er wurde im Hinterhof … erschossen. Rufen Sie die Polizei. Schnell!«

»Jesses Gott!« Die Frau schlug die Hände vor den Mund.

»Schnell!«

»Ja, ja, ich mach ja schon.« Sie eilte hinter die Fleischtheke und nahm den Hörer in die Hand.

Rösli kehrte in den Hinterhof zurück und inspizierte den Toten. Etwa sechzigjährig, schütteres Haar. Auf Brusthöhe seiner Schürze stand der bestickte Schriftzug *Metzgerei Basorga – ein Herz für Bündnerfleisch.*

Von der Straße erklang schon die Polizeisirene. Jählings überkam sie Panik. Schweiß brach ihr aus. Doch dann übermannte sie eine noch nie dagewesene Selbstüberschätzung. Sie könnte den Fall selbst lösen und darüber einen Krimi schreiben! Gerade wollte sie verschwinden, da kam ihr die weggeworfene Zigarette des Täters in den Sinn. Eiligst suchte sie den Boden ab, während die Sirene stetig näherkam. Da! Sie kniete sich nieder und nahm den Stummel in die Finger. Eine Marlboro rot. Diese Marke würde sie von Weitem erkennen, ihr Vater und ihr Bruder hatten sie jahrelang geraucht. Wer zum Kuckuck rauchte denn heute noch Marlboro rot? Sie tastete ihre Hosentaschen ab. In einer hatte sie noch ein Taschentuch von der Reise. Das Beweisstück umwickelte sie damit, schob es in die Hosentasche und verließ den Tatort auf demselben Weg wie der Täter, geradewegs durch das Gebüsch auf das Nachbargrundstück. Sie passierte das Fenster ihres Schreibzimmers und ging um das Gebäude. Fand eine Kellertür, die lose in den Scharnieren hing, und trat ein.

Wow! Sie war der Polizei entwischt. Mit stolzgeschwellter Brust erklomm sie die Stufen. Jetzt brauchte sie erst mal ein Gläschen. Ihren Seelenbalsam.

Sie hatte den Vermieter bei der Buchung darum gebeten, einige Lebensmittel zu besorgen. So hatte sie nicht gleich nach ihrer Ankunft in den Supermarkt gehen müssen. Ihr Gesicht strahlte, als sie eine Flasche Bündner Röteli vorfand. Der Vermieter hatte all ihre Wünsche bedacht. Voller Vorfreude befüllte sie sich ein Glas mit ihrem Lieblingslikör, setzte sich auf die Sofalandschaft und legte die Füße auf den Salontisch. Die Freude war nur von kurzer Dauer. Die Bilder, die sich in ihren Kopf eingebrannt hatten, ließen es nicht zu, dass sie sich entspannt zurücklehnte. Sie war Zeugin eines Mordes. Gut, gesehen hatte sie die Tat nicht, aber sie konnte den Täter beschreiben. Der Mann, der weggerannt war, konnte nur der Schütze gewesen sein. Sie nahm die Zigarettenkippe aus der Hosentasche.

»Marlboro rot«, echote sie mehrfach vor sich hin.

Das bedurfte nun wirklich keiner Polizei. Sie würde schon selbst herausfinden, wer den Glimmstängel weggeworfen und Metzger Basorga auf dem Gewissen hatte. Ginge sie jetzt zur Polizei, würde sie wahrscheinlich noch als Verdächtige angesehen. Schließlich war sie vom Tatort geflohen, zudem hatte die Verkäuferin sie gesehen. Nein, das wollte sie nicht riskieren, zumal sie ja nach St. Moritz gekommen war, um ihren Kriminalroman zu schreiben. Die Zigarette, vielmehr den Stummel, legte sie zurück in das Taschentuch und schob ihn behutsam in ihre Hosentasche.

Zwei Gläser Bündner Röteli später nahm sie sich vor, gen Abend Ausschau nach Rauchenden zu halten. Raucher waren sehr kommunikativ, vielleicht fände sie so heraus, wer der Metzger-Mörder war.

Frisch geduscht und umgezogen streifte Rösli durch die Straßen von St. Moritz auf der Suche nach rauchenden Personen. Ihr Notizbuch, ohne das sie nie aus dem Haus ging, und einen Kugelschreiber hielt sie griffbereit.

Vor einem Café lehnte ein junger Mann an der Hauswand und inhalierte den blauen Dunst. Er machte einen mürrischen Eindruck und sie zauderte einen Augenblick, besann sich und wollte ihren Plan verwerfen, als sie bemerkte, dass der Mann sie anstierte. Er runzelte die Stirn.

»Entschuldigen Sie bitte«, begann sie zögerlich, »wenn ich fragen darf, was rauchen Sie für eine Marke?«

»Marlboro.«

»Rot?«

»Jup.«

Sie betrachtete ihn von Kopf bis Fuß. Das war er nicht. Ihr Täter war größer und ein wenig schlanker.

»Entschuldigen Sie.«

»Was?«

»Nur noch eine Frage.« Sie legte ihre Worte zurecht. »Sagen Sie, ist das Ihre Zigarette? Also haben Sie sie selbst gekauft?«

»Was haben Sie denn für ein Problem?«, brummte er.

»Verzeihung. Normalerweise bin ich nicht so … aufdringlich. Bitte beantworten Sie mir diese Frage. Ich muss wissen, ob das Ihre Zigarette ist oder nicht.«

»Von einem Typen.«

»Von einem Typen? Was für ein Typ?«

»Na, ein Typ eben. Ein Mann halt.«

»Und wo ist dieser Mann jetzt?«

»Weg.«

»Wie, weg?«

»Weg, weg. Da, in die Richtung.« Er deutete zum schiefen Turm von St. Moritz.

»Danke, ich danke Ihnen sehr.«

Schnellen Schrittes folgte sie dem Weg. Der Turm der ehemaligen St. Mauritius-Kirche war sogar noch schiefer als der in Pisa und ein gern geknipstes Fotomotiv. Wenige Meter davor blieb sie stehen.

Da war er. Direkt vor der Kirche. Der Mann, den sie suchte. Er schien zu warten. Und er rauchte schon wieder, ging dabei auf und ab. Plötzlich drehte er sich um und sie tat so, als würde sie sich die Schuhe binden. Er schaute wieder in die andere Richtung und sie versteckte sich hinter einem Busch. Da entschied sie sich, die Polizei zu alarmieren.

»Das sind Sie?«, erklang es empört am anderen Ende. »Was haben Sie sich nur dabei gedacht, sich vom Tatort zu entfernen?«

»Ich hatte Angst. Wissen Sie, ich bin Autorin, also angehende Autorin. Da weiß ich, wie gefährlich solche Täter sind. Ich bitte vielmals um Verzeihung.«

»Kommen Sie morgen punkt acht Uhr aufs Präsidium. Dann nehmen wir Ihre Aussage auf.«

»Nein, Sie verstehen nicht, Herr …«

»Gruber.«

»Herr Gruber. Sie missverstehen mich.«

»Nein, Frau Mayerhans, *Sie* missverstehen offenbar *mich*. Und deshalb für Sie noch einmal zum Mitschreiben: morgen, punkt acht Uhr.«

»In Ordnung, ich komme. Herr Gruber, ich brauche *jetzt* die Polizei. Sie müssen sofort zum schiefen Turm kommen. Der Täter ist hier.«

»Sie wollen mir allen Ernstes weismachen, dass Sie, Frau Rösli Mayerhans, von Beruf Autorin, allerdings ohne jegliche Veröffentlichung, wie Sie selbst gerade sagten, den Mordfall im Alleingang gelöst haben?«

»Nun haben Sie mich verstanden, Herr Gruber.«

»Ich bitte Sie, die Leitung für Notfälle freizuhalten.«

»Aber Herr Gruber, das ist ein Notfall. Ich sehe den Schützen direkt vor mir.«

»Frau Mayerhans, ich sage es Ihnen nicht noch einmal. Auf Wiederhören.« Er legte auf und sie stand da, allein mit einem Mörder.

Ihren ganzen Mut sammelte sie zusammen und trat aus dem Gebüsch hervor, da rollte eine knallgrüne dreirädrige Ape an. *Import/Export Jakobi* stand darauf. Schnell huschte sie in ihr Versteck zurück und beobachtete das Geschehen. Ein dicker Mann stieg aus dem Lieferwagen, begrüßte den Metzger-Mörder mit einer brüderlichen Umarmung und öffnete die Ladefläche. Indes eilte der Schütze zu einem Baum und kehrte mit einer Kiste zurück. Auf der Seite war ein Aufkleber, dessen Schrift sie nicht erkennen konnte. Sie zückte das Handy und schoss ein paar Bilder. Danach machte sie noch ein Video, wie die Männer eine Kiste nach der anderen in den Lieferwagen luden. Rösli schaute sich die Fotos an. Um die Aufschrift zu erkennen, zoomte sie den Aufkleber näher heran. *Metzgerei Basorga – ein Herz für Bündnerfleisch.* Waren diese Männer etwa Bündnerfleischschmuggler? Oder Dealer? So wie Drogendealer, nur für Bündnerfleisch? So musste es sein. Das Ganze war doch kein Zufall!

Abermals schellte sie die Polizei an.

»Kantonspolizei Graubünden, Gruber.«

»Herr Gruber, ich bin es wieder, Rösli Mayerhans.«

»Frau Mayerhans«, seufzte es am anderen Ende der Leitung.

»Ja, genau. Hören Sie, Herr Gruber, Sie müssen hierherkommen. Sie glauben nicht, was ich beobachtet habe.«

»Was denn, Frau Mayerhans?«

»Der Mann, der den Metzger erschossen hat … Da fällt mir ein, haben Sie die Hülse gefunden? Haben Sie überhaupt danach gesucht?«

»Frau Mayerhans, bitte! Das hatten wir bereits. Morgen Schlag acht melden Sie sich in meinem Büro.«

»Hören Sie mir doch mal zu. Also der Mann, der auf Metzger Basorga geschossen hat, der schmuggelt Bündnerfleisch.«

»Ich bitte Sie, Frau May…«

»Nein!«, fuhr sie ihm energisch über den Mund. »Jetzt sind Sie mal still, zum Kuckuck! Ich habe gesehen, wie dieser Mann kistenweise Bündnerfleisch von genau dieser Metzgerei in einen grünen dreirädrigen Lieferwagen geladen hat und immer noch lädt. Darauf steht ›Import/Export‹. Die schmuggeln die Ware bestimmt über die Grenze nach Italien. Kommen Sie schnell, ich glaube, die sind bald fertig. Und kommen Sie ohne Gedöns, wir wollen die Kerle ja nicht in die Flucht schlagen.«

Lautstark atmete er in den Hörer. »Also gut. Aber wenn das nicht stimmt, und ich glaube, dass Sie maßlos übertreiben, nehme ich Sie gleich mit. Und dann gibt es ein Verhör und keine Befragung. Haben Sie mich verstanden?«

»Ja. Nun aber zackig, Herr Gruber. Ich warte.« Sie legte auf und sank erleichtert zu Boden. Die ganze Anspannung fiel von ihr ab, nun würde alles gut, Hilfe war auf dem Weg.

Sie zückte ihre Schreibutensilien und notierte sich das Gespräch. Das könnte ihr für den Roman von Nutzen sein. Vielleicht mit einer Privatdetektivin als Protagonistin. Eine rüstige Rentnerin, die den bösen Jungs zeigte, wo es langging. Oder eine Witwe, die den lieben langen Tag durch den Spion stierte und die Nachbarn bei den unterschiedlichsten Verbrechen beobachtete. Ideen schossen ihr durch den Kopf wie Blitze, während sie die Augen nicht vom grünen Lieferwagen ließ. Fast schon frenetisch schrieb sie ihre Gedankengänge nieder.

Der Fahrer schwang die Tür der Ladefläche zu, umarmte den Metzger-Mörder erneut brüderlich und schlurfte zur Fahrertür.

Rösli schaute sich um, von der Polizei war nichts zu sehen.

Wo in aller Welt bleiben die denn?, fragte sie sich.

Hatte Herr Gruber ihr womöglich doch nicht geglaubt?

Sie konnte nicht tatenlos zusehen, wie Mörder und Schmuggler flüchteten. Auf keinen Fall! Sie hechtete auf den Schützen zu, brüllte, als zöge sie in eine Schlacht, was schnell die Aufmerksamkeit der beiden Männer auf sie lenkte. Ehe sie sich's versah, wurde sie überwältigt. Der Metzger-Mörder fesselte sie an den Baum, wo sich noch vor wenigen Minuten die Kisten mit Bündnerfleisch getürmt hatten. Der Fahrer knebelte sie mit einem zusammengerollten Tuch, beinahe musste sie spucken.

»Was willst du hier?«, krakeelte der Metzger-Mörder.

Sie wollte sich erklären, doch mit dem Tuch in ihrem Mund brachte sie kein einziges Wort zustande. Der Metzger-Mörder nahm ihr den Stoff aus dem Mund.

»Danke, sehr nett von Ihnen.«

»Nichts danke. Was hast du hier zu suchen, Omi?«

»Junger Mann, ich kann mich nicht erinnern, Ihnen das ›Du‹ angeboten zu haben. Mein Name ist Mayerhans und ich habe gesehen, wie Sie Metzger Basorga erschossen haben.«

Für einen Augenblick herrschte Stille. Dann fing der Fahrer an zu fluchen und der Metzger-Mörder raufte sich die Haare. »Scheiße!«, schimpfte er.

»Ja, Scheiße! Verdammte Scheiße!« Der Fahrer eilte nach vorn, um loszufahren, doch da fuhren zwei Streifenwagen vor und versperrten ihm den Weg.

Na endlich, dachte Rösli. »Das hat ja ganz schön lange gedauert.«

Ein stattlicher Mann kam auf sie zu. Die Uniform war entweder beim Waschen eingegangen oder er hatte gute zehn Kilo mehr auf den Rippen als an dem Tag, an dem er sie bekommen hatte. »Sie haben wohl doch nicht maßlos übertrieben, wie ich sehe.«

Sie schmunzelte zufrieden.

Der Polizist aus Grubers Wagen stürzte sich auf den Metzger-Mörder, die zwei Beamten aus dem anderen Wagen nahmen den Fahrer in Gewahrsam.

»Ich befreie Sie, Frau Mayerhans«, sagte Gruber mit einfühlsamer Stimme.

»Oh, Herr Gruber, vielen Dank, dass Sie doch noch gekommen sind.«

»Sie waren ganz schön hartnäckig. Und Hartnäckigkeit lohnt sich fast immer. Und morgen früh, punkt …«

»… acht Uhr erscheine ich auf dem Präsidium.« Ohne ein weiteres Wort eilte sie an ihm vorbei und stellte sich vor den Metzger-Mörder. »Junger Mann, beantworten Sie mir doch bitte eine Frage. Warum zum Kuckuck haben Sie Herrn Basorga erschossen?«

»Warum? Du willst wissen warum, Omi?«

»Sie, wenn ich bitten darf.«

»Ich sag di… Ihnen, warum. Er hat mich verarscht. Darum! Ich wollte mir mit dem Bündnerfleisch ein Geschäft aufbauen, aber er hat mich um einen Haufen Geld betrogen. Er … er wollte bei mir mitmischen, hat mir fünfzig Kanonen versprochen.«

Sie riss die Augen auf. »Fünfzig Kanonen? Jetzt sind Sie auch noch ein Waffenhändler?«

»Frau Mayerhans!«, sagte Gruber. »Lassen Sie uns unsere Arbeit machen.«

»Mein Gott, Omi!«, fauchte der Metzger-Mörder. »Tausend. Ich meine doch fünfzigtausend Franken. Die hatte Basorga mir versprochen. Tja, und nie gegeben.«

»Deshalb müssen Sie ihn doch nicht gleich erschießen.«

»Ich habe wegen ihm Schulden gemacht. Sein Geld hatte ich bereits verplant. Und da er nicht gewillt war, zu zahlen, hatte ich keine andere Möglichkeit. Es hieß, er oder ich.«

»Frau Mayerhans, ich bitte Sie ein letztes Mal zu gehen«, sagte Gruber. Er klang nicht sehr freundlich.

»Herr Gruber, ich bin hier mitten in einer Befragung.«

»Sie gehen! Jetzt! Wir sehen uns morgen.«

Sie wusste, dass es keinen Sinn mehr hatte, also nickte sie zum Abschied und schlug den Rückweg ein. Nach wenigen Metern machte sie auf dem Absatz kehrt. »Ach, Herr Gruber?«

»Ja, Frau Mayerhans?« brummte er.

»Nur noch eine Frage, dann bin ich weg. Wissen Sie, das interessiert mich einfach. Für meinen Kriminalroman.«

»Frau Mayerhans …«

»Ja, ja. Haben Sie im Hinterhof etwas gefunden? Also … ich meine, ich schon.«

»Ah, ja? Was denn?«

Sie langte in die Hosentasche. »Hier, bitte. Diese Zigi hat der Mann weggeschnippt, nachdem er geschossen hatte.«

»Du meine Güte. Das ist ein Beweisstück! Was haben Sie sich dabei gedacht? Gehen Sie. Gehen Sie weg, ich will Sie vor acht Uhr morgen früh nicht mehr sehen.«

»Aber was ist denn mit der Hülse? Haben Sie die gefunden? Wenn Sie wollen, helfe ich Ihnen suchen.«

»Auf Wiedersehen, Frau Mayerhans.«

»Gut, wenn Sie meine Hilfe nicht wollen, bitte.« Sie drehte ihm den Rücken zu und machte sich auf den Heimweg. Zurück in der Wohnung konnte sie es kaum erwarten, sich an den Schreibtisch zu setzen und ihre Gedanken und Ideen auf Papier zu bringen. Die vergangenen Stunden hatten ihr genug Stoff für einen kompletten Roman geliefert.

Emsig haute sie in die Tasten, doch nach zwei Absätzen und mehrmaligem Durchlesen des eben Geschriebenen, gab sie auf. Sie konnte sich nicht auf die Geschichte konzentrieren, zu sehr lenkte sie das alles ab. Was sie gesehen und erlebt hatte. Die Zeugenaussage bei der Polizei. Um Punkt acht.

Auch am Mittwoch war Rösli mit ihrem Kriminalroman noch nicht weitergekommen.

Mist!

Sie resignierte endgültig. Kurzerhand entschloss sie sich, im Eiltempo ihre Sachen zu packen und den Heimweg anzutreten. Ein Blick auf die Uhr verriet ihr, dass sie nicht lange warten musste, in dreißig Minuten würde ein Reisebus an den Bodensee fahren. Gott sei Dank hatte ihre Busfahrerin *Schrägstrich* Reiseleiterin diese Woche Ferien. So würde sie während der Fahrt in Ruhe über ihren Roman nachdenken können.

Die Zeit wurde allmählich knapp, hurtig schritt sie zur Bushaltestelle. Der Bus war bereits da. Sie erklomm die Stufe hinein, fuhr ihren Blick hoch und fiel beinahe rücklings hinunter.

»Ach, wie schön, da sind Sie ja wieder.« Die Busfahrerin *Schrägstrich* Reiseleiterin grinste sie an.

»Ja, da bin ich wieder. Und Sie auch. Obwohl Sie Ferien haben.«

»Also, das ist so: Meine Kollegin, die Vreni, die hat die Grippe. Und ihre Vertretung, der Dominik, der ist …«

Rösli rang sich ein Lächeln ab und suchte einen Platz. Alle Sitze waren belegt. Hinter ihr erklang eine nasale Stimme. »Frau Mayerhans, richtig?«

Sie fuhr herum. »Ja.«

»Heute ist Ihr Glückstag, Sie dürfen neben mir sitzen.« Sie deutete auf den klappbaren Beifahrersitz.

Rösli seufzte in sich hinein und setzte sich. Der Bus rollte los.

»Liebe Reisende, zu Ihrer Linken können Sie dem St. Moritzersee zum Abschied winken. Wenn Sie gleich rechts zum Fenster hinausschauen, sehen Sie …«

Nur noch dreieinhalb Stunden, dachte Rösli.

Thea Lehmann

GLETSCHERTRAUM

Schnalstaler Gletscher, Südtirol

An Irmis Wimpern hängen kleine Eiskristalle und lassen sie wie eine verwunschene Fee aussehen. Unter den geschlossenen Lidern bewegen sich ihre Augen.

Mit wehenden Haaren reite ich ohne Sattel auf meinem Pferd durch das weite Tal. Der Wind bringt Eiseskälte von den Berggipfeln, aber ich bin abgehärtet. Ein Umhang aus Fell und das lange Hemd aus gegerbtem Leder schützen mich vor der Kälte. Ich bin da, wo ich hingehöre. Vor mir reitet mein Held, mein Geliebter, mein Beschützer. In seine langen, braunen Haare habe ich ihm eine bunte Feder geflochten. Mit wachen Augen hat er die Umgebung im Blick, seine Ohren sind scharf wie die eines Luchses. Ihm entgeht nichts. Seine Arme sind lang und muskulös, perfekt für den Bogen, der über seiner Schulter hängt. Er ist mein Universum und ich bin seins.

Ein Seufzer kommt über Irmis Lippen. Ihre Füße spürt sie nicht mehr und sie ist müde. Wie klumpiges Eiswasser drehen sich ihre Gedanken nur mit halber Kraft in ihrer Fantasiewelt. Träge öffnet sie die Augen und studiert die weißgrün glänzenden Streifen an den Wänden. Es ist Tag, das Licht malt helle Muster an eine Seite des Winkels, in dem sie liegt. Es ist wunderschön hier. Die Augen fallen ihr wieder zu.

Er lacht mich an und ich sehe, wie glücklich er ist. Wir sind ein Herz und eine Seele. Auf dem Weg nach Hause machen wir an der Quelle halt und füllen die ledernen Wassersäcke. Arm in Arm stehen wir neben dem Bachbett und schauen in unser Tal. Es ist ein langes, weites Land, umgrenzt von hohen Bergen. Wir sind allein in diesem einsamen Land. Ob es außer uns noch andere Menschen gibt, wissen wir nicht. Wollen wir nicht wissen. Wir genügen uns.

Jetzt im Herbst leuchten die Bäume golden und rot, aber das Gras ist noch grün. Wir ernten reichlich, genau wie das Wild, das dieses Tal mit uns teilt. Nüsse, Bucheckern, Eicheln – der Vorrat reicht für uns alle. Wenn wir ab und an ein Reh erlegen, dann danken wir Mutter Erde für die Gabe und ich nehme ein Stück Holzkohle von der Feuerstelle und male das Bild des Tieres an die Wand. Unser Heim ist gefüllt mit getrocknetem Fleisch, Früchten und Holz. Wir werden immer ein wärmendes Feuer haben und auf den weichen Fellen eng aneinander gekuschelt durch den bevorstehenden Winter kommen. Er drückt mich zärtlich.

Von weit her dringen Geräusche an Irmis Ohr, die sie auszublenden versucht. Sie zieht die Mütze dichter über die Ohren und legt ihre Arme so um den Kopf, dass ihre Schläfen verdeckt sind. Aber das ist zu anstrengend, sie muss die Arme wieder sinken lassen. Die Geräusche stören das Bild einer zärtlichen Umarmung mit ihm. Diesem Traum kann sie sich nicht hingeben, wenn irgendwoher Geschrei erklingt. Sie braucht Ruhe.

Er winkt mir zu, lockt mich. Er will mich bei sich haben, das fühle ich genau. Ich breite die Arme aus und er streckt mir die Hände entgegen.

Das Bild verblasst und Irmi ist wieder wach. Unwillig öffnet sie die Augen und erschrickt. An der Wand zappeln Schatten. Sie rührt sich keinen Millimeter. Nach und nach dringen einzelne Worte zu ihr: »*Emergenza! Pronto soccorso!*« Ihr Italienisch ist nicht gut, aber da oben sind Menschen offenbar auf ihre Wanderstöcke gestoßen und machen sich daran, erste Hilfe zu leisten. Die Stimmen gehören zwei Männern, die sich hektisch alles Mögliche zurufen. Nur widerwillig kehren Irmis Wille und Kraft zurück in ihren Geist und ihren Körper. Beide sind zäh und langsam wie Gelee. Sie muss reagieren, eine Entscheidung treffen, dabei ist sie doch so erschöpft.

Über ihr tauchen an der Wand Beine auf. Mit Steigeisen an den Füßen tastet sich ein Mann zu ihr herunter. Das Leuchten seiner grellgelben Softshelljacke schmerzt in ihren Augen. Die Farbe erinnert sie an den Wirt der Similaunhütte. Der trug vorgestern so eine knallgelbe Mütze, als er sie mit einem Lächeln begrüßte. Sie ist ja nicht zum ersten Mal hier oben, unweit ihres Wallfahrtsortes. Außer ihr waren nur wenige Gäste da; im September geht die Sommersaison zu Ende.

»*Sei ancora viva?*«, ruft der Mann zu ihr. Und dann nach oben, dass er eine Frau gefunden habe, eine »*alpinista*«. Irmi kann sich keinen Millimeter bewegen. Soweit sie sehen kann, ist der Mann jung und blond und ein langer Schlacks. Er hängt im Gurt, von oben im Seil gehalten, tastet sich vorsichtig die glänzende Wand herunter und zerstört dabei das flimmernde Farbspiel von Weiß und Grün. Sie hört sein angestrengtes Keuchen, das Knirschen der metallenen Spitzen im Eis. Irmi nimmt all ihre Kraft zusammen und setzt sich auf, hängt jetzt wie ein nasser Sack an der Wand.

Der Wirt hatte sie gestern früh vor dem Wetterumschwung gewarnt. Der erste Schnee und deutlich kühlere Temperaturen waren angesagt gewesen. Sie war trotzdem losgegangen. Eineinhalb Stunden Aufstieg, zweihundertdreißig Höhenmeter zur Steinpyramide am Hauslabjoch, bis zur Fundstelle. Wieder hatte sie Rosen hingelegt.

Der Italiener ist fast bei ihr, blendet sie mit seiner Stirnlampe und versucht, auf dem schmalen Absatz, auf dem sie seit gestern Mittag liegt, festen Stand zu finden. Unter dem Helm kleben ihm die nassen Haare wirr im Gesicht. Wahrscheinlich schneit es oben. Zwischen seinen Rufen hinauf beugt er sich vorsichtig zu ihr hinunter. »*Sei ferita? Hai male?*«

Ob sie verletzt ist, will er wissen. Irmi lächelt ihn an, schüttelt den Kopf und beugt sich dabei nach vorn.

Ihre heruntergekühlten Gedanken sind träge wie eine Smoothiebowl aus gefrorenen Früchten. Obenauf schwimmt nun Verzweiflung. Sie ist so froh über den kleinen Vorsprung, der sie gestern vor dem tiefen Fall bewahrt hatte. Dieser Streifen Eis ist wie ein Balkon, wie ein Bett, wie ein sehr, sehr langsam fliegender Teppich. Als es gestern dunkel wurde, kämpfte sie die lange, schlaflose Nacht mit ihrer Angst, und der Zweifel leckte an ihr. Doch seit Tagesanbruch beflügelt neuer Mut ihre Träume und sie ist ihm so nah.

Irmi beugt sich noch weiter dem Italiener entgegen, verliert den Halt auf dem schmalen Eisband, stürzt kopfüber in den klaffenden Spalt. Der Mann schreit auf, kann sie aber nicht halten. Irmi schleudert abwärts, nimmt eine Rechtskurve und landet mit Schwung in einer Pfütze, die neben der eisigen Rutschbahn in einer Einbuchtung steht. Es ist dunkel, aber sie kann noch erkennen, dass die Gletscherspalte von hier aus eine weitere Kurve steil nach unten nimmt. Dort gibt es nur noch Schwärze und Wasser, Eis und den Tod.

Irmi rettet sich halb hockend in die Nische. Ihre Hüfte und die linke Hand schmerzen. Die Mütze hat sie verloren und am Hinterkopf ertastet sie mühsam eine blutende Wunde.

Von oben kommen besorgte Rufe der beiden Männer und hallen von den Eiswänden wider. Irmi versteht so gut wie nichts. Aber das ist in Ordnung. Andere Menschen verstehen sie ja auch nicht. Das Wasser drückt durch ihre Funktionshose. Das ständige Zittern kann sie jetzt nicht mehr unterdrücken. Schwer keuchend von der Anstrengung lässt Irmi ihre Gedanken wieder ziehen.

Vor drei Jahren hat es angefangen. Bei ihrem ersten Besuch im Museum in Bozen. Sie reiste mit dieser geführten Bustour durch die Alpen, Innsbruck, Sterzing, Bozen, zurück über den Großglockner. Berge gefielen ihr schon immer. Der Reiseführer redete ununterbrochen, deshalb hielt sie sich gern fern von der Gruppe und entdeckte die Swarovski-Kristallwelten, die Innsbrucker Altstadt, die Landschaft Tirols lieber mit Abstand. Es war eine Schnapsidee, eine Gruppenreise zu buchen. Irmi ist kein Typ für bierselige Abende in großer Runde, für sinnfreien Smalltalk und für plumpe Annäherungsversuche älterer Herren. Bald ließen sie die anderen in Ruhe, machten einen Bogen um den komischen Vogel, die Einzelgängerin in dieser Reisegruppe. Ins archäologische Museum in Bozen zog sie zunächst nichts. Aber es regnete, da war es drinnen doch besser als draußen.

Der Führer sprach von Ötzi und dass der nach langer Zeit wieder eine Heimat gefunden habe. Dieser Gedanke gefiel Irmi. Endlich stand sie dann vor dem Fenster der Kühlkammer, in der die Mumie vom Tisenjoch liegt. 5300 Jahre hatte er unter dem Eis des Gletschers verbracht, bis ihn der warme Winter 1991 wieder ausspuckte. Schon dort, vor diesem Schneewittchensarg mit Guckfenster, übermannte sie ein merkwürdiges Gefühl. Der Anblick des Menschen da drin wühlte sie auf. Nach all den Jahren unter dem Eis lag er jetzt allen Blicken ausgesetzt und konnte sich nicht wehren. Jeder durfte ihn anschauen, ihn hässlich oder verschrumpelt oder gar einen primitiven Neandertaler nennen.

Seine Einsamkeit sprang Irmi an wie ein Virus. Ihr wurde kalt und heiß gleichzeitig, ihr Herz klopfte wie verrückt. Dieser Mensch wollte sich, genau wie sie, am liebsten in ein Schneckenhaus verkriechen und die Welt aussperren. Warum sah das keiner außer ihr?

Nur widerwillig ließ sie sich von anderen Besuchern vom Fenster wegschieben. Sie hätte Stunden bei ihm stehen bleiben wollen. Schweren Herzens ging sie weiter in den nächsten Saal. Dorf traf es sie wie ein Blitz: Ötzi schaute ihr in die Augen.

Wie du dich nach mir umgedreht hast, so wachsam und so athletisch, mit diesen kräftigen langen Armen, den tief liegenden Augen und der Adlernase. Da war sofort eine Verbindung zwischen uns. Ich spürte mit jeder Faser meines Körpers, wie erwartungsvoll du mich ansahst. Wir erkannten uns als Seelenverwandte. Wie Silvesterraketen blitzten Bilder deines Lebens durch meinen Kopf. Ich sah dich auf der Jagd durch die Berge streifen, abends am Lagerfeuer sitzen und Blaubeeren essen – ich liebe Blaubeeren – und ich sah dich lachen.

Ich sah dich auf einem struppigen Pferd reiten und Fische im Fluss fangen. Du hast mich eingeladen, zu dir zu kommen, dich zu besuchen. Ich habe deine Welt durch deine Augen gesehen.

An diesem Tag schob der Wachmann Irmi als letzte Besucherin aus dem Museum. Ihre Reisegruppe war schon seit zwei Stunden Richtung Großglockner unterwegs. Am nächsten Tag fuhr sie direkt von Bozen nach Hause – nach einem weiteren Tag im Museum. Das war der Beginn einer langen Reise. Es sind weniger als dreihundert Kilometer von München nach Bozen. Vier Stunden im Bus und sechzehn Euro kostete die Fahrt zu ihm. Irmi spürte bis in die Haarspitzen, dass er sich über ihre zahlreichen Besuche freute. Jedes Mal kam sie ihm ein wenig näher und ihre Verbindung wurde stärker. Immer lächelte er ihr entgegen.

Nur die Angestellten im Museum schauten sie manchmal schräg an.

Im Laufe der Zeit wurde mir klar, dass wir uns in einem früheren Leben gekannt haben. Ich weiß jetzt, dass wir ein Paar waren, du und ich, ich und du, nur wir zwei und die Natur. Seit ich dich als meinen Herzensfreund, meine andere Hälfte gefunden habe, bin ich eine glückliche Frau. Ich gehe zur Arbeit, ich wasche meine Wäsche, ich putze meine Wohnung und dann schließe ich die Vorhänge und träume von unserem gemeinsamen Leben.

Das flackernde Licht einer Stirnlampe trifft Irmi. Vorsichtig, Zentimeter für Zentimeter kommt ihr der Italiener auf der abschüssigen Eisbahn näher. Er findet nur schwer Halt für seine Steigeisen und viel Seil hat er nicht mehr. Diese Aktion ist kreuzgefährlich, sie kann die Angst in seinem angespannten Gesicht erkennen. In Irmi steigen Verzweiflung und Entschlossenheit auf. Der junge Mann kommt näher und redet ruhig auf sie ein. Sie versteht: »*Non ti preoccupare, andrà tutto bene.*«

Ja, alles wird gut werden, sie vertraut fest darauf.

Die Tour gestern hatte so perfekt begonnen. Nach dem Blumengruß am Hauslabjoch wanderte sie hinüber zur Zunge des Niederjochferners und dann quer über den Gletscher. Das Wetter war durchwachsen, nahe null Grad, ein paar Wolken jagten sich am blauen Himmel. Der Wind pfeift hier oben immer. Kaum jemand würde sich die nächsten Tage heraufwagen. Dass die beiden Italiener auf ihren Rucksack und die Stöcke aufmerksam wurden, kann sie kaum fassen. In den Walliser Alpen hat man im August eine Frau nach vierzig Stunden unverletzt nur mit leichter Unterkühlung aus einer Gletscherspalte gerettet. So leichtsinnig ist Irmi nicht. Aber wenn es einem aus heiterem Himmel die Beine wegreißt, ist das ein Schock.

Über Gletscher weiß Irmi Bescheid. Alle Prognosen sprechen dafür, dass die Eisriesen bis zum Ende des Jahrhunderts verschwinden. Seit dem Beginn der Industrialisierung schmelzen sie zusehends weg. Im Gegensatz zu Ötzi, den sie liebevoll Simi nennt, würde es keine 5000 Jahre dauern, bis das Eis sie wieder hergeben würde.

Die Blechdose in der Jackentasche drückt schmerzhaft auf ihre Hüfte. Hoffentlich hat sich der Behälter bei dem Sturz eben nicht verbogen. Vorsichtig und mühsam zieht sie ihn aus der Tasche ihrer Wanderjacke. Ihre Finger sind fast unbeweglich und blau verfärbt. In der kleinen Ausbuchtung, in der sie mehr kauert als liegt, ist es doppelt schwer, sich zu bewegen.

Der Mann kommt näher und ruft nach einem Blick in ihre Augen: »*Sta bene, è viva!*«

Von oben hallt dumpfer Jubel. Der Bergsteiger rammt links und rechts von ihren Beinen die Steigeisen ins Eis. Seine Stirnlampe verbreitet zuckende Schatten an den Wänden. Als er festen Stand hat, hebt er beschwichtigend die Hände und murmelt wieder »*Tutto andrà bene*«.

Irmi sieht im grellen Licht der Lampe nur helle Sterne.

Der junge Mann stellt sich als Angelo vor. Weil sie nicht reagiert, versucht er es auf Englisch. Irmi lächelt. Immerhin hat ihr das Schicksal einen Angelo geschickt. Er kauert sich vor sie nieder und erklärt ihr wort- und gestenreich, dass er sie retten werde, dass er sie ins Seil binden und er und sein Freund sie hochziehen werden.

Irmi schließt die Augen. Sie ist so müde. Aber sie muss jetzt stark sein. Als Angelo das Seil von seinem Klettergurt löst, sieht sie keine Sicherheitsleine. Er streckt die Arme aus, um sie festzubinden.

Mit letzter Kraft knallt sie ihm die Blechdose mit dem Testament vor die Stirn. Die hinterlässt einen roten Striemen und raubt Angelo das Gleichgewicht. Wie in Zeitlupe kippt er mit aufgerissenen Augen nach hinten, stürzt mit einem angsterfüllten Schrei in den klaffenden Spalt und verschwindet mitsamt seiner Stirnlampe in der Dunkelheit.

Die Stimme von oben ist nur dumpf zu vernehmen. Angelos Kumpel ruft panisch seinen Namen, zieht am losen Seil, lässt es wieder runter. So geht das eine Weile. Bald wird er es nach oben ziehen, sich in Sicherheit bringen und damit leben müssen, dass er seinen Freund verloren hat.

Dann ist endlich wieder Ruhe. Irmi strengt sich fast übermenschlich an, um die Blechdose zurück in ihre Jackentasche zu schieben. Das Testament muss bei ihr bleiben. Sie macht es sich so bequem es geht und spürt, wie die nasse Kälte und das Gewicht der Eismassen in ihren Körper sickern.

Ich komme bald, mein Liebster. Jetzt wird alles gut. Wir werden vereint sein bis in alle Ewigkeit. Wir werden durch unser Tal reiten, die Jahreszeiten beobachten, uns am Feuer und an unserer Liebe wärmen und glücklich sein. Und in ein paar Jahrzehnten werde ich im Museum als lebensgroße Figur neben dir stehen.

Regina Schleheck

BLATTSCHUSS

Meran, Südtirol

Der Revierförster hatte mir gesteckt, dass er zurück war. Ich habe mich auf dem Portal eingeloggt, wo wir uns kennengelernt hatten, und wurde schnell fündig. Hünenhafte Gestalt, Glatze, Camouflage-Hemd, Cargohose, Profilaufnahme vor grob gezimmertem Straßenschild mit der Aufschrift *Welcome to Alaska*. Nase im Wind, im Hintergrund ziehende Wolken vor stahlblauem Himmel. Typus Wildschwein. Wechselwild wie ich. Die Platzhirsche in diesen Foren posieren breitbeinig vor ihrem Besitzstand: Benz, Boot, Bungalow. Marodierende Männchen wie Bruno wählen Motive wie Matterhorn, Marathonlauf oder Mountainbike. Ihre Verweildauer auf solchen Portalen ist kurz. Sie checken die Lage, wittern, reißen das nächstbeste Profil auf und sind wieder weg. Brunos Lieblingslied stammte von den Gebrüdern Blattschuss: ›Gib ihr 'nen Tritt, David.‹

Fehltritt. Fehlschuss. Fehlgeburt. Man lernt dazu. Ich habe mal gelesen, dass Braunbärinnen, nachdem ihr erster Wurf von herumstreifenden paarungswilligen Männchen getötet wurde, die Überlebenschance ihrer Gene erhöhen, indem sie promisk werden, sodass jeder der Kerle, der zum Schuss gekommen ist, annimmt, es sei seine Brut, und sie in Ruhe lässt. Nur dass bei mir der Ofen aus ist. Hab das Gekröse gleich mit entfernen lassen. Erspart eine Menge Scherereien. Nie wieder Gummis!

Genstreuung ist ohnehin out. Zieht nur Unterhaltsansprüche nach sich.

Na ja, und auf der anderen Seite: Wer hat schon Bock auf Langeweile? Auch wenn Bruno bei mir einen kapitalen Bock geschossen hatte: Langeweile wäre das Letzte gewesen, worüber ich mich bei ihm hätte beklagen können. Dass er nach Kanada wollte, hatte er mir am ersten Abend erzählt. Von dem bleibenden Eindruck, den er bei mir hinterließ, hat er nie erfahren. All die Jahre fragte ich mich, ob es etwas geändert hätte. War das der Grund, weshalb ich ihn gleich anschrieb?

»Hallo, Bruno. Wie geil ist das denn? Seit wann bist du zurück? Muss dich unbedingt wiedersehen! Elsa.«

Erst nachdem ich die Textnachricht abgeschickt hatte, hab ich mir sein Profil genauer angeguckt. »Fünfzig Jahre jung, alles andere als ein Opa-Typ. Meine Partnerin sollte mindestens zehn Jahre jünger sein.«

Oha. Ich zählte zwischenzeitlich dreiundfünfzig Lenze.

Aber war er damals nicht fünf Jahre älter gewesen als ich?

Er antwortete am selben Abend: »Elsa? Das Flintenweib? Wow! Viel erlebt in der Zwischenzeit, immer wieder an dich gedacht. Gibt's die *Büchse der Pandora* noch? Dann gern da auf ein Bier.«

Es blieb nicht bei einem Bier. In dem Punkt hatte er sich nicht verändert. In den frühen Morgenstunden erst entschnarchte er sanft auf meinem Wasserbett. Ich schob mit leisem Bedauern die Pranke, die eine meiner Brüste umschloss, zur Seite und schlich zum Bad. Wenn es etwas gab, das bei mir in der letzten Dekade nachgelassen hatte, dann die Blase. Als ich im Dunkeln zurücktaperte, trat ich auf die Textilien, die wir uns vom Leib gerissen und achtlos fallengelassen hatten, hob sie auf und legte sie auf einen Stuhl. Dabei rutschte etwas zu Boden. Ich tastete danach und erkannte im fahlen Mondlicht eine Blisterverpackung mit drei rautenförmigen blauen Tabletten. Eine hatte er herausgedrückt. Wohl, um dem jugendlichen Stehvermögen nachzuhelfen. Ich schob den Streifen in die Hosentasche zurück und kuschelte mich an den über und über behaarten Körper.

Wir nahmen unsere Streifzüge durch den Nutscheid auf. Wie damals. Nachdem wir im ersten Gespräch eine gemeinsame Leidenschaft entdeckt hatten: die Jagd.

Ich habe mein Revier die ganze Zeit behalten können, vierhundertachtzig Hektar im größten Waldgebiet an der Sieg. Bruno erzählte von seinen Streifzügen durch den Yukon. Per Hundeschlitten und Pferd. Schwärmte von den *Alaska Moose*, den größten Elchen der Welt, von Begegnungen mit Bergkaribus, Bisons und Bären.

Unter seinen Schilderungen schrumpften die bergischen Naturschutzgebiete, Schluchten und Gewässer zu Wäldchen, Tälchen und Rinnsalen. Welche Gegend in Europa konnte gegen die endlosen Weiten des nordamerikanischen Kontinents auch nur ansatzweise anstinken?

Wir einigten uns auf einen Jagdtrip in die Alpen. Murmeltiere, Gemsen, vielleicht einen Rothirsch. Kümmerten uns um die entsprechende Jagderlaubnis und einen europäischen Feuerwaffenpass. Buchten einen ICE nach München, von da eine Bustour bis Meran.

Am Abend vor der Abreise loggte ich mich in dem Portal ein, um mich abzumelden. Stellte überrascht fest, dass Brunos Profil als »sehr aktiv« gekennzeichnet war. Zögerte. Meldete mich dann doch nicht ab.

Der Bus passierte die Mündung der Passer und spuckte uns gegen Abend am Praderplatz in Meran aus.

Die letzte Strecke – links der Naturpark Texelgruppe, Teil der Ötztaler Alpen, rechts die Etsch – hatte ich am Fenster geklebt. Mich nach einer Weile gewundert, dass Bruno auf meine Rufe nicht reagierte. »Guck doch!«

Er tippte neben mir eifrig ins Smartphone. »Was?«

»Wir sind gleich da.«

Im Bergischen ist Internet ein Abenteuer. Wieso hatten wir einen Bus mit WLAN gebucht?

Meran – ein Träumchen. Zwei Tage nahmen wir uns Zeit, bummelten durch die Stadt, besuchten die botanischen Gärten von Schloss Trautmannsdorff. Die große Sightseeingtour: hinter dem Rathaus durch die Lauben zur landesfürstlichen Burg mit mittelalterlichen Fresken und Paneelen, dann mit dem Panoramalift über die Weinberge hoch zum Dorf Tirol, über den Segenbühelweg und die Via del Castello, durch den Burglehenpark mit dem stählernen Flügelpferd bis zum Tiroler Nationalheiligtum, dem Schloss Tirol. Bestaunten die marmornen Portale des Palas und der Kapelle, die Sündenfall und Erlösung abbilden. Rechts und links mythische Wesen: ein Drache, der die Zähne in einen Menschenkopf schlägt, sein Schlangenschwanz ebenso. Ein Löwe mit einem Widder in den Klauen, darüber ein Mensch, der dem Raubtier den Rachen aufreißt. Ein Kentaur mit Pfeil und Bogen, der auf eine Kreuzigungsgruppe zielt.

»Wer sind denn da die Guten und wer die Bösen?«, wollte ich wissen.

»Na ja, guck dir den Kerl am Kreuz da oben an«, meinte Bruno. »Dann weißt du Bescheid. Solche Grausamkeiten lassen sich nur Menschen einfallen. Tiere kennen das nicht.«

Die Ausstellung im zweiten Obergeschoss des Ostpalas wollte er nicht sehen, ließ sich stattdessen auf einer der Bänke im Burghof nieder und klappte das Smartphone auf.

Ich entdeckte ein Exemplar des 1487 erlassenen Gesetzeswerks zur Hexenverfolgung, *Malleus maleficarum*. 1722 war in Tirol die letzte der Hexerei angeklagte Frau enthauptet und verbrannt worden. In einem anderen waren Waffen ausgestellt: Partisane, Kriegsgertel, Kriegssense und Morgenstern. Was für grauenhafte Verletzungen man damit anrichten konnte. Was für ein Segen war doch die Erfindung des Schießgewehrs. Kein unnötiges Leiden. Manche meiner Jäger-Kollegen hatten ganze Arsenale zu Hause gebunkert. Bis zu einhundert Lang- und Kurzwaffen. Ich selbst besaß nur zehn. Na ja, und zwei Handfeuerwaffen. Da geht es vielen Männern wie Frauen mit Schuhen oder Handtaschen. Die Langwaffen waren wichtig fürs Visieren. Für den Fangschuss kam man mit einer kleinen Pumpgun besser durchs Unterholz. Wir hatten nur eine kleine Auswahl nach Tirol mitgenommen. Wobei Brunos Arsenal deutlich größer als meins war. Vor allem: Was für Kaliber! Alles über .30-06 machte hier gar keinen Sinn, würde jedes Reh zerfetzen. Okay, wenn man einen ausgewachsenen Keiler stoppen musste …

Auf dem Rückweg zum Hotel bimmelte eine WhatsApp-Nachricht. Er strahlte.

»Sieht so aus, als kriegten wir heute Abend Besuch.«

»Besuch? Hier?«

Er grinste. »Eine Freundin.«

»Äh. Kenne ich die?«

Er schwieg und beschleunigte den Schritt.

Während ich mich bemühte, ihm auf den Fersen zu bleiben, durchforstete ich mein Hirn nach Freundinnen. Vergeblich. Ein gesellschaftliches Leben gab es weder bei mir noch bei ihm – soweit ich wusste. Schon gar kein gemeinsames. Wir waren nach unserem Wiedersehen häufiger in der *Büchse der Pandora* auf ein Bier gewesen, wo gelegentlich andere Jäger verkehrten. Außer einem kurzen Gruß hatten wir kaum Worte gewechselt. *Freunde* konnte man das nicht nennen.

Wir trafen sie in der Hotelbar. Im ersten Moment blitzte mir – wieso gerade jetzt? – der Gedanke durch den Kopf: So könnte dein Kind jetzt aussehen.

Tatsächlich war da eine gewisse Ähnlichkeit: blond, schlank, eine androgyne Figur – aber eben deutlich jünger.

Sie flog Bruno entgegen und um den Hals. Nachdem er sie innig umarmt hatte, drehte er sich, den Arm immer noch auf ihrer Schulter, zu mir um und strahlte: »Angie.« In ihre Richtung, deutlich nüchterner: »Elsa.«

Sie hatte einen festen Händedruck. Unter anderen Umständen hätte ich ihn wohl *sympathisch* genannt. Hier blieb er befremdlich.

»Ich hab Angie geschrieben, wo wir sind, und sie hat sich spontan entschlossen …«, setzte Bruno an.

»Woher kennt ihr euch?«, unterbrach ich ihn.

Die beiden sahen sich an. Bruno räusperte sich. »Über ein Forum«, sagte er. »Sie ist auch Jägerin.«

»Ah. Ein Jägerforum?«

Er grinste. »Kann man so nennen.«

Angie kicherte. »Bruno hat erzählt, ihr kennt euch schon länger und geht zusammen auf die Jagd?«

»Ja. Also in meinem Revier. Hast du auch eins?«

»Bisher nicht. Ich habe gerade erst meinen Jagdschein gemacht. Im Münsterland ist das nicht so einfach. Hatte mit Bruno überlegt, ob wir nicht irgendwo gemeinsam …«

»Ah.« Münsterland. Na, zumindest nicht gleich nebenan. Und nah genug, dass die Wege sich sicherlich schon öfter gekreuzt hatten. Bruno strahlte wie ein Honigkuchenpferd.

»Ich hab Angie für morgen eingeladen«, sagte er. »Da kann man sich mal beschnuppern. Ich bin sicher, ihr werdet euren Spaß haben.« Zu Angie gewandt: »Von Elsa kannst du einiges lernen. Du wirst sehen.«

»Oh ja«, sagte ich. »Zum Beispiel: Pass auf, wo dein Revier aufhört und das andere anfängt. Ich geh dann mal auf unser Zimmer.« Drehte mich auf dem Absatz um und verzog mich.

Als Bruno spätnachts folgte, stellte ich mich schlafend. Hörte überdeutlich, wie er knisternd eine Viagra aus dem Blister drückte, einen Schluck Wasser nahm, das Klirren des Glases auf dem Nachttisch, das Ächzen der Sprungfedern, roch eine beindruckende Alkoholfahne, spürte die Pranke, die mein Gesäß liebkoste und meine Beine auseinanderschob. Ich war viel zu aufgewühlt, als dass ich seine Berührung nicht schmerzlich herbeigesehnt hätte, gab mich ihm mit einer Erregung hin, die, als er mir kurz vor meinem Höhepunkt ins Ohr raunte: »Ich könnte grad zwei von deiner Sorte vögeln!«, in einem anhaltenden Lustschrei gipfelte, während er unter wildem Rammeln stöhnte: »Ich zeig's euch, dass euch Hören und Sehen vergeht.«

Ich hätte mich in den Hintern beißen können. Aber da war grad kein Drankommen. Bruno, beflügelt von schmutzigen Fantasien und den Segnungen der pharmazeutischen Industrie, gab sich der Brunst hin, kam wieder und wieder, abwechselnd meinen und Angies Namen keuchend. Bis er endlich kurz vor dem Morgengrauen auf die Seite sackte und dröhnend schnarchte. Mir graute vor dem Tag, vor dem restlichen Urlaub, vor dem, was danach sein würde. Vor Angie. Und meinen Gefühlen.

Dennoch musste ich kurz danach ebenfalls eingeschlafen sein, denn als das Telefon klingelte, war es taghell. Angies Stimme: »Wo seid ihr?«

Viel Zeit zum Nachdenken blieb nicht. Vielleicht hätte ich besser meinen Krempel gepackt und wäre gegangen. Aber was war überhaupt passiert? Bruno hatte gewildert, seine Fantasie war mit ihm durchgegangen – und jetzt sollte ich dieser Schnepfe das Feld räumen? Nichts da.

Wir stiegen zu dritt in den Jeep, den Bruno für die größeren Touren gemietet hatte. Sie auf den Rücksitz. Zur Einstimmung ging's zum Partschiner Wasserfall. Beeindruckende 4000 bis 10 000 Liter pro Sekunde stürzen da knapp einhundert Meter in Kaskaden die freistehende Felswand runter. Wir kletterten etwa anderthalb Stunden bis zum Aussichtspunkt, der tatsächlich einen atemberaubenden Blick bot. Okay, die Kraxelei hatte das Ihre dazu beigetragen. Ich war Angie die ganze Zeit dicht auf den Fersen gewesen, hatte sie quasi vor mir hergetrieben und mit gewissem Frohlocken registriert, dass sie ins Keuchen geriet. Ha! Besser so als durch Brunos Bemühen!

Im großen Bogen umrundeten wir auf dem Alpinsteig die schäumenden Wassermassen, zu den Fallelen, den kleineren Fällen hinter der Aussichtsplattform, und Gumpen, in denen sich das Wasser sammelte. Wir rasteten nur kurz, um die Gegend mit Ferngläsern genauer in Augenschein zu nehmen, etwas zu trinken, sprachen nicht viel. Einmal zog ich ein Nuss-Schneggele aus dem Rucksack und hielt sie ihr hin. »Vesper?«

Sie starrte auf das Backwerk. »Hä? Das ist doch eine …«

Bruno lachte.

»Du meinst, ob ich einen Snack will? Nee, merci.« Sie griff in ihre Jackentasche und bot mir ein Snickers an.

Ich rang mir ein Lächeln ab. »Danke.«

Wieso der Versuch, nett zu sein? Okay, das Wetter war perfekt, der Ausflug fantastisch, Bruno friedlich – vermutlich katergeschuldet. Kopf oben behalten in einer komplett absurden Situation. Zwei Wechseljährige, von denen einer seinen zweiten Frühling auslebte, indem er die neue alte Beziehung im Urlaub mit der jungen Geliebten konfrontierte. Mit Sicherheit hatte er nichts anbrennen lassen. Jetzt, wo die Zeugungskraft nachließ, schon gar nicht. Der alternde Hirsch umgibt sich mit einem Harem. Meine Stimmung, eben noch auf der Höhe, fiel mit den Partschiner Wasserkaskaden abwärts.

Wir erreichten das Gasthaus, bestellten Erdäpfelschlutzer und Vinschger Marillenstrudel. Angie klappte die Karte zusammen und fragte, ob es auch Pommes gebe. Brunos Blick baute mich wieder auf.

In Meran angekommen, war Angie zu müde für Bar-Eskapaden. Der Tag hatte sie offensichtlich an ihre Grenzen gebracht. Ich wünschte ihr von Herzen Muskelkater. Brunos Kater meldete ebenfalls Ansprüche an. Daher lagen wir alle früh in den Betten. Wo sich rein gar nichts mehr tat. Obwohl es meinen Tag gerettet hätte. Aber Kraft tanken war auch nicht verkehrt. Morgen sollte endlich die Jagd losgehen.

In den Bergen sind die Reviere größer als auf dem flachen Land. Wozu man den Nutscheid mit seinen mickrigen 378 Höhenmetern wohl zählen muss. Das Münsterland sowieso. Die Zugspitze als höchste deutsche alpine Erhebung bringt schon 2962 Meter aufs Tapet. Der Montblanc 4810, der Ortler im Vinschgau 3905. Entsprechend verteilt sich alles auch von der Ausdehnung ganz anders. Der komplette Nutscheid umfasst gerade mal 1500 Hektar. Durchschnittliche Reviere in Nordrhein-Westfalen sind etwa 1000 Hektar groß. Die in Südtirol betragen das Vier- bis Fünffache. Wir hatten uns für Naturns eine Wochenkarte ausstellen lassen und brachen früh auf. Mit Proviant, Waffen und Angie auf dem Rücksitz. Die sich zu spät um den Schein gekümmert hatte. Reines Beiwerk also. Es sollte ein langer Tag werden. Wir wollten das Revier so weit und vor allem so hoch wie möglich durchstreifen. Etwa siebentausend Tierarten leben in der Alpenregion. Von den kleinsten Insekten bis zum größten Huftier, dem Hirsch, der sich im Sommer bevorzugt in Höhen von 2000 bis 2700 Metern aufhält, tagsüber im Wald, abends auf ruhigen Weiden. Auch wenn heute vereinzelt wieder Wölfe unterwegs sind, hat er kaum natürliche Feinde. Bruno hatte auf einen Rothirsch gesetzt. Zum Jagen brauchte er keine Pillen. Der Trieb war stärker als alles andere. Schon als wir losgingen, tat Angie mir leid. Aber sie hatte es nicht anders gewollt. Bruno würde kein Pardon kennen. So ist das in der Wildnis. Wenn die Jungtiere nicht alles geben, bleiben sie auf der Strecke. Genauso wie die Alten. Ich zählte mich zu den Erfahrenen. Definitiv kein Muttertier. Der Kelch war zwar nicht an mir vorüber, aber letztlich zur Neige gegangen.

Was soll ich sagen? Sie schlug sich wacker. Sicherlich auch der Tatsache geschuldet, dass sie sich vor mir keine Blöße geben wollte. Brunos Kaliber war sie dennoch nicht gewachsen. Allein an Muskelkraft. Zähigkeit und Ausdauer. Leidenschaft und Erfahrung sowieso. Wir hatten einen großartigen Tag. Mit fantastischen Ein- und Ausblicken und vielen Begegnungen. Von den Waffen machten wir noch keinen Gebrauch. Wollten zuallererst das Revier ausspähen.

Am frühen Nachmittag war Angie am Ende. Blieb auf einem Felsvorsprung sitzen, auf dem wir gerastet hatten, und bat darum, dass wir sie zurückließen.

Natürlich war Bruno *not amused*. Knurrte »Weichei« und wandte sich ab.

»Kein Problem«, sagte ich. »Im Gegenteil. Wir lassen den Proviant bei dir. Und die Waffen, die wir vermutlich nicht brauchen. Je weniger Ballast wir haben, umso schneller sind wir zurück. Komm, Bruno.«

Der taxierte den Hang und setzte sich in Bewegung.

»Bruno!«, rief Angie. »Ich muss dir was sagen!«

»Das kannst du auch nachher noch.« Bruno drehte sich nicht einmal um.

Angie sprang auf, ihm hinterher, packte ihn an der Hand, ging auf Zehenspitzen und raunte etwas dicht an seinem Ohr.

»Du spinnst!« Bruno riss sich los.

Angie plumpste zu Boden. Für einen Moment schien es, als wollte sie losheulen. Dann rollte sie in Embryohaltung auf die Seite, den Kopf auf den Rucksack gebettet.

Wir kletterten schweigend weiter. Als sie nicht mehr zu sehen war, begann ich leise zu singen: »Nimm sie mal ran, Jan …« Leise, aber gerade laut genug, dass Bruno es hörte.

Der lachte. Brummte: »Bloß kein Zurück, Luc. Lang richtig hin, Finn …«

Ich fiel ein: »Schmeiß sie von Bord, Cord, Schick sie in' Gulli, Uli, Gib ihr 'n Schuss, Gus, Als finalen Gruß.«

Bruno grinste. »Hach, Elsa. Ich bewundere deinen Humor. Damals, an unserem letzten Abend vor meiner

Abreise, da müssen die Hormone mit dir durchgegangen sein. Du wolltest mich einfach nicht ranlassen, ich musste dich regelrecht dazu prügeln. Zum Abschied hab ich dir einen kräftigen Tritt in den Bauch verpasst, so wütend war ich. Erinnerst du dich?«

»Stimmt.« Ich ging weiter. Gib ihr 'nen Tritt, David!

»All die Jahre, wenn du mir in den Sinn kamst«, sagte Bruno in meinem Rücken, »hab ich gedacht: ›Wow, die war vielleicht scheiße drauf, weil du gegangen bist. Aber hat kein bisschen gejammert, sich lieber verkloppen lassen.‹ Das hat mir irgendwie imponiert.«

Ich schwieg. Gut, dass er mein Gesicht nicht sehen konnte.

»Als du mich nach meiner Rückkehr wieder angeschrieben hast – so selbstverständlich, keine Vorwürfe, keine Forderungen, nichts – da hattest du erst recht einen Stein bei mir im Brett«, fuhr er fort. »Starke Frauen machen mich unheimlich an.«

Er packte meine Schultern und zog mich rücklings an sich. Knetete meine Brüste. Brummte mir ins Ohr: »Am allerbesten hat mir gefallen, wie du das mit Angie aufgenommen hast. Der hab ich von vornherein gesagt: ›Du musst Elsa kennenlernen! Von der kannst du was lernen. Dass du nämlich von mir nie etwas erwarten kannst. Das musst du erst mal aushalten können.‹ Und genau das hast du ihr gezeigt. Gleich am ersten Abend. Dass es dir sonst wo vorbeigeht. Du glaubst gar nicht, wie geil mich das macht.«

Ja, das war in meinem Rücken jetzt deutlich spürbar. Dass Bruno geil war.

»Deswegen war für mich von Vornherein klar, dass du meine Erstfrau bleibst«, fuhr er fort und rieb sich an meinem Gesäß. Stöhnte: »Ich muss dich doch noch mal richtig rannehmen, bevor Angie deinen Platz übernimmt.«

Ich fuhr herum. Starrte ihn an.

Er lachte. »Hat das kleine Aas mir doch gerade gesteckt, was mir noch nie eine Frau gesagt hat. Mensch, Elsa. Ich werde Vater! Ist das nicht großartig?« Er fasste mich um die Hüfte, hob mich an und schwenkte mich im Kreis.

Im selben Moment schrie Angie in der Ferne wie am Spieß.

Wir rannten los.

Wechselwild ist unberechenbar. Anderntags erst erfuhr ich, dass eine Woche zuvor eine Wildtierkamera bei Reutte in Tirol ein Exemplar der Gattung *Ursus* verewigt hatte, dreizehn Jahre nach JJ1, bekannter als »Bruno«. Die Biester machen am Tag einiges an Strecke. Sein Vorgänger hatte ganz Tirol unsicher gemacht, wiederholt die Landesgrenzen von Italien, Deutschland und Österreich überquert, Schafe, Ziegen und andere Nutztiere gerissen, Bienenstöcke geplündert und wenig Scheu vor Menschen an den Tag gelegt. Trotz intensiver Suche war er immer wieder untergetaucht und schlussendlich am Spitzingsee in Bayern erlegt worden, bis heute ein höchst umstrittener Fall. Grundsätzlich scheue Tiere. Aber im wahrsten Sinne des Wortes bärenstark und sechzehn Stunden am Tag auf Futtersuche. Ihr Tatzenhieb kann einem das Genick brechen. Die Zähne sind messerscharf. Weglaufen ist keine Option: Sie schaffen locker fünfzig Stundenkilometer, haben Ausdauer, können schwimmen, klettern – Bäume sind ihre Spezialdisziplin. Die einzige Möglichkeit, die Angie gehabt hätte: fliegen. Bedeutete ihr Name nicht so viel wie Engel? Sie hatte sich spontan für einen anderen Weg entschieden: schreien, um das Vieh zu verschrecken. Hätte funktionieren können, wenn in dem Proviantrucksack nicht ein halbes Dutzend Kaminwurzen gesteckt hätten, deren Duft ihn offensichtlich magisch anzog, weshalb er auch nicht zu bemerken schien, dass wir zwanzig Meter weiter oben am Hang aufgetaucht waren. In etwa derselben Entfernung, die ihn noch von Angie trennte. Ich checkte blitzschnell die Lage. Entschied, die Waffe stecken zu lassen. Ihm damit eins in den Pelz zu brennen, hätte ihn keinesfalls außer Gefecht gesetzt, sondern im Gegenteil, es hätte ihn furchtbar wütend gemacht. Ich versuchte, mich dem Ort des Geschehens im Bogen zu nähern, indem ich hinter verstreuten Felsbrocken Deckung suchte.

Irgendwo hinter mir brüllte Bruno: »Den Rucksack! Wirf den Rucksack!«

Man kann nur ahnen, was in den Köpfen anderer vorgeht. Angie muss ich zugutehalten, dass sie unter Schock stand. Offensichtlich begriff sie das Problem mit dem Rucksack nicht. Beugte sich dennoch vor, griff nach dem Objekt der Begierde und schleuderte es mit erstaunlicher Kraft – sage noch einer, Frauen können nicht werfen. In Todesangst brechen sie Weltrekorde – von sich. Nur leider nicht in Richtung des Bären, sondern in die der Stimme ihres Herrn. Der hatte gerade mit seinem großkalibrigen Gewehr auf das Ungetüm angelegt, hätte es allerdings wohl gern ein Stückchen weiter weg von der zukünftigen Mutter seines Kindes erwischt. Der Proviantbeutel traf ihn mit Schmackes mitten ins Gesicht, sodass er rücklings fiel, während der Bär nun im gestreckten Galopp auf ihn zuhielt. Ich galoppierte nicht minder schnell zu Angie, schnappte mir Brunos Großwildjägerflinte, visierte kurz und zog durch.

Bruno hatte völlig richtig reagiert. Sich aufgerappelt, um den Rucksack wegzuwerfen, wobei er mir den Rücken zudrehte. Genauso wie der Bär, der jetzt dicht hinter ihm war. Ich wiederum stand unter Zugzwang. Das Tier schnappte das Wurfgut im Flug und rannte weiter, während Bruno diesmal bäuchlings zu Boden stürzte.

Angie hauchte: »Wieso hast du ›Bye-bye, Bruno!‹ gerufen?«

»Weil der Problembär so hieß, den sie 2006 erschossen haben. Nie davon gehört?«

Es war ein sauberer Blattschuss. Für Nicht-Jäger muss man erläutern, dass damit eigentlich ein Kammerschuss gemeint ist, der direkt in die Herzkammer geht. Wenn man das Schulterblatt trifft, pilzt die Patrone auf und zersplittert im Fleisch, versaut einem also das beste Wildbret. Es müsste eigentlich »Unter-dem-Blatt-Schuss« heißen. Als Name für Blödelbarden vollkommen ungeeignet. Haarspaltereien, die niemanden wieder lebendig machen.

Angie hätte tatsächlich viel von mir lernen können. Sich Ziele setzen zum Beispiel. Weder sie noch die Carabinieri konnten ahnen, was Bruno mit ins Grab nahm: Dass ich die beste Schützin jenseits der Alpen bin.

Laura Gambrinus

FÄHRTEN UND GEFÄHRTEN

Sterzing, Südtirol

Bella wendet den Blick von der sattgrünen Gebirgslandschaft ab, die an ihrem Busfenster vorbeizieht, und lehnt sich zu ihrer Sitznachbarin hinüber. »Bist du sicher, dass es funktioniert?«, fragt sie halblaut, damit keiner der anderen Mitreisenden sie hört.

»Nach fünfundzwanzig Jahren kenne ich Armin besser als mich selbst. Er ist bisher all meinen Spuren gefolgt. Wir müssen den Köder nur auslegen«, versichert Gina genauso leise.

»Ich hoffe, du hast recht.« Sie passieren das Ortsschild von Sterzing und Bella greift nach ihrer Handtasche. »Was, falls er doch nicht anbeißt?«

»Keine Sorge. Er hat uns ein paar Mal gemeinsam gesehen, aber immer nur zusammen mit allen anderen. Jetzt bekommt er seine Chance und die wird er nutzen.«

Bella hofft es für ihre Freundin Gina. Das gemeinsame Schicksal einer unglücklichen Ehe hat sie auf Anhieb miteinander verbunden und so sind sie seit zwei Jahren ein Herz und eine Seele. Ihre Freundschaft ist sehr harmonisch.

Am Nordparkplatz von Sterzing verlässt die Reisegruppe den Bus. Die beiden Frauen verabschieden sich von den Mitreisenden und der Fahrerin und machen sich auf den Weg ins Zentrum.

»Sterzing hat eine hübsche Altstadt«, urteilt Bella beim Anblick der historischen Fassaden.

Manche der Häuser haben Zinnen, andere kunstvoll geschmiedete Gitter an den Fenstern, sogar ein Erkertürmchen macht sie aus. Und jedes Gebäude ist in einer anderen sanften Farbe gestrichen. Im Hintergrund leuchten die Berge oberhalb der Baumgrenze silbern im Sonnenlicht.

»Warum bin ich eigentlich nicht schon viel früher hierhergekommen?«

»Na ja, du kennst das doch: Irgendwas ist immer.«

»Stimmt.« Bella unterdrückt den Impuls, sich umzusehen. »Und?«, fragt sie stattdessen halblaut.

Gina nickt und lächelt grimmig. »Er ist da. Ich lege die Spur aus, wie besprochen. Du wirst sehen, unser Plan geht auf. Armin ist ja so berechenbar.«

Armin Mück ist mit seiner Geduld am Ende. Bis über den Brenner musste er seiner entlaufenen Göttergattin folgen. Angeblich hat sie ihn verlassen. So ein Blödsinn. Niemand verlässt ihn. Punkt. Nur weil sie sich in den Kopf gesetzt hat, ohne sein Einverständnis eine Busreise zu unternehmen.

Dumm nur, dass er bisher nicht an sie herangekommen ist, weil sie immer im Pulk unterwegs war. Heute jedoch entwickelt sich alles nach seinem Geschmack, denn schon auf dem Parkplatz hat sich seine Frau Gemahlin von der Gruppe abgesondert und ist nur noch mit dieser Schabracke unterwegs. Das wird ein Kinderspiel für ihn! Er muss die beiden nur erst mal wiederfinden, denn in einem kurzen unachtsamen Moment hat er das Frauenduo aus dem Blick verloren. Gerade steht er mitten in diesem angeblich so hübschen Städtchen und dreht sich im Kreis. Die Gasse ist schmal, das Kopfsteinpflaster drückt sich unangenehm durch die dünnen Sohlen seiner Slipper und ihm ist heiß. Im September ist die Sonne noch sehr kräftig, die meisten Passanten und Urlauber sind mit kurzen Ärmeln unterwegs. Er könnte unter den schattigen Arkaden weitergehen, nur sieht er da weniger. Er könnte auch einfach seine Jacke ausziehen.

Na warte, du, denkt er mürrisch. Wenn ich dich kriege …

Auf gut Glück geht er weiter. Wenig später öffnet sich die Gasse auf den Stadtplatz hin und da entdeckt er zu seiner Befriedigung die Komplizin seiner Göttergattin in einer Eisdiele ihm gegenüber.

Sie ist zwar allein, doch das macht nichts – die Verräterin wird sicher auch bald auftauchen. In der Zwischenzeit kann er ja seinen Charme ein bisschen spielen lassen und die Freundin auf seine Seite ziehen. Schließlich kriegt er alle rum. Und die nicht mehr taufrische Dame sieht ganz so aus, als hätte sie schon länger keinen attraktiven Mann mehr aus der Nähe gesehen, wahrscheinlich lechzt sie danach, hofiert zu werden.

Bella hat sich von Gina getrennt und auf dem Weg zur Eisdiele jeglicher Versuchung widerstanden, sich mit Köstlichkeiten einzudecken. Fast wäre sie beim Blick ins Schaufenster eines Feinkostgeschäfts schwach geworden: Bergkäse mit Heukruste … Südtiroler Speck und Schüttelbrot … Lecker! Stattdessen schüttelt sie nur den Kopf, und zwar energisch. Auch die langen schmalen Päckchen mit verführerischen Gewürzmischungen – scharf für Spaghetti zum Beispiel, oder gar Rosensalz für Verliebte – lässt sie links liegen und bleibt ihrem ursprünglichen Plan treu.

Die Reue darüber verfliegt, als sie vor der Gelateria in der Sonne sitzt und einen Cappuccino bestellt.

Nun bleibt ihr nur, zu warten. Versonnen löffelt sie ihren Milchschaum, da fällt ein Schatten auf ihre Hand.

»Verzeihung … ist bei Ihnen noch frei?«

Vor ihrem Tisch steht ein Mann und lächelt gewinnend auf sie herab.

»Bitte.« Mit einer sparsamen Geste weist sie auf den zweiten Stuhl und der Fremde setzt sich.

»Danke.«

Kurz mustert sie ihn. Er sieht durchaus seriös aus mit seinen angegrauten Schläfen und der gepflegten Freizeitkleidung. Schmales Gesicht, tiefliegende Augen, die Nase ein wenig groß. Sauber rasiert ist er auch und die Hände sind ordentlich manikürt. Und er hat ein sehr gewinnendes Lächeln.

»Darf ich mich vorstellen? Ich bin Armin.« Über den Tisch hinweg deutet er eine Verbeugung an.

»Bella.« Sie nickt höflich und behält so wie er ihren Familiennamen für sich.

Sein Lächeln vertieft sich. »Sehr erfreut. Sind Sie auch auf Wanderurlaub?«

»Mehr auf der Durchreise«, antwortet sie. »Ich mache eine Busreise durch die Alpen.«

»Sie sind zum ersten Mal in dieser Gegend?«

»In den Bergen nicht, in Sterzing schon. Und Sie?«

Sie unterhalten sich, bis die Bedienung kommt. Armin bestellt nach einem Blick auf Bellas Tasse ebenfalls einen Cappuccino. Sie indessen lehnt ab, einen zweiten zu nehmen, und wirft einen unruhigen Blick auf ihre Uhr.

»Haben Sie es eilig, Bella? Das wäre schade.«

»Nein, ich hatte nur erwartet, meine Freundin hier zu treffen, aber sie kommt einfach nicht und ich warte nun schon eine ganze Weile. Das beunruhigt mich.«

»Bestimmt taucht sie gleich auf. Vielleicht wurde sie aufgehalten.«

»Aber wodurch?«

»Sie könnte jemanden getroffen haben.«

»Wen denn? Sie kennt hier doch niemanden.«

Armin macht nun ebenfalls ein besorgtes Gesicht. »Sollen wir Ihre Freundin suchen? Wahrscheinlich hat ihr Ausbleiben einen banalen Grund, aber wenn Sie sich Sorgen machen …«

Banal?, denkt Bella. Wenn du wüsstest … »Sie haben gewiss etwas Besseres zu tun, als eine wildfremde Frau zu suchen«, sagt sie stattdessen.

»Es gibt nichts Besseres, als jemandem helfen zu können, finde ich«, erwidert er mit einem tiefen Blick in ihre Augen. »Fremd oder nicht.«

Schleimer.

»Schöne Maxime.« Bella winkt, um den Cappuccino zu bezahlen.

»Das übernehme ich«, wehrt Armin ab und zückt seinen Geldbeutel schneller, als Bella Nein sagen kann.

Endlich können sie los. Schneller aufbrechen zu wollen, wäre sicher aufgefallen. Dafür musste er der alternden Schönheit auch noch einen Cappuccino ausgeben.

Ihr erster Weg führt in einen Pulloverladen. Typisch für seine Göttergattin. Und er ist es, der dafür dann wieder blechen darf.

Die Verkäuferin bestätigt, dass eine Dame, auf die die Beschreibung passt, tatsächlich bei ihr eingekauft hat.

»Sie hatte einen guten Geschmack und hat sich sofort auf die neue Kaschmir-Kollektion gestürzt«, erzählt sie begeistert.

Kaschmir, denkt er. Natürlich nur vom Teuersten. Von wegen guter Geschmack.

»Wann war das?« Bella hält sich wohl für einen weiblichen Columbo. Hoffentlich dauert das nicht mehr allzu

lange. Er will heute noch samt seiner Angetrauten den Heimweg antreten.

»Ich würde sagen, vor einer halben Stunde.«

»Und weiter? Hat sie irgendetwas gesagt?«

»Oh ja. Sie wollte die Tüte zum Bus bringen, um sie nicht den ganzen Tag tragen zu müssen.«

Bella bedankt sich bei der Verkäuferin. »Jetzt also zum Bus.«

Er eilt hinter ihr her. Am liebsten würde er vorauslaufen, doch Bella darf ja nicht ahnen, dass er genau weiß, wo der Bus steht. Sie haben Glück, die Fahrerin ist anwesend. Sie sitzt in der zweiten Reihe in ein Buch vertieft und öffnet ihnen die Tür erst, als sie ans Fenster klopfen.

»Ja, Frau Mück war hier und hat ihre Wanderstöcke geholt«, gibt sie Auskunft.

»Was wollte sie denn mit ihren Wanderstöcken?«, wundert er sich. Die brauchte sie in der Stadt wohl kaum.

Nun zuckt die Busfahrerin mit den Schultern. »Sie wollte mit der Seilbahn auf den Rosskopf fahren, hat sie gesagt.«

Bella sieht Armin fragend an. »Und nun?«

»Hinterher natürlich. Wir müssen sie unbedingt finden.« Er ist wild entschlossen. »Ist das weit?«, will er noch wissen und schaut in die Richtung, in die die Fahrerin gedeutet hat.

»Hier die Straße hoch«, sagt die. »Denken Sie aber daran, dass ich um siebzehn Uhr losfahre.«

»Das ist kein Problem, ich habe ein Auto«, antwortet er schnell. Seine Frau wird keinen Bus mehr brauchen und Bella ist ihm egal. Die kann genauso gut zu Fuß gehen.

»Sie müssen natürlich nicht mit«, versichert Bella ihm. »Sicher haben Sie andere Pläne.«

Wenn die wüsste! »Die sind nicht wichtig. Mir ist es im Moment wichtiger, Frau Mück zu finden.«

Es dauert nur zehn Minuten und sie kommen an der Talstation der Rosskopfseilbahn an. Es ist wenig los, an den

Kassen wartet niemand. Als sie noch gemeinsam an der Adria Urlaub gemacht haben, sind sie des Öfteren auf der Brennerautobahn unter diesen Gondeln hindurchgekommen. Auf einmal soll er zum ersten Mal mit einer von ihnen hochfahren.

»Sehen Sie – da!« Bella deutet auf ein offensichtlich herrenloses Paar Wanderstöcke, das an einer der Kassen lehnt. »Die gehören Gina!«

»Sicher?«

»Ganz sicher. Sie hatte sie mir mal geliehen und ich habe ein Bonbonpapier darum gewickelt.« Das Stanniol glänzt ihnen entgegen. Kein Zweifel möglich.

»Also müssen wir hinauf«, sagt Armin grimmig. Es gibt kein Zurück für ihn.

»So sieht es wohl aus«, sagt Bella und nimmt die Stöcke an sich. Gina hat gute Spuren gelegt.

Armin kauft zwei Fahrkarten. Bald darauf sitzen sie in einer der Sechsergondeln, die auf den *Monte Cavallo* fahren, wie der Berg auf Italienisch heißt, und schweigen sich an.

Das Alpenpanorama ist atemberaubend. Gern hätte sie mehr Zeit, die Gipfelschau zu genießen, zuerst jedoch muss sie ihren Teil des Plans erledigen.

Oben auf dem Berg weht ein scharfer Wind und Bella zieht den Reißverschluss ihrer Jacke höher.

»Und nun?«, hört sie Armins Stimme.

»Puh.« Ratlos sieht sie sich um. »Fragen wir doch den Mitarbeiter der Bergbahn.« Sie läuft zielstrebig auf den jungen Mann zu.

»Jo, an die erinner ich mich«, sagt der bärtige Adonis in breitem Südtiroler Akzent. »Die isch mir vor die Füß g'falln, weil's g'stolpert isch.«

Oh ja, Gina hat dafür gesorgt, dass sie ihm auffällt.

»Naa, s'isch ihr nichts passiert«, setzt er beruhigend hinzu.

»Hat sie zufällig gesagt, wohin sie wollte?«

»Jo, zum Gipfelkreuz wollt's wandern. Ohne Stöcke, weil die hat's vergessen, hat's g'sagt.«

»Was will sie denn ausgerechnet dort?«, möchte Armin wissen. Er wirkt allmählich tatsächlich so, als würde seine Geduld rapide schwinden. Er wendet sich noch mal an den jungen Mann, der hingebungsvoll seine verspiegelte Sonnenbrille poliert. »War sie allein?«

»Also, des weiß i nicht«, sagt er. »Vielleicht wart't dort ja oaner auf sie.«

»Ist das weit?«

»Naa. In anderthalb Stunden sind's dort und wieder z'ruck. Isch a einfache Streck'n, nur am Kreuz selber, da müss'n S' a bissl aufpassen. Do isch es steil.«

»Gut. Gehen wir«, fordert Armin Bella auf und wirkt mit einem Mal wild entschlossen.

»Sie können noch immer umkehren«, bietet sie an. »Das ist schließlich nicht Ihr Problem.«

»Inzwischen schon«, sagt er energisch. »Also los.«

Gut, dass ich meine Wanderstiefel anhabe, denkt sie, als sie losziehen und dem Wegweiser zum Gipfel folgen.

Sie begegnen kaum jemandem die erste halbe Stunde. Überhaupt sind nur sehr wenige Wanderer unterwegs. Hie und da mal einer oder zwei. Bella findet das für September äußerst erstaunlich – und äußerst hilfreich.

Sie gehen, ohne viel nach rechts oder links zu schauen. Nicht einmal für das historische Startgelände des Ski World Cup Rennens von 1969 haben sie einen Blick übrig. Armin stapft mit seinen Slippern mal neben, jedoch meistens hinter ihr her. Immer wieder gleitet er mit seinen glatten Sohlen aus, dann muss er nachtreten und fängt sich ein paar Mal gerade noch. Bella hört ihn fluchen.

»Na, die kann was erleben.« Armin ist es egal, ob die Tussi das hört oder nicht. Er hat erreicht, was er wollte: Bella führt ihn zu seiner Frau. Er kann also nun getrost aufhören, den Charmeur zu spielen. Charmant ist er bei Gina längst nicht mehr, und sobald er sie gefunden hat, wird er ihr zeigen, was Sache ist. Gruppenurlaub. Bustour. Von wegen. Nach Hause wird es gehen, und zwar hopp-hopp! Wo käme er denn da hin?

Eben passieren sie eine Aussichtsplattform, die rechts des Weges dazu einlädt, das beeindruckende Alpenpanorama zu bewundern, doch das hat ihn noch nie interessiert und jetzt erst recht nicht, denn schon von Weitem sieht er das schlanke Holzkreuz in die Höhe ragen. Daneben eine einsame Gestalt, die an das Gipfeldenkmal gelehnt steht. Natürlich erkennt er sie sofort. Gina kann was erleben, ihn einer solchen Tortur zu unterziehen! Bestimmt hat er ihretwegen Blasen an den Fersen.

Armin lässt Bella hinter sich. Gleich hat er es geschafft. Der Anstieg zum Gipfel hängt ein wenig über, ragt ein bisschen … ins Nichts. Die Kante und den drohenden Abgrund nimmt er kaum wahr, er fliegt geradezu auf das Plateau hinauf. Das ist nicht groß, ein paar Quadratmeter vielleicht. Rundherum geht es ziemlich steil nach unten. Gina sieht ihm entgegen. Wortlos. Mit verschlossener Miene. Armin stützt sich mit den Händen auf den Oberschenkeln ab und muss erst mal verschnaufen.

»So so, die Frau Mück«, sagt er, als er sich wieder aufgerichtet hat.

»Hallo Armin«, antwortet sie. »Hast mich also gefunden.«

»Pah.« Er lacht überheblich. »Deine Freundin hier hat dich mir ja sozusagen auf dem Silbertablett präsentiert. Wie dumm.« Mit einem gehässigen Lachen dreht er sich zu Bella um und wirft ihr einen verächtlichen Blick zu.

»Meinst du?«, sagt Gina. »Kehr lieber um und fahr wieder heim!«

Das könnte ihr so passen! »Kommt nicht infrage, mein Schatz. Ohne dich fahre ich nirgendwohin. Du kommst mit.«

»Ich habe dich verlassen, Armin. Fünfundzwanzig Jahre mit dir reichen mir. Das habe ich dir klipp und klar gesagt.«

»Nun mach kein Theater und komm mit.«

»Auf keinen Fall.« Ginas Stimme wird schärfer.

Was traut die sich eigentlich? Diese freche Lippe wird er ihr zu Hause austreiben, so viel ist sicher.

»Was fällt dir ein? Du hast sie wohl nicht mehr alle! Glaubst du, du kannst einfach so mir nichts dir nichts abhauen, nur weil du meinst, es reicht dir? Was glaubst du, wer du bist?«

»Ich bin eine Frau, die ein Recht auf Respekt und anständige Behandlung hat«, sagt Gina so leise, dass der Wind, der um das Gipfelkreuz weht, ihre Worte fast davonträgt.

»Ha!«, schreit Armin und Empörung schwappt über ihn hinweg. »Gib einfach zu, dass du einen anderen hast. Wie lang geht das schon, hä?«

»Da ist niemand. Mit deiner Bösartigkeit und deinen ständigen Demütigungen ist das Maß endgültig voll.«

»Du spinnst! Und jetzt komm.« Er macht einen Schritt auf sie zu und streckt die Hand nach ihr aus. »Wenn du freiwillig mitkommst, dann vergessen wir diese Sache und alles ist gut. Wir machen einfach so weiter wie bisher und tun, als sei nichts gewesen.«

»Du müsstest dich erst ändern, damit ich zurückkomme.«

Nun wird sie wirklich unverschämt! »Ich mich ändern?

Geht's noch? Schluss mit diesen Spielchen! Kommst du freiwillig mit oder muss ich dich an den Haaren nach Hause zerren?«

»Das wagst du nicht.«

»Na, das wollen wir mal sehen!«

Mit erhobenen Händen stapft er auf Gina zu. Beinahe hat er sie schon erreicht und sieht voller Genugtuung ihr entsetztes Gesicht.

Ja, fürchte du dich nur!, denkt er noch, bevor etwas Seltsames mit seinen Beinen passiert. Ein Wanderstock fädelt sich zwischen seine Knöchel, gerade in dem Moment, wo er so schön in Schwung ist. Und genau deswegen schmeißt es ihn so außerordentlich schwungvoll auf den felsigen Boden. Scheiße!

Er will sich elegant abrollen, doch das konnte er vor dreißig Jahren mal. Stattdessen kullert er in die falsche Richtung, der Kante des Plateaus entgegen, wo es steil hinuntergeht.

»Verdammt, helft mir!«, schreit er und krallt seine Hände in den schmalen Streifen Gras, den er zu fassen bekommt. Seine Beine hängen im Freien und die Schwerkraft zerrt an ihnen.

Die beiden Frauen stehen am Rand und sehen auf ihn herab.

»Gut gezielt, Bella«, sagt seine Frau anerkennend.

»Hilfe!«

»Sollen wir?«, fragt die andere Tussi seine Frau in Seelenruhe.

»Zieht mich endlich hoch!«

»Hm«, antwortet Gina und ignoriert seine Rufe. Das hätte sie sich früher niemals getraut. »Sie warnen immer wieder davor, dass man nicht mit dem falschen Schuhwerk wandern gehen soll. Er wollte nicht hören.«

»Ich kann mich nicht mehr lange halten!«, kreischt er. Nun bekommt er doch ein bisschen Panik, denn die Kraft in seinen Fingern lässt nach.

»Das mit der Hilfe erledigt sich demnächst von selbst«, meint Bella.

»Und das mit sehr viel Stil – allerdings nicht mit seinem.«

»Merkst du auch, wie einsam es im Spätsommer hier oben ist? Bis da jemand die Bergrettung ruft, kann das dauern«, sagt Bella und klingt eindeutig schadenfroh.

Was seine Frau darauf antwortet, versteht Armin nicht mehr, denn er hört nur noch den Wind in seinen Ohren rauschen, der ihn auf dem Weg nach unten begleitet.

Ilona Schmidt

DER MÖRDERHIRSCH

Neustift im Stubaital, Tirol

»Dein Onkel ist tot«, sagte Tante Diana beim Betreten der Küche meines engen Zwei-Zimmer-Apartments. »Er wurde von einem Hirsch aufgespießt.« Wie stets war sie elegant gekleidet, aber ihre Designer-Klamotten schienen heute noch mehr an ihrem dürren Körper zu schlackern als sonst.

»Wie bitte?«, fragte ich. Ein stechender Schmerz fuhr mir in den Finger und ich ließ das Messer auf die Zwiebelstückchen fallen. »Mist, jetzt habe ich mich geschnitten.«

»Du bist und bleibst ein Schussel, Marlene.« Diana zog ein Pflaster aus ihrer Gucci-Handtasche. »Was kochst du da? Sicher nichts Gesundes.«

Lieber ein Schussel als eine Z'widerwurzen wie du, dachte ich. Diana war verwitwet und reich, ich geschieden und arm. Kinder waren ihr zu teuer gewesen und mein Ex hatte mit seiner Neuen für Nachwuchs gesorgt. Trotz ihrer mitunter spitzen Zunge war Dianas Auftauchen eine willkommene Abwechslung in meiner Isolation. »Welcher Onkel?«

»Na, mein Bruder.«

»Warum weiß ich nichts von ihm?«

»Das ist eine lange Geschichte.« Tante Diana wickelte das Pflaster fest um meinen Finger. »Hubertus hat sich schon als junger Bub aus dem Staub gemacht, weil er kein Förster werden wollte. Er ist ins Hotelfach eingestiegen. Danach haben wir nichts mehr von ihm gehört. Nach dem Tod deiner Mutter habe ich ihn gesucht und herausgefunden, dass er als Hoteldirektor auf einem Kreuzfahrtschiff unterwegs war.«

Zumindest erklärte das sein Nichterscheinen bei ihrer Beerdigung vor zwei Jahren. »Da er sich nie für uns interessiert hat, ist mir egal, was aus ihm geworden ist.«

Diana hielt mir einen Brief hin. »Ein Notar in Österreich hat mich zur Testamentseröffnung eingeladen. Genauer gesagt nach Neustift im Stubaital. Kommst du mit?«

Typisch Diana: Sie wollte sich die Anreisekosten sparen, indem ich sie hinfahren sollte. »Wegen eines unbekannten Onkels ist mir das zu umständlich. Außerdem soll ich nach meinem Autounfall nicht fahren, wie du weißt.«

»Dann eben mit dem Bus oder der Bahn.«

Ein Tapetenwechsel würde mir guttun. Zu lange schon saß ich in dem Apartment im dritten Stock fest. Außerdem war ich neugierig, was es mit dem Onkel und der Testamentseröffnung auf sich hatte. »Also gut. Von einem Hirsch getötet …? Das kommt nicht alle Tage vor.«

Nach unserer Ankunft mit dem Bus – mein Ticket hatte ich selbst bezahlt – zeigte sich Neustift von seiner attraktivsten Seite. Die Balkone der Häuser quollen über vor Blumen und in der Ortsmitte schlug die Glocke im Zwiebelturm der Pfarrkirche zur vollen Stunde. Zu meiner Überraschung kannte sich Diana im Ort gut aus, musste also schon öfter hier gewesen sein. Unter einem strahlend blauen Himmel saßen wir vor einem Café, verdrückten herrlich duftende Apfelradeln und tranken dazu eine Melange.

»Schmeckt's?«, fragte Diana. »Mir sind sie zu fettig.«

»Ich finde sie lecker.«

»Über Geschmack lässt sich streiten. Zahlen!«, rief Diana. Da sie kein Trinkgeld gab, legte ich beim Aufstehen zwei Euro auf den Tisch.

Das Büro des Notars lag nur wenige Schritte entfernt, und der entpuppte sich als gutaussehende Notarin. Sie war Mitte Fünfzig, trug einen schwarzen Hosenanzug und zeigte einen harten Gesichtsausdruck. »Was kann ich für Sie tun?«, fragte sie uns nach der Begrüßung.

»Ich bin die Schwester des verstorbenen Hubertus Mertinger. Sie haben mich wegen einer Testamentseröffnung eingeladen«, antwortete Diana schnell, setzte sich auf einen der Stühle vor dem Schreibtisch und hielt sich an ihrer Handtasche fest. »Frau Schmitt hier ist meine Nichte, aber nicht erbberechtigt.«

»Das festzustellen, obliegt ausschließlich mir«, erwiderte die Notarin scharf. Sie zog einen Aktenordner aus dem Regal, öffnete ihn und studierte dessen Inhalt. »Ich warte noch auf Herrn Leitner.«

Diana zog die Luft hörbar ein. »Was will dieser unmögliche Mensch denn hier?«

Bevor ich fragen konnte, was sie damit meinte, sprach die Notarin weiter. »Sie sind verheiratet, Frau Mertinger?«

»Ich bin Witwe. Mein Mann ist verunglückt.«

Die Treppe runtergestürzt, wollte ich hinzufügen, aber da öffnete sich die Tür und ein stämmiger Mittvierziger betrat den Raum.

»Habe die Ehre, die Damen«, sagte er und legte seinen Hut, an dem ein üppiger Gamsbart wippte, mitten auf dem Schreibtisch ab. »Dann legen S' amol los.«

Die Notarin beäugte den Hut mit hochgezogenen Augenbrauen und wandte sich dem Testament zu.

»Zuerst möchte ich den hier anwesenden Hinterbliebenen mein tiefst empfundenes Beileid aussprechen. Herr Mertinger hat dieses Testament am 10. November letzten Jahres aufgesetzt.«

»Kurz vor sei'm Unfall hat er's ändern wolln«, brummte Herr Leitner.

»Das kann jeder behaupten«, fuhr Diana ihn an.

Diese Bemerkung bewirkte eine tiefe Falte auf der Stirn der Notarin.

»Wissen Sie Genaueres?«, fragte ich.

Herr Leitner warf mir einen verschmitzten Blick zu. »Er ist an dem Abend allein auf die Pirsch 'gangen, der alte Sturschädel, weil ich am Mittwochabend immer obi in den Ort zum Jager-Stammtisch fahr. Nit amol sein Hund hat er mitg'nommen.«

»Immerhin hat Ihnen der alte Sturschädel ein hübsches Sümmchen vermacht«, bemerkte die Notarin trocken.

»Der Hubertus hatte Humor. Dem wär's wurscht g'wesen, wie man ihn nennt.« Herr Leitner winkte ab. »Oagflickt hat er den Hirschen. Waidwund g'schossen. Der Hasso hat erscht sein' Herrn und dann den verendeten Hirsch g'funden. Steht vom Hund was im Testament? Den hätt' ich nämlich gern. Der is' eh meistens bei mir g'wesen.«

»Ich würde jetzt gern das Testament verlesen ...«

»Warum wollte er es ändern?«, hakte ich nach.

»Die Herrschaften können hinterher ...«

»Steht was vom Hasso drin?«, bohrte der Leitner nach.

Offenbar war er mehr an dem Hund als an anderen Hinterlassenschaften interessiert, was ihn mir sympathisch machte.

Die Notarin räusperte sich, bevor sie zu lesen begann. »Im Vollbesitz meiner geistigen Kräfte ...« Meine Gedanken drifteten aus dem Büro in den Bergwald zu einem prächtigen Hirsch. Er senkte sein Haupt, brachte sein mächtiges Geweih in Angriffsstellung und kam auf mich zugestürmt.

»Hatte der Hubertus mehrere Stichwunden oder nur eine, Herr Leitner?«

Der sah mich verwundert an. »Da war nur a einzige«, sagte er langsam. »Aber die war sakrisch tief einigangen. Die Halsschlagader hat's dawischt.«

»Dürfte ich bitte fortfahren?«

»Ja, freilich«, sagte Herr Leitner grinsend.

»Meine Schwester Diana bekommt das Hotel *Zur Schönen Aussicht*, und den *Hirschbichler Hof* mein Freund Josef Leitner; zusätzlich fünfzigtausend Euro, den Jeep und die Jagdwaffen.«

»Was ist mit dem Hund?«

Sie stutzte. »Von dem steht nichts drin. Gehört er zum Hof oder zum Hotel?«

»Der gehörte dem Hubertus.«

Die Furche zwischen den Augen der Notarin erschien aufs Neue. »Dann ...«

»Wann bekomme ich den Erbschein, um das Hotel übernehmen zu können?«, fragte Diana mit erhobener Hand.

»So etwas gibt es bei uns in Österreich nicht. Das Verlassenschaftsgericht wird Ihnen einen Einantwortungsbeschluss zustellen. Erst dann können Sie darüber verfügen.«

Damit waren wir entlassen. Auf dem Weg nach draußen wurden wir von Herrn Leitner angehalten. »Was soll mit dem Hasso g'schehn?«

»Was soll ich damit? Der wird verkauft«, antwortete Diana knapp. »Was ist so ein Jagdhund wert?«

Leitners Gesicht verfärbte sich knallrot. »Der Hubertus hat recht g'hobt, wenn er Sie als geldgierig b'schrieben hat.« Damit stapfte er davon.

»Puh, was für ein schrecklicher Mensch«, stöhnte Diana.

Im Moment erschien sie mir als das größere Übel. Ich hätte daheimbleiben sollen.

Diana hatte es eilig, ihr Erbe in Augenschein zu nehmen. Sie wählte eine Nummer auf ihrem Handy und verlangte, sofort abgeholt zu werden. Es dauert nicht lange und ein SUV mit dem Hotellogo auf der Tür fuhr vor.

»Los, steig ein«, sagte sie.

Wir wurden tiefer ins Tal hineinchauffiert, um dann über eine Bergstraße, die durch dichte Nadelwälder und an saftigen Wiesen vorbeiführte, vor einem Haus im alpenländischen Stil anzuhalten. Die Außenwände des Erdgeschosses waren strahlend weiß gekalkt, die fünf Stockwerke darüber aus Holz und mit blumengeschmückten Balkonen versehen. Ein Anblick wie aus einem Reiseprospekt.

Einfach ein schönes Fleckchen Erde, aber meine Gedanken drehten sich um den Jagdunfall meines Onkels. »Ich kann das mit dem Hirsch nicht glauben.«

»Meinst du, der Leitner hat ihn auf den Hubertus gehetzt, damit er ans Erbe kommt?« Diana schüttelte den Kopf und stieg aus dem Auto. »Du und deine dummen Ideen.«

»Herzlich willkommen, Frau Mertinger.« Eine Dame im roséfarbenen Dirndl und mit brünetten Haaren kam aus dem Hoteleingang auf uns zu. Ihr Händedruck war fest, ihr Lächeln aufgesetzt. »Ich bin Susanne Hertel, die Hotelmanagerin«, sagte sie zu mir mit einem leicht österreichischen Akzent.

»Ob Sie Ihren Job behalten, werde ich zu gegebener Zeit entscheiden«, sagte Diana spitz.

Frau Hertels Lächeln verschwand blitzartig. Mir war Dianas Verhalten unendlich peinlich, aber offenbar kannte sie die Dame bereits. Auf dem Weg ins Innere flüsterte sie mir zu: »Sie war Hubertus' Geliebte. Die dachte wahrscheinlich, dass sie alles erbt.«

Das erklärte Dianas arrogantes Auftreten, aber nicht, woher sie das wusste. »Du warst schon öfter hier?«

»Ja, einmal, ganz kurz. Hubertus hat mich eingeladen, um etwas Wichtiges mit mir zu besprechen.«

Frau Hertel führte uns in die Lobby, in der sich der alpenländische Charakter des Hauses fortsetzte. Rezeption und Restaurant strahlten Gemütlichkeit aus. Außerdem luden ein Wellnessbereich sowie ein Kaminzimmer zum Entspannen ein.

»Ich möchte jetzt die Bücher einsehen«, sagte Diana, nachdem sie alles inspiziert hatte.

Ich kam mir überflüssig vor und beschloss, mich draußen ein wenig umzusehen. »Folgen Sie einfach dem Fahrweg und sagen dem Sepp Leitner drüben auf dem *Hirschbichler Hof*, dass es heut Abend Kaspressknödel gibt – sein Leibgericht«, erwiderte Frau Hertel, nachdem ich sie nach einem schönen Aussichtspunkt gefragt hatte.

Die würden mir auch schmecken. Ich verabschiedete mich und folgte dem schmalen Schotterweg, der am Hang entlangführte.

Von hier oben hatte man einen wunderbaren Blick über das gesamte Stubaital. Die Berge trugen weiße Hauben, hatten ihre rote und gelbe Herbstkleidung angelegt und wurden von einem dunkelgrünen Schal aus Fichtenwäldern umhüllt. Von den Almen drang das Geläut der Kuhglocken zu mir herüber. Bald schon würde der Almabtrieb stattfinden.

Wie befreit atmete ich tief ein. Ich konnte förmlich sehen, wie der Ballast der Bitterkeit der letzten Jahre den Abhang hinunterrollte.

Ein gutes Stück weiter schmiegte sich der Bauernhof, dessen Holzwände so dunkel waren wie der Wald dahinter, an einen Hang. Beim Annähern wurde ich von einem grazilen mittelgroßen Hund mit rotbraunem Kurzhaarfell, schwarzem Gesicht und Schlappohren gestellt. Schnuppernd hielt er seine Nase in meine Richtung. Ich mochte Hunde und sie mich. Auch der hier zeigte durch Schwanzwedeln, dass er mir freundlich gesinnt war, was mich ermutigte, weiterzugehen.

Kaum näherte ich mich dem Haupthaus, trat Herr Leitner in Jeans und grünem Lodenjanker daraus hervor. Offensichtlich ein moderner Bauer mit Sinn fürs Traditionelle. Ein fescher Kerl.

»Frau Schmitt, richtig?«, begrüßte er mich freundlich. »Griaß-Eana. G'fallt's Eana hier herob'n am *Hirschbichler Hof*?«

»Oh ja. Sehr sogar. Hat der mal einem Hirschbichler gehört?«

»Bichl heißt so viel wie Berg, und Hiasch gibt's aa welche. Jetzt, wo der Hof mir g'hört, bin i der Hirschbichler Bauer.« Mit stolzgeschwellter Brust strahlte er mich an.

»Da haben Sie wirklich etwas Wunderschönes geerbt, Herr Leitner.«

»Des kann ma laut sagen. Ihre Tante, der alte Drachen, kann mit ihrem Anteil aber auch zufrieden sein.«

»Die nistet sich gerade in ihrem Hotel ein.«

Sein Gesicht verfinsterte sich, aber als ich mich nach unten beugte, um den Hund zu streicheln, hellte es sich wieder auf. »Des ist der Hasso vom Grünen Hof.«

»Oh, ein Rassehund.«

»Ein Bayrischer Gebirgsschweißhund, um g'nau zu sein.«

»Mir geht die Geschichte mit dem Unfalltod meines Onkels nicht aus dem Kopf.«

»Ja, des war scho seltsam«, sagte er nachdenklich. »Kommen S' mit eini. Im Jagdzimmer zeig ich Ihnen a paar starke G'weihe.«

Drinnen war alles kleiner als im Hotel – die Fenster, die Zimmer –, wodurch es heimeliger wirkte. Hier fühlte ich mich auf Anhieb wohl. Der leicht säuerliche Geruch von Käse stand in der Luft. In der guten Stube stand ein grüner Kachelofen und an den Wänden hingen Gamsgehörne und imposante Hirschgeweihe; darunter sogar ein Sechzehnender.

»Wo genau wurde mein Onkel verletzt?«

»Na ja, eins der G'weihenden is' seitlich in die Schlagader eini.« Er deutete mit dem Zeigefinger an eine Stelle seines Halses. »Als der Hubertus nit heimkommen is', ham wir zwei uns auf die Suche g'macht. Der Hasso hat ihn g'funden.«

»Merkwürdig.«

Wie schon bei der Notarin, blinzelte er mich verwundert an. »Er muss sich 'bückt ham oder is' vielleicht g'stürzt, als er ihm hat ausweichen woll'n. Komisch war, dass die von der Polizei am G'weih kei' Blut g'funden ham.«

»Hätte es nicht auch ein Messerstich sein können?«

»Des hab i zearscht a dacht, aber dann ham s' bei der Leichenöffnung so a Analyse g'macht, und dabei festg'stellt, dass der Stich von am Hirschg'weih stammt.«

»Finden Sie das nicht auch merkwürdig?«

»Freilich hab i mi g'wundert. Deshalb hat der Kommissar auch alle, die mit'm Hubertus zu tun hatten, vernommen. Mi a. Und die Susanne vom Hotel. Als dann des Ergebnis kommen is', war plötzlich Schluss mit den Ermittlungen.«

In einer Ecke lagen auf einem Tisch mehrere Geweihstangen. Ich deutete darauf und fragte: »Was ist mit denen?«

»Des san Abwurfstangen. Die hob i im Woid gfunden. Meist find' ma die an Futterstellen. Jedes Jahr im Winter wirft a Hirsch sei G'weih ab und schiebt in den nächsten Monaten a neu's nach.«

Ich betrachtete die darauf liegenden Objekte genauer. Eines stach mir sofort ins Auge, denn an einem der spitzen Enden schimmerte es schwarzbraun. »Schauen Sie mal da. Könnte das getrocknetes Blut sein?« Ich deutete mit dem Finger auf die Stelle.

Herr Leitner stutzte und beäugte das Teil misstrauisch. »Des is' mir gar nit aufg'falln.«

»Wir sollten sie bei der Polizei vorbeibringen, um sie genauer untersuchen zu lassen.«

»Wenn S' moana? Am besten wir stecken's in a Plastiksackerl, damit ma keine Spuren verwischen.«

»Spitz genug, um jemanden damit zu erstechen, ist sie.«

»Etwa so?« Er deutete einen seitlich geführten Schlag an und setzte dabei ein grimmiges Gesicht auf.

Oh Gott! Ich sog die Luft ein, in mir verkrampfte sich alles. »Haben Sie ihn auf dem Gewissen?«, stammelte ich.

»Warum sollt' ich den Hubertus umbringen? Mia war'n beste Freind und bei ihm ging's mir gut.« Er senkte den Arm. »Könnt schu sei', dass jemand die Stange als

Waffe benutzt hat. A bisserl Kraft braucht's aber, um damit jemanden abzustechen.«

»Und ein argloses Opfer, das seinen Angreifer kennt«, presste ich hervor. »Ich frage mich, wer von seinem Tod profitieren könnte?«

»Da gibt's kaum jemanden. Den Hubertus hat jeder gut leiden meg'n.«

Als Nutznießer von seinem Tod kamen nur Herr Leitner und meine Tante in Betracht. Frau Hertel fiel aus, denn die war im Testament nicht berücksichtigt worden. Könnte es sein, dass Diana …? »War meine Tante öfter hier?«

»Ja freilich. Die hat ständig rumg'meckert und sich über jeden Fliegenschiss aufg'regt. I woaß a net, was der Hubertus an der alten Bissgurk'n g'funden hat.«

»Sie hat ihm nach dem Tod ihrer gemeinsamen Schwester einen Brief geschrieben.«

»Ja, i' woaß. Er hat sich zeascht sakrisch g'freit, weil sie sich g'rührt hat. I' glaub, er hat a schlecht's G'wissen g'habt.« Er zuckte mit den Schultern. »Zwei-, dreimol is s' danach schu da g'wesen. Nacha war er nit so glücklich mit ihr.«

»Trotzdem traue ich ihr einen Mord nicht zu. Obwohl …«

»Obwohl wos?«

»Ihr Mann ist bei einem Treppensturz ums Leben gekommen.«

»Hoi! Warten S', ich hol g'schwind a Sackerl.« Gleich darauf kam er wieder und schob die Abwurfstange, ohne sie direkt zu berühren, hinein.

Draußen fing Hasso wild zu bellen an. Herr Leitner und ich wechselten einen Blick. Gemeinsam eilten wir ins Freie. Diana stand auf dem Fahrweg, der Hund knurrend vor ihr.

»Scheiß Köter«, stieß sie hervor.

»Der Hund scheint dich nicht zu mögen«, sagte ich. »Vielleicht bist du ihm mal auf den Schwanz getreten?«

»Unsinn. Der wird jeden Fremden ankläffen.«

»Jedenfalls kennt er dich.«

»Ich hab die Töle noch nie gesehen«, schleuderte sie mir mit schriller Stimme entgegen.

»Ja, du liagst ja wia druckt«, sagte Herr Leitner und ging auf sie zu »Du warst doch schu öfter hier herob'n, bist sogar manchmal mit 'm Hubertus auf d'Jagd ganga. Der Hasso kennt di ganz g'wiss.«

»Wollen Sie mich als Lügnerin hinstellen?« Als ihr Blick auf die Tüte fiel, wich sie einen Schritt zurück und deutete auf den Teil der Abwurfstange, der daraus hervorlugte. »Was haben Sie damit vor?«

Bevor Herr Leitner antworten konnte, sagte ich: »Das ist die Abwurfstange von einem Hirsch. Die bringt er jetzt zur Polizei.«

»Geben Sie sie her!«, kreischte sie. »Der will die Blutspuren daran vernichten. Er war es, der den Hubertus damit umgebracht hat!«

»Woher weißt du, dass Blutspuren dran sind? Und warum hast du mich belogen, als du sagtest, dass du nur einmal hier gewesen bist?«

»Weil … weil … Warum sonst will er das Ding zur Polizei bringen?«

»Du hast ihn auf dem Gewissen«, sagte ich ruhig.

»So eine Unverschämtheit. Und das von der eigenen Nichte!«, schrie Diana und stapfte wutentbrannt davon.

Ich zog mein Handy aus der Hosentasche.

»Wählen S' die Nummer 059-133«, sagte Herr Leitner augenzwinkernd. »Da landen S' direkt bei der zuständigen Dienststöll'.«

Einige Tage darauf ließ ich mir auf einer Bank im Vorgarten des *Hirschbichler Hofs* die Wildsalami und den Bauernspeck auf einem kernigen Landbrot schmecken. Ein fruchtig frischer Chardonnay aus einem Nachbartal rundete den Gaumengenuss ab. Josef Leitner langte ebenfalls kräftig zu, während Hasso neben ihm lag und aufpasste, dass kein Krümel zu Boden fiel. Eine Gruppe Wanderer marschierte winkend an uns vorbei. Heute wehte ein kühlerer Wind, aber die Sonne wärmte noch. Ich hätte so gern alles einfach genossen, aber eine Mörderin in der eigenen Familie – unbegreiflich.

»Ich fasse es einfach nicht, dass Diana zu so etwas fähig war, Sepp«, sagte ich. »Ohne ihre Hautpartikel an der Abwurfstange wäre es schwer gewesen, ihr den Mord nachzuweisen.«

»Nimm's dir net so zu Herzen. I frag mi nur, warum. Aus Habgier?«

»Sie wollte sich das Erbe sichern, nachdem der Hubertus geäußert hat, dass er schwer herzkrank sei und das Hotel der Susanne vermachen würde.«

»Des Hotel wird jetzt dir zufall'n.« Sepp legte seine Hand auf meine. »Bis des ois g'regelt is, wollast bei mir auf 'm *Hirschbichler Hof* bleib'n?«

»Da ich von Gastronomie keine Ahnung habe, werde ich die Führung des Hotels der Susanne überlassen.« Sollte ich mein altes Leben in München aufgeben und hierherziehen? Was hielt mich davon ab? Nichts. Als selbständige Grafik-Designerin konnte ich genauso gut von hier aus arbeiten. Auch Bäuerin des *Hirschbichler Hofs* zu werden, war eine schöne Alternative.

Das Fell des Hundes fühlte sich weich und warm an. »Ich hätte nie gedacht, dass ein Hirsch einmal mein Schicksal bestimmen wird.«

»Moanst mi damit? I wär schu gern dei Platzhirsch, Marlene.«

»Gut, aber nur, wenn du mir ein bisserl die Gegend zeigst. Den Grawa Wasserfall zum Beispiel.«

»Jo sella! Gern.« Lachend legte er seinen Arm um meine Schultern und hauchte mir ein Busserl auf die Wange.

Cornelia Härtl

DER LETZTE GRAPPA

Patsch, Tuxer Alpen

Sie kommt um zehn.

Er wartet etwas oberhalb am Hang. Das atemberaubende Panorama der Tuxer Alpen jedoch interessiert ihn genauso wenig wie der kleine, unter ihm liegende Ort Patsch mit seinem hoch aufragenden, hellen Kirchturm. Der Blick des Mannes ist auf die Straße gerichtet. Gemächlich kriecht ein Ausflugsbus herauf. Er hält an der Römerstraße. Ein älteres Ehepaar in farblich identischer Wanderkluft steigt aus, die Hosen schwarz, die Hemden blau. Eine Familie, die Mutter wirkt hektisch, der Vater genervt, die Kinder wuseln aufgeregt umher. Ein Alleinreisender, groß und dünn, den länglichen Kopf etwas nach vorn geneigt. Er sieht aus wie ein Storch und so geht er auch.

Die Türen schließen sich. Der Bus fährt weiter. Vermutlich hinauf zum Innsbrucker Hausberg, dem Patscherkofel.

Sie war nicht im Bus.

Sie ist immer pünktlich. Man kann die Uhr nach ihr stellen.

Er erhebt sich bereits, da sieht er das Taxi. Es hält direkt vor dem Hotel *Bärenwirth.*

Die Frau wirkt selbst auf die Entfernung zerbrechlich. Ihr helles Haar wird von einem leichten Wind angehoben. Es erinnert ihn an Zuckerwatte. Der Taxifahrer hievt eine Reisetasche aus dem Kofferraum. Sie bedankt sich. Geht zügig ins Haus. Na also. Alles läuft wie angekündigt.

Das Erste, was sie tun wird: Sie macht einen Spaziergang hinauf auf den Berg.

Ihre Lieblingsstrecken kennt er bereits.

Sie ist ein Gewohnheitstier bei allem, was sie tut.

Ungefähr eine halbe Stunde, rechnet er. Dann wird sie sich frisch gemacht und umgezogen haben.

Er verlässt seinen Platz, geht hinunter zum Hotel. Er schlendert ins Café, bestellt sich einen Espresso und greift nach einer für Gäste bereitliegenden Tageszeitung.

Doch Corrado Cavallini liest nicht. Seine Gedanken schweifen ab. Dieses Österreich ist ganz hübsch, das Wetter für die erste Septemberwoche noch sommerlich warm. Doch nichts hält für ihn dem Vergleich mit seiner kalabresischen Heimat stand. Ganz abgesehen davon, dass er das Meer schon immer lieber mochte als die Berge. Bald wird er dort wieder seinen *caffè* trinken können.

Sie haben zwei Tage Zeit. Dann muss die Sache erledigt sein.

Er wollte ablehnen. Bis er, ein bisschen genervt von der Penetranz seiner Auftraggeber, dachte: *Va bene*. Nur das eine Mal noch. Danach begann er mit den Vorbereitungen. So wie immer. Denn bei allem, was er tut, achtet er akribisch genau darauf, dass die Dinge exakt so ablaufen, wie seine Auftraggeber es wollen. Oder vielleicht sollte man sagen, es war über viele Jahre hinweg bis vor Kurzem so gewesen. Denn im Laufe der vergangenen Monate hatte er feststellen müssen, dass er in einigen Dingen nicht mehr ganz so bei der Sache war. Noch war das keinem Außenstehenden aufgefallen. Was für Corrado ein Glück war, denn in seinem Gewerbe bedeutete Nachlässigkeit nicht selten, mit einer Kugel zwischen den Augen auf einer Müllkippe oder mit einem Betonblock um die Füße auf dem Grund des Meeres zu landen.

Das will er ganz sicher nicht riskieren.

Sie verlässt das Hotel ungefähr eine halbe Stunde später. Er folgt ihr mit bequemem Abstand. Betrachtet die zierliche Gestalt, wie sie, ausgestattet mit Wanderstiefeln und -hose, eine leichte Jacke um die Hüften gebunden, kräftig ausschreitet. Der kleine Rucksack hüpft auf ihrem Rücken. Sie nimmt den Wanderweg zum *Meissner Haus*. Der ist teilweise schmal und nicht allzu sehr bevölkert. Als wollte sie es ihm einfach machen. Während sie in gleichmäßigem Tempo geht, spürt er jede seiner geliebten Filterlosen, die er seit vielen Jahren raucht. Die er nicht aufgeben will, trotz allem. Wie gut, dass er die Strecke bereits abgeschritten ist. Dichter Wald, teils steil abfallend. In der Luft liegt der Duft nach Kräutern, Moos und Blüten. Auch etwas, das ihn gar nicht interessiert. Es geht bei diesem Ausflug um etwas Anderes. Nicht nur für ihn, auch für sie, aber das ahnt sie ja nicht. Corrado kennt die Stellen, die für sein Vorhaben infrage kommen. Und sie nähern sich der ersten. Er holt auf, doch eine entgegenkommende Gruppe von drei Männern veranlasst ihn, sich etwas zurückfallen zu lassen.

Es muss aussehen wie ein Unfall.

Ein Schmetterling umflattert ihn. Am Himmel kreist ein Raubvogel. Vor einer Wegbiegung bleibt sie stehen, beugt sich zu ihrem Schuh hinunter, der Schnürsenkel hat sich gelockert. Plötzlich taucht der Mann, der wie ein Storch geht, aus dem Unterholz auf. Seine Schritte sind schnell und zielstrebig. Er sieht Corrado nicht. Die Frau dreht sich um, macht einen unbedachten Schritt nach hinten. Ein paar Steine lösen sich unter ihren Schuhen, sie rutscht ab und gibt einen Schmerzenslaut von sich, als sie auf die Knie fällt. Corrado ist bei ihr, bevor er denken kann, reicht ihr die Hand und zieht sie hoch. Der Storch steht wie erstarrt. Dann dreht er sich abrupt um und setzt seinen Weg in Richtung Tal fort.

»Wie unhöflich.« Corrado starrt dem anderen hinterher.

»Er hat mich erschreckt. Sonst ist nichts passiert.« Sie klopft sich ein bisschen Erde von der Hose.

Sie sind jetzt ganz allein. Keiner vor und hinter ihnen auf dem Weg. Jetzt könnte er es tun … und dann …

»Danke Ihnen!« Sie streckt ihm die Hand entgegen. Er nimmt sie, hält sie fest. »Elisabeth Radner. Wollen wir ein Stück gemeinsam gehen, Herr …«

Er lässt ihre Hand los, als hätte er sich verbrannt.

Sie lächelt. Zarte Fältchen erscheinen um ihre Augen, die ihn so arglos ansehen. »Entschuldigung, ich kenne Ihren Namen nicht.«

»Corrado«, würgt er hervor.

»Ah, Sie sind Italiener. Wie schön. Ich liebe Italien. Ein wunderbares Land. Gute Küche. Freundliche Menschen. Alles ist dort so voller Leben.« Sie ist es auch. Noch. Wenn sie wüsste … Noch immer niemand am Weg.

Man erledigt einen Job bei der ersten sich bietenden Gelegenheit und verschwindet wieder.

»Geht es mit dem Fuß?« Er greift nach ihrem Ellbogen.

Ein tödlicher Schlag in den Nacken, ein heftiger Stoß. Finita la musica.

»Ja, es geht. Aber vielleicht setze ich mich trotzdem kurz hin.«

Sie befreit sich aus seinem Griff und er lässt es zu. Nur ein paar Meter weiter sinkt sie auf einen bemoosten

Baumstamm. Er bleibt neben ihr stehen, ohne sich zu rühren. Verdammt! Was tut er da?

»Sind Sie allein hier?«, will sie von ihm wissen.

»Ja.«

Keine wie auch immer geartete Beziehung zur Zielperson aufbauen. Niemals!

»Wie ungewöhnlich. Sie und Ihre Landsleute sind doch solche Familienmenschen.« Sie lacht und blinzelt ein bisschen ins Sonnenlicht, das durch das Grün der Bäume gesprenkelt auf sie fällt. »La famiglia. Nicht wahr?«

»Ich habe keine große Familie«, hört er sich sagen. »Und Sie?«

Ihr Gesicht verschließt sich. »Mein Mann ist vor zwei Jahren gestorben. Seither besteht meine Familie aus zwei völlig zerstrittenen Parteien. Sie sind sich nur in einer einzigen Sache einig, nämlich wenn es gegen mich geht. Mit ein Grund, warum ich mir immer wieder ein, zwei Tage hier in den Bergen gönne. Es gibt nichts, was mich mehr erdet. Beim Wandern verfliegen alle Sorgen. Nicht wahr?«

Ein feines Lächeln umspielt ihre Lippen. Er gibt einen Ton von sich, der alles Mögliche bedeuten könnte. Das ist nicht gut. Gar nicht gut. Er muss hier weg.

»Ich bin die zweite Ehefrau gewesen, wissen Sie? Und wir hatten keine eigenen Kinder.« Sie seufzt. »Warum erzähle ich Ihnen das alles?«

Ja, warum? Er will es gar nicht wissen. Inzwischen ist der Weg wieder belebter. Ein ganzes Rudel Touristen kommt ihnen entgegen.

»Schade«, murmelt sie leise und hält sich den Knöchel. »Ich werde es heute wohl nicht so weit schaffen, wie ich wollte.«

Er auch nicht.

Am Abend sucht er sich im Restaurant einen Platz möglichst weit weg von ihr. Gerade so, dass er sie noch beobachten kann. Es hat sich keine Gelegenheit mehr ergeben. Es ist seine Schuld. Er ist zu abgelenkt. Abgelenkt von Dingen, die keine Rolle spielen dürfen.

Als Profi konzentriert man sich auf das, was zu erledigen ist. Basta.

Sie wirkt einsam, so wie sie da an ihrem Tisch sitzt. Mit Geld kann man halt nicht alles kaufen. Dass sie reich ist, das weiß er. So reich, dass sie ihm sogar mehr bezahlen könnte als seine Auftraggeber. Wäre er empfänglich für einen Wechsel. Ist er nicht. War er nie.

Man verlässt sich auf Sie. Sie haben einen Ruf.

Einen Ruf zu verlieren, heißt das. Wenn sie wüssten, wie egal ihm das in der letzten Zeit manchmal ist. Sein Auftrag sitzt immer noch quietschlebendig hier. Löffelt ihre Suppe. Zwei Tische weiter sitzt der Storch. Er glotzt sie verstohlen an. Dabei ist er höchstens vierzig. Fünfzehn Jahre jünger als sie, vielleicht sogar zwanzig. Ob er ein Gigolo ist? Aber so, wie er aussieht … Corrado hat sich selbst nie für ein Geschenk des Himmels an die Frauen gehalten. Selbst seine warmherzige Mutter, Gott hab sie selig, hielt ihn, klein, mit krummen Beinen, einer schiefen Nase, Blumenkohlohren und Händen so groß wie Bratpfannen, für *ein bisschen verunglückt*.

Wider Willen muss er schmunzeln. Er spricht nicht oft über sich, aber was er der Frau ein paar Tische weiter am Nachmittag erzählt hat, stimmt. Enge Verwandte hat er keine mehr. Genauso wenig wie Freunde. Früher hat er darüber nicht nachgedacht. Überhaupt – noch selten hat er sich bisher erlaubt, Rückschau zu halten. Bei einer dieser seltenen Gelegenheiten ist ihm kürzlich aufgefallen, wie einsam es um ihn geworden ist. Auch beruflich. Viele alte Weggefährten weilen schon lange nicht mehr auf dieser Welt. Und den wenigsten davon war ein natürlicher Tod vergönnt. Er selbst hat sein gefährliches Leben bisher gut überstanden. Und nun das. Die Nachricht, die ihm sein *medico* vor einigen Wochen überbringen musste, hat ihn buchstäblich umgehauen.

»*Mi dispiace* – es tut mir leid«, hat er gemurmelt und Corrado noch nicht einmal richtig ansehen können dabei. Nein, keine Kugel und kein Messer werden ihn ins Jenseits befördern. Es ist etwas, das still und leise in seinem ausgemergelten Körper wuchs und ihn bald endgültig bezwingen wird. Corrado spürt es schon eine Weile. Er spürt es daran, dass ihm das Essen nicht mehr schmeckt, sein geliebter Espresso ihm Übelkeit verursacht und er Nacht für Nacht schweißgebadet aus dem Schlaf schreckt. Er sieht es im Spiegel. An den dunklen Schatten unter seinen Augen und der fahlen Blässe seiner Haut. Bald wird er dem Sensenmann gegenüberstehen und diese Welt verlassen. Den Tod hat er bisher nicht gefürchtet, obwohl er ihn auf viele Arten kennengelernt hat. Seine Opfer hat er sich nicht ausgesucht, das waren andere. Männer, die Befehle gaben und nichts weiter hören wollten, als dass sie erfüllt wurden. Aber er war es, der den Unglücklichen in der letzten Sekunde in die Augen sehen musste. Das hat ihn nie gestört. Doch nun, da er selbst sich nahe diesem Abgrund stehen sieht, spürt er etwas beim Gedanken an die Endgültigkeit dieses Abschieds. Ein fremdes Gefühl, für das er keinen Namen hat. Heute Nachmittag ist es urplötzlich aufgetaucht. Als er diese Frau vor sich stehen sah. Sie hätte töten können. Die Chance hat verstreichen lassen.

Wie dumm von ihm. Nun muss er eine andere Gelegenheit suchen. Noch während er darüber nachdenkt, ob es sich für sein Vorhaben als günstig erweisen könnte, dass die Frau ein Zimmer mit Balkon bewohnt, tritt sie zu seinem Entsetzen an seinen Tisch.

»Sie waren so nett zu mir heute Nachmittag. Darf ich Sie auf einen Kaffee einladen?«

Er will ihr diese Bitte bereits abschlagen, überlegt es sich dann aber anders.

»Einen Grappa vielleicht?«

Sie lächelt unsicher. »Warum nicht? Für Sie einen Grappa, für mich einen Espresso.«

»Nein, nein. Wenn ich Ihre Einladung annehme, müssen Sie mit mir trinken. Es muss ja kein Grappa sein. Der Zirbenschnaps hier soll exzellent schmecken.«

Sie trinkt keinen Alkohol. Verträgt ihn nicht.

Sie nickt zögerlich und setzt sich. »Bisher kannte ich nur den Zirbelkiefer-Wald hier in der Nähe. Aber warum nicht auch den Schnaps probieren?«

Dumm nur, dass jetzt jeder sieht, wie sie zusammensitzen. Andererseits – er ist nicht der Einzige, mit dem sie sich hier unterhalten hat. Niemand wird einen Unfall mit ihm in Verbindung bringen. Denn niemand wird jemals auf die Idee kommen, dass es kein Unfall war. Corrado gilt nicht umsonst als einer der Besten. Die Kellnerin kommt, Elisabeth Radner bestellt zwei Espressi, einen Zirbenschnaps (»aber einen ganz kleinen, bitte!«) und einen Grappa.

Irgendwo knallt ein Sektkorken und sein Gegenüber fährt sichtbar zusammen. »Meine Güte, ich bin schreckhaft geworden«, murmelt sie. »Gestern in Innsbruck hätte mich beinahe ein Auto überfahren. Ich konnte mich Gott sei Dank in letzter Sekunde in Sicherheit bringen.« Sie schüttelt leicht den Kopf. »Vielleicht war ich deswegen noch so fahrig heute Nachmittag.«

»Es ist ja nichts passiert«, entgegnet er.

Leider.

Ihre Bestellung kommt und sein Gegenüber hebt das Glas mit dem Schnaps. »Wie sagt man auf Italienisch? Salute?«

»Ja. Und auf Deutsch? Zum Wohl?«

Selten waren Trinksprüche so unpassend.

Sie ahnt nichts. Sie lacht und setzt ihr Glas an.

Corrado tut es ihr gleich und kippt den Grappa. Er weiß, dass er es bereuen wird. Doch das ist es nicht, was ihm einen kühlen Schauer über den Nacken laufen lässt. Sein Blick kreuzt jetzt den eines anderen. Der Storch beobachtet sie mit zusammengekniffenen Augen. Und während der Grappa seinen Magen wärmt, bevor der Schmerz kommt, der ihn nun seit Monaten begleitet und dem er inzwischen einen Namen geben kann, begreift Corrado, was hier gerade vor sich geht.

Kollegen erkennen sich.

Elisabeth Radner hat bereits rote Wangen, dabei hat sie an ihrem Schnaps lediglich genippt. Gerade erzählt sie ihm, dass sich in der alten Gaststube des Hotels schon 1809 die Freiheitskämpfer getroffen haben. Dabei wühlt sie in ihrer Tasche herum. Die Medikamentenschachtel erkennt er auf Anhieb, es ist dieselbe wie seine eigene. Der Anblick löst bei ihm ein Ziehen im ganzen Körper aus.

Wenig später erhebt sie sich, um auf ihr Zimmer zu gehen. Er ist nicht der Einzige, der ihr hinterhersieht. Ein Gedanke durchzuckt ihn, während auch der Storch nun seinen Tisch verlässt. Die Dinge nehmen Gestalt an. Auch wenn es eine andere ist als vorgesehen.

Zwei Tage später sitzt Corrado Cavallini in seinem Heimatort Santa Domenica auf der Terrasse der Bar *Giardino delle Rose* und betrachtet lächelnd die Auto- und Mopedfahrer, die das begrünte Rondell um den kleinen Platz davor mit lautem Hupen umkreisen. In der Hand hält er sein Smartphone. Aufgerufen hat er die Seite einer österreichischen Zeitung.

»Radner-Stiftung nimmt Arbeit auf«, lautet die fette Schlagzeile. »Gestern unterzeichnete die Unternehmerwitwe Elisabeth Radner die Verträge, die das Erbe ihres Mannes in eine Stiftung für wohltätige Zwecke überführen. Ihr Gatte habe genau das gewollt, gab sie bei einem anschließenden Presseempfang bekannt. Leider kam er vor seinem Tod nicht mehr dazu, darum vollende ich nun sein Werk, fuhr die als Wohltäterin bekannte Radner fort. Sie selbst stamme aus einfachen Verhältnissen und wisse sehr genau um die Verantwortung, die man als Privilegierte trage. Aus der Familie war niemand sonst anwesend. Es gilt als offenes Geheimnis, dass alle Verwandten die Idee der Stiftung bis zuletzt heftig bekämpft hatten.«

Ob sie ahnt, wer ihr die kleine Karte mit den Worten »Bitte, passen Sie auf sich auf!« unter der Tür durchgeschoben hat? Bevor er im Morgengrauen das Hotel verließ, um mit demselben Bus abzufahren, mit dem einen Tag zuvor der Storch angekommen war. Vielleicht saß er sogar auf dessen Platz, wer weiß?

Elisabeth Radner wird nie erfahren, welchem winzigen Zufall sie letztendlich ihr Leben verdankt. Ihre Chance, die vielleicht besser ist als seine eigene. Corrado lächelt und scrollt zu einem anderen, wesentlich kleineren Beitrag derselben Zeitung.

»Tod eines Touristen gibt immer noch Rätsel auf.« Die Rede ist von einem Mann, der vom Balkon seines Hotelzimmers aus in den Tod gestürzt ist. Nicht mehr ganz nüchtern, was vielleicht das Geschehen erklärt.

Corrado schaut versonnen vor sich hin. »Ich glaube, wir sind in derselben Branche tätig.« Mit diesen Worten hatte er sich dem Storch vorgestellt. Und vorgeschlagen, diese neue Bekanntschaft an der Hotelbar zu begießen. »Wie wäre es mit einem Grappa und einem kleinen Plausch unter Kollegen?«

Ja. Manchmal muss man seine Pläne ändern, um das richtige Ziel zu erreichen.

Anette Schwohl

ZU DOOF, UM AUS DEM BUS ZU STEIGEN

Kitzbühel, Tirol

Es herrschte Kaiserwetter am Wilden Kaiser.

Unser Bus brachte uns direkt vor das Hotel. Ich hatte mal wieder nur Augen für den Himmel – diesen herrlich blauen Himmel, vor dem sich die Kitzbüheler Alpen drapierten –, verfehlte beim Aussteigen die letzte Stufe, rutschte ab und brach mir den Knöchel. Vor Schmerz schossen mir die Tränen in die Augen.

»Ach Karin, du Dummerchen«, kam es von Sabine.

Nachdem alle ausgestiegen waren, bugsierte mich die Busfahrerin wieder in den Bus hinein, zog mir vorsichtig den Schuh vom angeschwollenen Fuß und fuhr mich direkt ins Krankenhaus von St. Johann. Dort kannten sie sich aus mit gebrochenen Haxen, war ja schließlich eine Wintersportgegend, und als sie mich mit meiner Orthese und den Gehhilfen entließen, stand auch Sabine schon vor der Krankenhaustür. Als sie mich kommen sah, biss sie sich auf die Lippen und versuchte, ihr Lachen zu unterdrücken, doch es gelang ihr nicht.

»Zu doof, um aus dem Bus zu steigen«, platzte es aus ihr heraus.

Das war Salz in meiner Wunde.

Ich zeigte ihr die kalte Schulter. »Wenn du mich dann jetzt bitte ins Hotel bringen könntest.«

Normalerweise kann ich Wutausbrüche gut mit Bewegung im Zaum halten. Aber was tun, wenn man sich nicht bewegen kann?

Ich humpelte an den Gehhilfen in mein Zimmer und wollte allein sein.

Na super! Das war es also mit den Ausflügen. Das ganze schöne Geld ausgegeben, nur um von der Hotelterrasse aus in die Gegend zu gucken, die wir eigentlich unsicher machen wollten. Es sollte ein Wellnessurlaub mit ein bisschen Spaß bei den Reichen und Schönen werden. Als wir die Reise gebucht hatten, ahnten wir ja noch nicht, wie weit der *Spaß* tatsächlich gehen würde.

Kurz vor dem Abendessen vernahm ich ein zögerliches Klopfen an meiner Zimmertür.

»Karin?«

Sabine wollte gut Wetter machen, doch ich reagierte nicht.

»Ach komm schon, Karin. Vermiese uns bitte nicht die wenigen Tage, die wir haben.«

Sie hatte ja recht. »Komm rein.«

Freudestrahlend stand sie in der offenen Tür.

Ich konnte ihr nie lange böse sein. Wie auch, wo wir nun schon seit über vierzig Jahren befreundet waren. Und sie wusste, welche Knöpfe sie bei mir drücken musste, damit ich wieder ansprang.

In der Hand hielt sie die Speisekarte des Hotels und las vor: »Tafelspitz im Kochsud mit Apfelkren, Sauce auf Sauerrahmbasis und Kartoffelschmarrn.« Sie grinste mich an. Mit Essen kriegte sie mich. Immer!

Der Wein zum Essen, in Verbindung mit meinen Schmerztabletten, schoss mich ziemlich bald aus dem Hier und Jetzt, um mit dem Vokabular meiner Yogalehrerin zu sprechen, bei der ich bisher genau eine Unterrichtsstunde absolviert hatte.

Ich schlief tief und traumlos, bis Sabine mich am nächsten Morgen wieder weckte.

Das Restaurant, das vormittags als Frühstücksraum diente, war mit Zirbenholz getäfelt – das war mir am Abend zuvor gar nicht aufgefallen. Es roch fantastisch. Das hatten die einfach drauf, die Tiroler: die Sinne ansprechen. Bei uns in Deutschland wäre die Wand mit einem Kunststoff verkleidet gewesen, der nur so aussah wie Holz.

Sabine wollte an der Stadtführung durch Kitzbühel teilnehmen.

»Kann ich dich wirklich allein lassen?«, fragte sie besorgt. »Ich meine, weil wir ja die Zeit gemeinsam verbringen wollten.«

»Mach dir keine Gedanken, ich finde hier bestimmt etwas, um mir die Langeweile zu vertreiben. Und heute Nachmittag, wenn du wieder da bist, gönnen wir zwei uns eine Massage.«

Sie schulterte ihren Rucksack. »Dann flitze ich jetzt zum Bus. Bis später.«

Ich stand auf – das sah wohl mit den Gehhilfen ziemlich umständlich aus, denn sofort kam eine Servicekraft angelaufen, um mir zu helfen –, nahm mir ein paar Zeitungen und ließ mich auf der Terrasse in einem Liegestuhl nieder. Mein Platz gewährte mir einen weiten Blick über die Stadt im Tal, hinüber auf den letzten Abschnitt des Hahnenkamms. An der berühmten Skirennstrecke hatten neureiche Russen, Chinesen und Deutsche, die bereits auf Sylt und in München mit Immobilien ihre Duftmarken hinterlassen hatten, pompöse Villen gebaut.

Unfassbar, mit wie viel Geschmacklosigkeit sich einige Menschen wohlfühlten. Wie es wohl hinter den Kulissen aussah?

Ich hievte mich aus dem Liegestuhl, humpelte in mein Zimmer und holte meinen Feldstecher. Nach Klaus'

Tod hatte ich ihn mir ursprünglich angeschafft, um die Vögel im Garten beobachten zu können; dass ich dabei natürlich mitbekam, wie es bei den Nachbarn so zuging, verstand sich von selbst.

Wieder zurück an meinen Platz, musste ich erst mal zu Atem kommen.

Das Gehumple mit den Krücken war kräftezehrend und machte mir klar, wie schlaff meine Armmuskulatur geworden war. Ich hielt mir das Fernglas vor die Augen. Immerhin: Das schaffte ich noch problemlos.

Von meiner erhöhten Terrassenposition aus konnte ich direkt in all die Angebervillen hineinschauen. Wow! Was ich da an Interieurs sah, übertraf an Pomp und Protz bei Weitem noch das, was die Häuser von außen versprachen.

Küchen, in denen offensichtlich nie gekocht wurde, Esszimmer mit Tischen für mindestens zwölf Personen, die wohl nie dort aßen. In einem der Häuser entdeckte ich sogar ein Schlafzimmer komplett in Goldtönen. Mir schmerzten die Augen.

Die Aussage war: Hauptsache teuer, Geschmack egal.

Selbstverständlich hatten alle Villen einen Swimmingpool. Es war offenbar die Stunde der Pool-Boys, denn hier und da beobachtete ich, wie sie mit einer Art Schmetterlingsnetz die Wasseroberfläche abschöpften. Einer war auch mit Rohrzangen und Schraubenziehern an Zu- oder Abflüssen zugange.

Dann sah ich sie, die Frau, die gerade wie eine Venus dem Pool entstieg. Sie war nackt und offenbar nicht mehr die Allerjüngste, das Gewebe folgte schon etwas der Schwerkraft. Aber insgesamt gut geformt. Wenn ich mir meinen Körper dagegen ansah … Sie tupfte sich mit einem Handtuch das Wasser ab und legte sich bäuchlings auf die Sonnenliege. Wie auf Bestellung trat ein junger Mann in weißer Badehose hinzu – *nur* in Badehose –, kniete sich neben die Liege und begann, die Rückseite der Frau zu massieren. Und wo überall! Ich traute meinen Augen kaum!

Verlegen legte ich das Fernglas beiseite, schnappte mir eine der Zeitungen und verbarg mich dahinter. Ich war ja schließlich keine Voyeurin!

Aber die Neugierde siegte über meine Scham, ich musste wieder hinübergucken.

»Was darf's sein?« Eine Kellnerin stand plötzlich an meiner Seite. Ich fühlte mich ertappt und riss mir das Glas von den Augen. Beschämt bestellte ich einen Großen Braunen.

Aber ich konnte es nicht lassen und musste wieder hinüberschauen: Die Frau am Pool lag nun auf dem Rücken und ließ sich die Vorderseite massieren, wobei »massieren« nicht das richtige Wort war ... ja, wie nannte sich das, was der junge Mann dort tat?

Die Kellnerin servierte den Kaffee.

»Ihre Zimmernummer?«

»64«, antwortete ich, ohne das Fernglas abzusetzen.

Die Frau räkelte sich unter den Händen des Masseurs, ja, sie bäumte sich regelrecht auf, als plötzlich seine Hände nach oben wanderten, ihren Hals umfassten und offenbar zudrückten.

Ich hielt den Atem an, aber nur für eine Sekunde. »Lass sie gefälligst los«, entfuhr es mir.

»Was sagten Sie?«, fragte ein Gast ein paar Meter entfernt und stierte mich an.

Ich stierte zurück. »Ähm ... nichts.«

Er wandte den Blick ab und ich schaute wieder durch das Fernglas. Die Frau zappelte nun unter den Händen des Masseurs, während er die Situation ganz offensichtlich auskostete, die Badehose hing ihm mittlerweile unelegant an den Knien. Ich blickte auf einen wohlgeformten, sich rhythmisch bewegenden Po.

Nach vollbrachter Tat sank er auf die Frau nieder und löste die Hände von ihrer Kehle. Nach etwa einer Minute stieg er von ihr herunter und ließ sie einfach liegen. Ohne Eile zog er sich die Badehose hoch und verschwand im Inneren des Hauses. Einen kurzen Moment später sah ich, wie er in sein Auto stieg und das Gelände verließ. Die Frau lag noch immer reglos auf ihrer Liege.

Eine Hand legte sich auf meine Schulter und vor Schreck ließ ich das Fernglas fallen.

»Das scheint ja sehr spannend zu sein, was du da drüben siehst.« Sabine kniff die Augen zusammen und versuchte zu erkennen, was mich so fasziniert hatte.

»Oh mein Gott!« Ich war kurz davor zu hyperventilieren. »Da drüben … Ich glaube, ich habe gerade einen Mord gesehen. Live!« Ich hob das Fernglas auf, überprüfte, ob es noch heil war, und drückte es Sabine in die Hand.

»Wo soll ich denn hingucken?«

Ich beschrieb ihr das Haus, das links von der Hahnenkammstrecke lag. Sie bewegte das Fernglas vor ihren Augen von rechts nach links, von oben nach unten.

»Ich seh nichts, Herzchen.« Immer, wenn sie mich nicht ganz ernst nahm, nannte sie mich Herzchen.

»Komm, gib mal her.« Ich riss ihr das Glas wieder aus der Hand.

Tatsächlich, da war nichts, gar nichts. Keine Frau auf der Liege oder im Pool, nicht mal das Handtuch.

»Das verstehe ich nicht. Eben waren da eine Frau und ihr Masseur – also, was man so Masseur nennt. Und ich könnte schwören, er hat sie erwürgt.«

»Das ist ja wie bei ... wie heißt der Film noch?« Sabine zupfte sich am Ohrläppchen. »Kaum lässt man dich ein paar Stunden allein, spinnst du dir die aufregendsten Sachen zusammen. Du solltest Krimiautorin werden.«

»Aber ich ...«, versuchte ich es erneut.

»... bin ein bisschen überspannt«, konterte Sabine. »So, und jetzt komm.« Sie fasste mich unter und half mir auf die Beine. »Ich hab uns eine Brotzeit mitgebracht. Ist schon auf meinem Zimmer angerichtet. Eine kleine Stärkung, bevor *wir* massiert werden. Hoffentlich von einem attraktiven jungen Mann mit kräftigen Händen.« Sie zwinkerte mir zu.

»Die möchte ich dann aber bitte nicht an meiner Kehle spüren.« Mich schauderte es bei dem Gedanken.

Sabine reichte mir die Krücken und ich folgte ihr.

Tatsächlich war unser Masseur eine Masseurin. In unserem Alter. Fast enttäuschend. Eine muntere kleine, mollige Person mit Kurzhaarschnitt und wirklich sehr kräftigen Händen. Den Schmerzen nach zu urteilen, die ihre Massage auf meinem Rücken verursachte, war ich offensichtlich ziemlich verspannt. Mir entwichen etliche Stöhner, die ich nicht unter Kontrolle hatte, und ich musste unwillkürlich an die sich räkelnde Nackte am Pool denken, die auf so sonderbare Weise verschwunden war.

Für den späten Nachmittag überredete Sabine mich, sie ins *Café Praxmair* zu begleiten.

»Wir lassen uns vom Taxi direkt vor die Tür fahren. Bequemer geht's doch nicht.«

Ich zögerte.

»Ich habe gehört, die haben den besten Apfelstrudel weit und breit.«

Damit hatte sie mich. Wieder einmal. Je älter ich wurde, desto weniger konnte ich Süßem widerstehen.

Auf dem Weg in die Stadt begegnete uns überall das Kitzbüheler Wahrzeichen: die Gams. Auf Häuserfassaden, auf Fahnen, als Skulpturen am Straßenrand. Das Taxi hielt mitten in der Fußgängerzone. Ich war erschlagen von dieser romanischen Farbenfreude, mit der die Kitzbüheler ihre Fassaden gestaltet hatten.

Sabine teilte mir ihr neu erworbenes Wissen mit, indem sie den Stadtführer zitierte und mit ihrem Arm ausladend die Straße hinunter deutete: »Am Ende der Vorderstadt, so heißt diese Straße, in der wir gerade stehen, haben wir einen herrlichen Blick auf die beiden Schönheiten der Stadt, die Liebfrauenkirche und die Pfarrkirche.« Ohne Brille konnte ich gerade einmal zwei Türme in der Ferne erkennen.

Vor dem altrosa gestrichenen *Praxmair* standen Tische und Stühle und eine Markise schützte die Gäste vor der prallen Sonne. Innen hatte es das Flair eines Wiener Kaffeehauses: Eng gestellte Tische und Stühle, eine kleine Bühne, Tages- und Wochenzeitungen hingen in Zeitungshaltern an einer Garderobe, die, so schien es, extra für die Zeitungen und nicht für Jacken und Mäntel dort war, und über allem schwebte ein wunderbarer Geruch von Kaffee und frischgebackenem Kuchen.

Ich konnte mich auf Sabine verlassen, sie fand immer die richtigen Orte, und der Apfelstrudel mit Vanilleeis und Schlagobers schmeckte himmlisch.

Erst am Abend dachte ich wieder an die merkwürdige Szene, die ich am Vormittag gesehen hatte.

Wir saßen mit unserem Viertel Wein auf der Terrasse. Ich holte mein Fernglas aus meiner Handtasche hervor und linste wieder hinüber. Niemand war zu sehen, alles war ruhig. Beinahe enttäuscht legte ich das Okular auf den Tisch.

»Ach Karin«, sagte Sabine, »meinst du nicht, es wäre längst Gesprächsstoff, wenn da tatsächlich etwas passiert wäre? In einem Hotel wie dem unseren macht so etwas bestimmt schnell die Runde.«

»Das kann schon sein. Trotzdem, solche Menschen, wie sie dort drüben wohnen, wissen auch, wie man etwas unter dem Deckel hält.« Ich konnte mich nicht damit abfinden, dass ich mir das eingebildet haben sollte.

Mein Cocktail aus Schmerztabletten und Wein tat auch an diesem Abend seine Wirkung und ließ mich die Nacht durchschlafen.

Tags darauf wollte Sabine sich den Ausflüglern nach Innsbruck anschließen. Der Bus fuhr sehr früh ab, sodass wir uns zum Frühstück nicht begegneten.

Diesmal nahm ich mein Fernglas gleich mit hinunter, um mich später gewappnet auf meinem Posten auf der Terrasse niederzulassen. Die Kellnerin brachte mir nach einem »Das Gleiche wie gestern?« einen Großen Braunen und die Zeitungen.

Ich blätterte hektisch, las jedoch nichts über einen Mord. Also nahm ich mein Fernglas und guckte hinüber. Was war denn das? Ich rieb mir die Augen und schaute wieder. Tatsächlich kam dieselbe Frau wie gestern aus der Verandatür und ließ sich – natürlich nackt – in den Pool gleiten. Sie schwamm ein paar Runden, stieg aus, trocknete sich ab, legte sich auf die Liege und wieder erschien der Masseur. Das gleiche Spiel, mit allen Details.

Am Ende, nach längerem Winden und Räkeln, als sich dann seine Hände schließlich um ihren Hals legten, zappelte sie wieder.

Unzufrieden, ja fast gelangweilt vertiefte ich mich in die Zeitungen. Ich würde nie verstehen, wie Menschen durch so etwas erregt wurden.

»Gibt es da eigentlich etwas Interessantes zu sehen?«, fragte mich derselbe Mann, der am Tag zuvor schon in meiner Nähe gelegen hatte.

Ich hasste neugierige Menschen!

»Nein!«, stieß ich ihm entgegen und hielt mir die Zeitung vor die Nase.

Grummelnd vertiefte er sich ebenfalls in seine Lektüre.

Sabine kehrte erst spät zurück.

Beim Abendessen berichtete sie so ausführlich von ihrem Ausflug, dass ich gar nicht zu Wort kam und eigentlich auch ganz froh darüber war.

Den nächsten Tag wollte sie mir nicht von der Seite weichen; denn schließlich hatten wir während unseres Urlaubs als Freundinnen noch nicht so viel voneinander gehabt. Und allein machten ihr die Unternehmungen nur halb so viel Freude.

Es ist schön, so eine Freundin zu haben.

»Außerdem scheint einem ja hier mehr geboten zu werden als unterwegs.« Sie nahm mich einfach nicht ernst.

Nun erzählte ich ihr erst recht nichts von meinen neuesten Beobachtungen.

Also bezogen wir am nächsten Vormittag gemeinsam einen Platz auf der Hotelterrasse – in einiger Entfernung von dem Mann, der mich die letzten beiden Tage angesprochen hatte und bereits neugierig den Hals reckte, als wir die Terrasse betraten. Leider war er in keinster Weise vergleichbar mit dem Adonis am Pool.

Selbstverständlich hatte ich mein Fernglas wieder dabei.

Sabine und ich schlugen fast synchron die Blätter der Zeitungen um, und schon ohne zu fragen brachte mir die Kellnerin an diesem Morgen meinen Großen Braunen.

»Und für Sie, gnädige Frau?« Damit meinte sie Sabine, die augenblicklich kicherte, als sie realisierte, dass sie so angesprochen worden war.

»Hältst *du* mich für gnädig?«, fragte sie mich.

»Du bist die gnädigste Person, die ich kenne.«

»Also dann: Ich nehme eine Melange.«

Die Kellnerin zog schmunzelnd ab.

Sabine schaute auf die Uhr und fragte: »Reichst du mir mal deinen Feldstecher?«

Wortlos reichte ich ihr das Fernglas. Kaum hatte sie gefunden, was sie suchte, starrte sie fasziniert hinüber.

Plötzlich packte sie mit ihrer freien Hand meinen Oberarm.

»Aua!«

Sabine schien mich nicht zu hören und drückte fester zu. Ich versuchte, ihr meinen Arm zu entziehen.

»Wahnsinn!« Endlich ließ sie mich los und stellte mit der zweiten Hand das Fernglas scharf. »Unfassbar! Und das in aller Öffentlichkeit!«

Ich zerrte ihr das Glas aus der Hand und überzeugte mich selbst. Tatsächlich erarbeiteten sich Madame und ihr Masseur gerade eine Silbermedaille.

»Und gleich kommt im wahrsten Sinne des Wortes der Höhepunkt.«

Sie entriss mir wieder das Fernglas und reckte den Hals hervor wie eine Schildkröte.

Ich wollte den Feldstecher wieder zurückhaben, es war ja schließlich meiner. Sabine schlug mir auf die Finger.

»Also, das ist doch jetzt nicht wahr!«, fauchte ich.

»Oh! … Oh!«, kam es von ihr.

Verdammt! Ich wollte auch etwas sehen.

Unser Gerangel um das Fernglas endete damit, dass wir gemeinsam durchschauten, unsere Köpfe dicht beieinander, ihr rechtes Auge am linken Glas, mein linkes Auge am rechten Glas.

»Oooh … Ach du Scheiße. Das ist gar nicht gut!«, rief sie.

»Ssscht. Nicht so laut!«, ermahnte ich sie. Ich wollte nicht, dass die anderen auf uns aufmerksam wurden. Aber sie hörte nicht auf mich.

»Jetzt legt er seine Hände um ihren Hals … Oh nein, was tut er denn jetzt? Er liegt auf ihr drauf!«

»Schrei nicht so, verdammt! Ich sehe es doch.«

Verschämt guckte ich rüber zu dem Mann auf seiner Liege. Aber auf der Liege war niemand. Er stand mit einem eigenen Fernglas an der Balustrade der Terrasse und schaute hinüber. Offenbar bemerkte er meinen Blick. »Da bekommt man richtig Lust, oder?« Er zwinkerte mir zu.

Ich war empört über diese anzügliche Bemerkung.

»Bei Ihnen bekomme ich auf überhaupt gar nichts Lust!«, zischte ich zurück und schaute wieder durch mein Glas.

Sabine kommentierte nun wie eine Sportreporterin: »Eine perfekte Choreografie … Dieses rhythmische Auf und Nieder … Eine Medaille scheint in diesem Fall sicher zu sein.«

Von der anderen Seite der Terrasse hörte ich ein aufmunterndes Johlen. Da standen nun etliche Hotelangestellte, ebenfalls mit Ferngläsern und Feldstechern bewaffnet, und alle blickten in eine Richtung.

Unsere Kellnerin stand neben uns. »Bei uns bekommen die Gäste wirklich etwas geboten, nicht wahr?«

Doch plötzlich trat gegenüber ein zweiter Mann im Anzug auf die Terrasse; mit irgendetwas in der Hand. Irgendetwas Länglichem. Was war das? Ein Baseballschläger? Ein Rohr? Nein, ein großer Kerzenständer. Und der landete auf dem Schädel des Masseurs, der über Madame zusammenbrach.

Augenblicklich wurde es still auf unserer Terrasse.

Auch drüben bewegte sich einen Moment lang gar nichts.

Dann konnten wir sehen, wie die Frau unter dem Masseur zu zappeln begann. Es war ein anderes Zappeln. Diesmal nicht erregt, sondern aufgeregt. Sie versuchte, den Körper von sich hinunter zu schieben. Der Mann im Anzug half ihr dabei. Wir konnten sehen, wie sie schrie. Als sie aufstehen konnte, schlug er ihr mit der flachen Hand ins Gesicht. Der Masseur auf dem Boden bekam noch einmal eins über den Schädel und ich konnte erkennen, wie Blut sich unter ihm auf den Fliesen ausbreitete. Die Frau schrie wieder und zerrte sich das Handtuch vor den Körper. Der Mann im Anzug drückte ihr die Hand auf den Mund.

Ich rief den Hotelangestellten neben uns zu: »Da drüben geht's wirklich um Leben und Tod! Wir müssen sofort die Soko Kitzbühel anrufen.«

Sabine sprang auf. »Die Soko Kitz gibt's doch nur im Fernsehen.« Sie rannte ins Hotel. »Wir müssen die

Polizei anrufen!«, hörte ich sie aufgeregt rufen. Unsere Kellnerin eilte hinter ihr her.

Ich beobachtete weiter, wie der Mann die Frau vor sich her ins Innere des Hauses schubste, noch immer presste er ihr seine Hand auf den Mund. Einige Zeit tat sich gar nichts. Dann trat der Mann mit einer Kettensäge auf die Terrasse und stellte sie auf dem Boden ab. Er breitete schwarze Müllsäcke auf den Fliesen aus und rollte den leblosen Körper darauf.

Wieder ging er zurück ins Haus, und nach einem unendlich scheinenden Moment kehrte er mit einem Verlängerungskabel zurück, mit dem er die Kettensäge verband. Alles erledigte er mit einer Seelenruhe, dass man fast denken konnte, er hätte es schon häufiger gemacht.

In dem Moment, in dem er den Schutzdeckel vom Sägeblatt entfernte, hörten wir auch schon die Polizeisirene. Der Mann im Anzug hatte offenbar nichts gehört, denn er setzte gerade das Sägeblatt an einem Arm des Masseurs an, als er von Polizisten überwältigt wurde.

Endlich konnte ich wieder atmen.

Sabine kam mit einem Polizisten im Schlepptau zurück. Der guckte in die Runde, und bemerkte: »Wow! So viele Zeugen hatten wir ja noch nie.«

Sabine setzte sich auf die Liege. Sie versuchte, von dem mittlerweile kalten Kaffee zu trinken, aber ihre Hände zitterten so stark, dass sie sich bekleckerte.

»Dass du deine Augen manchmal da hast, wo du sie nicht haben solltest, führt ja Gott sei Dank nicht immer zu einem Beinbruch. In diesem Fall hatte es tatsächlich seine Vorteile.«

Ich reichte ihr ein Papiertaschentuch, damit sie sich den verschütteten Kaffee wegwischen konnte. Dabei zitterten auch meine Hände.

»Du hast übrigens echt was verpasst, während du die Polizei gerufen hast.«

Sie wischte sich die Flecken von der Bluse. »Ach, ich glaube, ich kann darauf verzichten.«

»Das war bestimmt ihr Mann. Der ist nicht nur ein *Ver*sorger, sondern auch ein *Ent*sorger.«

Sabine grinste schief. »… der gerade dem *Be*sorger den Garaus gemacht hat.«

Wir kicherten hysterisch.

Die Kellnerin brachte uns zwei doppelte Obstler. »Geht aufs Haus, meine Damen. Und heute Abend ein Fünf-Gänge-Menü mit österreichischen Spezialitäten, auch aufs Haus.«

Wir kippten die Obstler in einem Schluck hinunter.

Barbara Steuten

EINE GESALZENE RECHNUNG

Reit im Winkl, Oberbayern

Gekonnt steuerte die Busfahrerin den Reisebus durch Reit im Winkl, vorbei an hellen Häusern mit dunkelbraunen Fensterläden und Holzgiebeln. In der engen Kurve lag die Kirche St. Pankratius mit dem Zwiebeltürmchen, die das Ortsbild prägte. Heute stand ein Ausflug zum Salzbergwerk auf dem Programm.

Markus saß mit seinen Eltern im Bus und fragte sich zum wiederholten Male, warum er sich auf die Einladung zu einem letzten Familienurlaub eingelassen hatte.

Dem pittoresken Ort in den Alpen konnte er keine Vorwürfe machen. Er entfaltete eine eigene Magie, wenn man nicht blind für Schönheit war.

Für seine Familie war es nicht irgendein Ort. Hier hatten schon die Großeltern seiner Mutter Sylvia Urlaub gemacht. Seine Eltern hatten hier ihre Flitterwochen verbracht. Und die peinlichen Anekdoten über seine Zeugung, die sie immer wieder gern in feuchtfröhlicher Runde erzählten, mussten sich auch hier zugetragen haben. Ganz romantisch beim Alpenglühen.

Von den dunklen Holzbalkonen der Pensionen und Hotels leuchteten rote Geranien und luden zum Verweilen ein. Hier konnte man es sich gut gehen lassen.

Markus betrachtete den runden Rücken seines Vaters Ha-We. In Gedanken nannte er ihn schon lange nicht mehr Papa – und Hans-Werner nannte ihn eh keiner. Er schämte sich für ihn, weil er wusste, dass er nur neben ihm saß, um über den Gang hinweg mit der jungen Friesin flirten zu können. Ganz ungeniert. Obwohl Sylvia direkt hinter ihm saß.

Auch Markus war die junge Frau bereits gestern im Hotel aufgefallen. Schlanke Figur, schlanker Hals, weißblondes, frech gestutztes Haar und wasserblaue Augen. Der gleiche Typ Frau wie Markus' Freundin Jule.

Angewidert wandte er sich ab und schaute aus dem Fenster. Die Chiemgauer Alpen waren zum Greifen nah. Wie konnte sich Ha-We nur anmaßen, mit der Friesin zu schäkern? Diese Reise war schließlich seine Idee gewesen!

»Ein letzter Familienurlaub, Markus«, hatte er gesagt.

»Lass uns noch einmal Zeit miteinander verbringen. Wie früher.« Dazu Sylvias leuchtende Augen. Markus wusste, was sie damit meinte. Nur Papa, du und ich. Ohne Jule. Wie damals, als die Welt noch in Ordnung schien.

Markus' Freude darüber, dass sie sich zusammenraufen und ihrer Ehe eine letzte Chance geben wollten, erstickten die Eltern bereits bei der Anreise. Als wären sie Teil einer Reality-Show eines Privatsenders, der mit Peinlichkeiten Quote machte, beschimpften sie sich gegenseitig. Markus hätte gern das Programm gewechselt.

Aus dem fahrenden Bus sah er im dicht bewaldeten Hang unterhalb der Hemmersuppenalm die Skisprungschanzen. Wie herausgestreckte grüne Zungen wirkten sie und ließen ihn ahnen, dass hier im Winter erheblich mehr Trubel herrschte als jetzt im September.

Gestern waren sie über die Hemmersuppenalm gewandert, doch Sylvia und Ha-We hatten sich lieber die vertrauten Gemeinheiten an die Köpfe geworfen, als die Schönheit der großen und kleinen Alpenblüher zu entdecken. Irgendwann hatte sich Markus die Earbuds seines Smartphones in die Ohren gehängt und seiner Lieblingsmusik gelauscht. Während die Streithähne über gewöhnlichen Hornklee trampelten, der die Bergwiese bedeckte wie ein gelber Teppich, schnupperte er an Enzian und streichelte die zarten Blätter eines Edelweiß. Während sie sich über die Krokusse wunderten, bestaunte er die Zartheit der Herbstzeitlosen. Während sie meckerten, dass sie schon wieder auf ihn warten mussten und dass auch der gelbe Enzian geschützt sei, grub er den Weißen Germer aus, verstaute ihn in seinem Rucksack und erklärte ihnen, dass die Alm diesem Gewächs ihren Namen verdanke. Hätten sie ihm zugehört, hätte er ihnen noch viel mehr darüber erzählen können.

Der Bus ging in die nächste Kurve. Ha-We lehnte so weit über den Gang, dass es wie zufällig wirkte, als er sich am Knie seiner jungen Gesprächspartnerin abstützte. Markus hätte kotzen können. Er vermisste Jule schmerzlich und war gleichzeitig froh, dass sie nicht in Ha-Wes Reichweite war.

Ohne die Musik zu starten, hängte er sich die Earbuds in die Ohren, schaute auf sein Handy und tat, als bekäme er nichts mit. Prompt langte Sylvia zwischen den Sitzen nach vorn und stupste ihn an der Schulter.

»Tu das Ding doch mal weg.«

Er drückte sich näher ans Fenster, sodass sie ihn nicht mehr erreichen konnte, starrte weiter auf sein Smartphone und lauschte dem Gespräch zwischen Ha-We und der Friesin.

Jetzt bekam sein Vater den Stupser von Sylvia.

»Ha-We! Sag doch auch mal was.«

Der barsch aus seinem Gespräch Gerissene drehte sich zu Markus um und stieß ihn mit dem Ellbogen.

»Haste gehört, was Mama gesagt hat?«

Dann wandte er sich wieder der Friesin zu, griff in seine Jacketttasche und zog einen Flachmann heraus.

Markus hielt ihn zurück. »Papa! Ich bitte dich! Willst du sie mit deinem Gesöff vergiften? Für den ersten Schnaps ist es ja wohl noch zu früh, findest du nicht?«

Ha-We schüttelte Markus' Hand ab, goss trotzig ein Pinneken ein und reichte es über den Gang. Die junge Frau lehnte ab und warf Markus ein flüchtiges Lächeln zu.

Von der letzten Bank gackerte der Kölner Damen-Kegelclub »Alle Neuen«. So stand es unübersehbar in glitzernden Lettern auf den pinken Poloshirts, die sich über ihren Brüsten spannten. Auch der letzte im Bus hatte mittlerweile gehört, dass Leni schuld an diesem ungewöhnlichen Namen war.

»Das war die Rechtschreibkorrektur«, wehrte sie sich energisch. »Die hat aus ›Alle Neune‹ ›Alle Neuen‹ gemacht.«

Ihr Protest ging im Gelächter unter, endete mit dem Zischen der nächsten Dose Prosecco und dem Schlachtgesang: »Drink doch eene mit. Stell disch nitesu aan. Du sitz he die janze Zick erüm«, was nach der dritten Dose auch die benachbarten Sitzreihen mit »Zick, Zick, Zick erüm« konterten.

Markus äugte über die Sitzlehne nach hinten und sah, dass sich Sylvia ebenfalls den Hals verrenkte. Sicher wäre sie nur zu gern Teil der Gruppe gewesen, hätte mitgetrunken, mitgeschunkelt, mitgesungen, mitgelacht. Egal ob Ibiza oder Alpen, seine Mutter war immer dort, wo die Party stieg. Dieses Gen hatte er definitiv nicht geerbt. Manchmal fragte er sich, ob er womöglich im Krankenhaus vertauscht worden war.

»Ich könnte schon ein Pinneken vertragen«, sagte Sylvia und hielt Ha-We die Hand hin.

Ha-We wandte sich ab, setzte sich endlich korrekt auf seinen Sitz und streichelte mit dem Daumen über den Flachmann, während er den gefüllten Becher ausbalancierte, um bei der kurvenreichen Fahrt nichts zu verschütten.

»Das ist ein besonderes Tröpfchen«, sagte er. »Ein Geheimtipp des Hoteliers. Dafür bin ich extra nach Österreich gefahren.«

Das war keine Kunst, dachte Markus. Schließlich lag Österreich nur einen Steinwurf von Reit im Winkl entfernt, sodass man den nächsten Ort im Nachbarland sogar zu Fuß in einer Stunde erreichte.

»Ich will auch einen!« Sylvia klopfte ihrem Mann auf die Schulter.

»Musst du wissen«, sagte er. »Jeder Kurze macht fett. Das muss man sich leisten können. Es erfordert hartes Training, damit du nicht noch mehr vor dich hin schwabbelst. Weißt du ja.« Trotzdem reichte er ihr den Becher nach hinten.

Markus beobachtete, wie Sylvia das Pinneken an die Lippen setzte und den Kopf in den Nacken warf. Sie schnappte kurz nach Luft und keuchte.

»Meine Güte! Hat der nen Wums!«

Ha-We zuckte mit den Schultern. »Wird ohne Etikett unterm Ladentisch verkauft.«

»Ist da Frostschutzmittel drin?« Sylvia schüttelte den Kopf. »Nee, dafür ist er nicht süß genug.« Sie gab Ha-We den Becher zurück.

»Willste auch einen?«, fragte er Markus.

Der hob abwehrend die Hände. »Du weißt doch, dass ich keinen Alkohol trinke. Aber gönn Mama ruhig noch einen.«

»Ist die Figur erst ruiniert, säuft es sich ganz ungeniert«, murmelte Ha-We vor sich hin, goss nach und reichte ihr den Schnaps.

Sie stürzte ihn hinunter, keuchte und gab ihm das Pinneken zurück. »Der kribbelt vielleicht im Mund. Trinkst du nix?«, fragte sie und nieste.

»Später. Ich muss ja erst einmal heil durchs Bergwerk kommen.«

Ha-We hielt Markus die Flasche hin. »Wirklich nicht?«

»Nein danke.«

»Milchbubi!« Ha-We schraubte den Flachmann zu und ließ ihn in der Jackentasche verschwinden. »Wie hält Jule es mit einem Kauz wie dir eigentlich aus? Wenigstens weiß sie einen guten Tropfen zu schätzen.«

Markus zog die Augenbrauen zusammen. »Lass deine Finger von ihr, hörst du?«

Ha-We kicherte nur.

Angeekelt starrte Markus aus dem Fenster. Er dachte an Jule und ihr Gespräch vor der Abfahrt. Er wusste, wofür sie sich entschieden hatte. Atme ruhig ein und aus, ein und aus, ermahnte er sich.

Sylvia schob ihren Arm zwischen den Sitzen hindurch. »Magste was essen?«

Markus schüttelte den Kopf. Selbst wenn ihm Ha-We nicht gerade den Appetit verdorben hätte, hätte er nach dem reichhaltigen Frühstück im Hotel keinen Bissen hinunterbekommen.

Ha-We drehte sich zu Sylvia um. »Ich kenne keinen, der so verfressen ist wie du. Denkst du eigentlich auch an was anderes?« Im selben Moment griff er nach dem Brot und verputzte es mit einem listigen Lächeln. »Man muss es sich aber auch leisten können.«

Iss du nur, dachte Markus. Möge dir der Bissen im Hals stecken bleiben, damit du deine Biestigkeiten nicht weiterverbreiten kannst.

Ungefragt reichte Sylvia die nächste Stulle nach vorn.

Markus linste zwischen den Sitzlehnen hindurch nach hinten. »Danke, Mama. Ich möchte wirklich nicht.«

Wieder griff Ha-We danach und biss hinein.

»Ist eh zu scharf für unser Weichei«, sagte er kauend. »Was ist denn da drauf?«

Sylvia lächelte und zwinkerte Markus zu.

Die Busfahrerin manövrierte den Bus durch den dichten Stadtverkehr von Berchtesgaden. Hin und wieder erhaschte Markus einen Blick auf das mächtige Felsmassiv des Watzmanns. Rechter Hand glitzerte das Wasser der Ache, deren Flussbett die Windungen der Straße bestimmte. Bald darauf hielten sie vor dem Eingang zum Salzbergwerk.

Mit einem strahlenden Lächeln empfing sie der Bergmann in schwarzer Uniform, an der jeder Knopf auf Hochglanz poliert war.

»Willkommen in Berchtesgaden, beim ältesten noch aktiven Salzbergwerk Deutschlands. Salz war und ist das weiße Gold der Alpen. Wegen ihm wurden erbitterte Kriege geführt.«

Nicht nur seinetwegen, dachte Markus.

Schon wies sie der Bergmann an, sich in der Umkleide einen blauen Overall in der passenden Größe überzustreifen.

»Wusstest du, dass deine Mutter dir das Medizinstudium nicht weiter finanzieren will?«, raunte Ha-We Markus beim Umziehen zu.

Ja, das wusste er. Sie hatte so oft damit gedroht, dass er es nicht mehr ernst genommen hatte. Dann hatte Jule ihm von dem Gespräch mit Ha-We erzählt: Dass er ihr Studium finanzieren und auch Markus weiter durchfüttern würde, wenn sie …

Vertraulich legte Ha-We den Arm um seine Schultern und grinste ihn an. Im nächsten Moment stieß er auf. Markus roch den faulen Atem und wandte den Kopf ab.

Mit der Grubenbahn fuhren sie tief in den Berg, durch schummrig beleuchtete, enge Gänge, in denen der Fahrtwind pfiff. Als die Bahn endlich anhielt, eröffnete sich vor ihnen eine große, beeindruckende Höhle, die mehr einer Halle glich. Die Salzkathedrale.

Während die Gruppe staunend dem Bergmann folgte, griff Sylvia nach Markus' Arm. Sie war blass um die Nase und hielt sich den Bauch. »Irgendwie ist mir nicht gut.«

Markus legte fürsorglich den Arm um ihre Schultern und schob sie sanft zu den ewig langen Holzrutschen, deren Ende in einem Felsloch verschwand und nicht abzusehen war. Die Bergleute hatten sie genutzt, als dieser Teil noch dem Salzabbau gedient hatte, um so schnell wie möglich auf die tieferen Ebenen zu gelangen, hatte der Bergmann erklärt.

Das vom Rutschen blankpolierte Holz mutete nicht sonderlich bequem an, schien aber ein Heidenspaß für Groß und Klein zu sein. Von weiter unten hörte man fröhliches Johlen und entzücktes Juchzen.

»Können wir nicht außenrum gehen?«, fragte Sylvia und lehnte sich gegen Markus.

»Das dauert sehr viel länger«, sagte er. Von der Gruppe war bereits niemand mehr zu sehen. »Willst du auch lieber den langen Weg nehmen?«, wandte er sich an Ha-We.

Der war ebenfalls auffallend blass.

»Ist doch nur was für Feiglinge und Rollatorenschupser«, sagte Ha-We, drückte Sylvia auf die Rutsche, setzte sich hinter sie und legte seine Arme um ihre ausladende Taille. Sylvias Augenlider flatterten. Ihre Lippen waren blau, die Atmung flach. Markus überlegte einen kurzen Moment, ob er den beiden einfach einen Stoß geben sollte. Eine letzte gemeinsame Rutschpartie. Zu zweit. Aber Sylvia hatte gesagt, nur wir drei, Papa, du und ich.

Er legte seine Hände auf Ha-Wes Schultern und überließ sich mit seinen Eltern der Schwerkraft. In rasantem Tempo rauschten alle drei in die Tiefe. Markus' Magen hüpfte. Er jauchzte und wusste, dass sein Körper gerade einen wahren Cocktail an Adrenalin, Dopamin und Endorphin ausschüttete. So wenig, wie Sylvia es ihm unterstellte, hatte er während seines Studiums nicht gelernt.

Unten angekommen, stieg Markus als Erster von der Rutsche. Sylvia kippte nach vorn wie ein Sack Kartoffeln. Ha-We hatte die Augen halb geschlossen, fasste sich ans Herz und rang nach Luft. Markus tätschelte ihm die Wange.

»Milchbubi muss sich erst um Mama kümmern. Warte kurz.«

Mit geschultem Griff langte Markus seiner Mutter unter die Arme und zog sie ein Stück von der Rutsche weg in einen nahegelegenen Stollen. Er lehnte sie gegen die Wand des spärlich beleuchteten Ganges und strich ihr die Haare aus dem Gesicht. Es dauerte einen Moment, bis er ihren Puls am Hals spürte. Er war so schwach, dass sie sicher nicht mehr zu sich kommen würde.

Als er sich umdrehte, plumpste Ha-We von der Rutsche. Das dumpfe Gerumpel hallte durch die Gänge. Markus lauschte, doch er hörte nur sein eigenes Blut in den Ohren rauschen. Beherzt griff er ein zweites Mal zu, schleifte Ha-We in den Schacht und setzte ihn neben Sylvia. Er öffnete Ha-Wes Overall und holte den Flachmann aus seinem Jackett. Dann zog er ihm den Reißverschluss bis unters Kinn. Er klopfte sich den Staub von den Knien, zupfte seinen Overall zurecht und eilte den Gang entlang, der Reisegruppe hinterher.

Wer nicht geschult war, konnte den Weißen Germer leicht mit gelbem Enzian verwechseln. Vor allem, wenn er nicht mehr blühte. Alles an der Pflanze war giftig, doch die toxischste Wirkung steckte in den Wurzeln. Kleine Mengen genügten, um innerhalb kürzester Zeit zum Tode zu führen.

Dabei hatte man die Pflanze schon früh geschätzt wegen ihrer schmerzstillenden, nervenberuhigenden und blutdrucksenkenden Wirkung. Die Dosis machte bekanntlich das Gift.

Tja, eigentlich mussten seine Eltern sofort ins Krankenhaus. Dort bekämen sie Magenspülungen und würden wahrscheinlich beatmet werden. Und natürlich würde man sie schön warmhalten. Wie gut, dass es hier unten angenehm kühl war.

Er folgte den Hinweisschildern durch die Stollen. Als er endlich wieder Stimmen hörte, verlangsamte er seinen Schritt. Ein paar Gänge weiter hatte er die letzten Trödler erreicht und schlenderte bemüht gelassen an ihnen vorbei. Er schenkte den Erklärungen des Bergmanns so wenig Aufmerksamkeit wie den Exponaten in der Ausstellung. Auf der wilden Fahrt die letzte Rutsche hinunter hüpfte ihm nicht nur der Magen, sondern auch das Herz. Nie mehr würde Ha-We seine Grapscher auf Jules Po legen. Und um die Finanzierung ihrer Studienabschlüsse brauchten sie sich keine Gedanken mehr zu machen.

Zielstrebig ging er auf die Flöße zu, die ihn zu sphärischer Musik und einer Laser-Lichtinstallation über den Salzsee schippern sollten, und setzte sich in die zweite Bank.

Erleichtert atmete er auf. Er konnte nach vorn schauen, konnte von seiner eigenen Praxis träumen und davon, Jule an seiner Seite zu haben.

Endlich setzte sich das Floß in Bewegung. Er holte den Flachmann hervor und ließ ihn leise ins Wasser gleiten. Im gleichen Moment wandte sich Leni, die Kegelschwester mit der Rechtschreibschwäche, zu ihm um. Sein Lächeln gefror, als ihr stechender Blick ihn durchbohrte.

Deborah Emrath

WER SCHÖN SEIN WILL, MUSS LEIDEN

Bad Mitterndorf, steirisches Salzkammergut

Es war ein heißer Tag. Das kalte Wasser des Ödensees war eine herrliche Erfrischung. Mimi und Anneke hatten sich am Ufer niedergelassen. Sie waren aber nicht allein, andere Urlauber und Einheimische genossen ebenfalls das kühle Nass. Leider auch Rudi, der mit seinem Fanclub »SamuelundLeopold« plus einer Traube Mädels am Ufer abhing.

Mimi seufzte. Er hatte sie entdeckt. Warum war sie auch hierher zurückgekommen, ins Feindesland? Bad Mitterndorf, Heimat des schönen Rudi Speckmoser.

»Ja, wen sehe ich denn da? Küss die Hand, meine Lieblingsdeitsche. Hast mich etwa vermisst?«

Anneke schaute Mimi an. »Ist das dein Rudi?« Sie musterte ihn von oben bis unten, dann zuckte sie mit den Schultern. »Wir werden halt alle älter.«

Rudis Augen sprühten Funken. »Hab g'hört, ihr seid mit dem Bus gekommen.« Er drehte sich zu seinem Publikum um. »Mit dem Bus!« Folgsam lachte sein Fanclub lauthals. »Tut mir ja leid, wenn du wegen mir hier bist. Ich hab mich anderweitig umg'sehen.« Er nahm zwei der jungen Frauen rechts und links in den Arm und ließ sich von ihnen küssen. »Es macht dir doch nichts aus, wenn wir uns hier niederlassen?« Er deutete auf das Gras neben Mimi.

»Besetzt. Sucht euch einen anderen Platz.« Mimi schüttelte den Kopf und rollte mit den Augen über so viel Frechheit.

»Na, na, ich sehe da keine Badetücher«, antwortete Rudi. Leopold und Samuel boxten sich in die Seite.

»Gehst immer noch zum Lachen in den Keller?«, fragte Rudi mit Bad Mitterndorfer Schmäh. Sein Fanclub verstummte und starrte nun gespannt auf Mimi.

»Schleich di.« Mimi funkelte Rudi böse an.

»Aber Haserl, was hast denn? Ist dein deitscher Freund langweilig im Bett? Ihr solltet mal was anderes ausprobieren. Ich kann gern vorbeikommen und dir was zeigen. Deine Freundin kann natürlich mitmachen.« Die Jungs grinsten bei diesem Kopfkino süffisant.

»Mach so weiter und ich raste aus!«, fauchte Anneke ihn an.

»Du rastest dich aus? Das schaut aber grad ned so aus.« Die Meute wieherte.

»Was meint der?« Anneke schaute fragend zu Mimi.

»Sich ausrasten heißt sich ausruhen, rasten eben«, antwortete Mimi.

»Gut, dass du auch Österreichisch sprichst«, sagte Anneke zu Mimi mit einem Seitenblick auf Rudi. »Manche halten sich für den Nabel der Welt.« Direkt zu Rudi sagte sie: »Lasst uns in Ruhe. Was soll dieses Gehetze?«

»A geh, a Hetz würd ich euch wohl gönnen, aber ihr Deitsche habts doch ka Hetz!«

»Du, mein Freund, hattest jedenfalls genug Hetz, und jetzt hältst die Gosch'n. Pfiatdi, Speckmoser.« Mimi wedelte mit der Hand.

»Häh?« Anneke schaute verständnislos.

»A Hetz bedeutet Spaß oder Belustigung.«

»Die spinnen, die Österreicher«, antwortete Anneke. Sie schüttelte den Kopf. »*So* sehr von sich überzeugt.«

Anscheinend hatte Rudi tatsächlich genug. Er ließ die beiden nun in Ruhe, blieb aber mit seiner Gruppe in der Nähe.

Mimi blickte nach rechts über das stille, dunkle Wasser, das jegliches Geräusch und jegliches wärmende Licht der Sonne um sich herum zu verschlucken schien. Sie wollte ihn nicht sehen. Aber auch der wunderschöne Blick über den See ohne Rudi half nicht – ihre gute Laune war dahin.

»Denk dran, wir haben gleich noch einen Termin«, flüsterte Anneke ihr zu.

»Stimmt. Wie konnte ich das vergessen?« Schlagartig ging es ihr bestens und sie summte leise vor sich hin, einen Song der Vengaboys.

Dennoch kam sie nicht umhin, das Gebalze des Mitterndorfers mitzuhören. Anscheinend hatte er mit den jungen Frauen eine Gruppe Urlauberinnen aus Deutschland aufgetan und versuchte, ihnen weiszumachen, er habe beim Wettbewerb *Der schönste Mann Bad Mitterndorfs* den ersten Platz belegt.

»Ich stell mir gerade vor, wie er vor der Jury in Calvin-Klein-Unterwäsche posiert«, flüsterte Anneke.

Mimi prustete los. »Mei, der kann so eine Hose auch ausfüllen.«

»Nicht mal im Traum, meine Liebe. Da gibt es ganz andere Kaliber.« Die beiden konnten kaum mit dem Lachen aufhören.

Mimi wusste, dass es diesen Wettbewerb nicht gab. Aber Deutsche konnte man ja an der Nase herumführen. Das dachte zumindest Rudi und natürlich auf österreichisch: Piefkes kamma herrlich pflanzen.

Ihr taten die jungen Touristinnen leid, denn es hörte sich an, als würden sie ihn mögen und nicht begreifen, dass er sie hochnahm. Wie bei mir, dachte sie traurig. Sie wäre sogar fast bei ihm eingezogen. Erst beim traditionellen Nikolospiel war ihr klar geworden, dass er mehrere Eisen im Feuer hatte. Vor allen Besuchern hatte er es ihr dann ins Gesicht gesagt: Er würde eh nur eine Mitterndorferin heiraten. Bis er die Richtige gefunden hätte, wären die Touristinnen sein Spaß.

Am Tag, nachdem Mimis Zeit als Saison-Servicekraft geendet hatte, war sie wieder nach Deutschland gezogen. Nichts hatte sie in Bad Mitterndorf gehalten.

Sie drehte sich zu Rudi um und ihre Augen wurden zu schmalen Schlitzen. »Sei dir nicht zu sicher, Rudi, auch Piefkes pflanzen. Sie haben sogar Pflanzen«, flüsterte sie.

Der Termin rückte näher und die beiden Frauen machten sich an die Vorbereitungen. Dazu mussten sie zunächst zu ihrem Gasthof in Zauchen zurück. Dort holten sie ihr Arbeitsgerät aus dem Koffer: Apothekerfläschchen, Trichter, lange Schutzhandschuhe und eine Machete. Außerdem achteten sie darauf, ein Shirt mit langen Ärmeln zu tragen.

Anneke hatte sie entdeckt – die Stauden. Am Ortsrand von Zauchen. Mit einer sich warm ausbreitenden Genugtuung stapfte Mimi mit den Handschuhen und einer Machete los und schnitt. Saft tropfte aus den Stängeln der Pflanze und sie fing ihn mit dem Trichter auf. Langsam füllte sich das Fläschchen.

Die ganze Zeit war Mimi bester Dinge, gelöst und entspannt. Wenn sie genug Pflanzensaft hatten, konnten sie das Arbeitsgerät und die Kleidung irgendwo entsorgen.

Mit den Apothekerfläschchen in der Tasche machten sie sich auf den Weg und trafen pünktlich auf dem Hof des Spielleiters ein. Es schien, als hätte sich ganz Bad Mitterndorf versammelt. Die Besucher trugen traditionelle Lederhosen oder Dirndl. Man sprach miteinander, ein paar Männer spielten auf dem Akkordeon.

Das Casting für das traditionelle Nikolospiel war mindestens ebenso wichtig wie das Spiel selbst. Jeder, der eine Rolle haben wollte, musste etwas vortragen. Ein Stück des Hofes diente als Bühne, für die Zuschauer waren Bänke aufgestellt worden und die Jury saß bereits an einem Tisch.

Frauen waren keine Rollen zugedacht – damals nicht, heute nicht – und das spornte Mimi nur noch mehr an. Honoratioren unter sich, denen sie schön ins Handwerk pfuschen konnte.

Der Spielleiter begann mit der Begrüßung. Mimi hörte kaum, was er sagte, denn es war ihr egal. Wichtig war, dass alle Augen auf die Bühne gerichtet waren. Damit war die Scheune, wo die Masken und Kostüme ausgestellt waren, menschenleer, und genau dort wollte Mimi hinein. Sollten sich dann doch Zuschauer in die Scheune verlaufen und die Kostüme anschauen wollen, würde sie sich schon zu helfen wissen. Vor der Scheune hatte sich eine Gruppe Männer zusammengetan. Sie arbeiteten an den Schab-Kostümen. Die bestanden aus Strohbündeln, die man zusammengebunden hatte und wie ein Kleid ohne Ärmel überzog. Dazu eine Haube aus Stroh und Hörnern, die hoch in die Luft ragten und aus mit Stroh umwickelten Haselstecken bestanden.

»Wie lang sind denn diese Hörner?«, fragte Anneke.

»Über vier Meter«, antwortete Mimi. »Die Schab verkörpern den Sommer, der mit dem Winter kämpft.«

Ein schnalzender Ton erklang, noch nicht sofort gleichmäßig, aber bald in einem koordinierten Achtertakt.

»Das sind die Peitschen der Schab. Sie machen den Weg für den Zug frei. Warte … schließ die Augen«, forderte Mimi Anneke auf. »Stell dir Folgendes vor: Eine dichte Schneedecke liegt über Bad Mitterndorf, es schneit vielleicht noch und es ist bitterkalt. Die Dunkelheit ist hereingebrochen. Da setzt sich ein riesiger Zug aus mehr als achtzig Personen in Bewegung. Die Schab vorneweg – davon gibt es einige –, dann die Krampusse, die Darsteller des Spiels … Du hörst das Schnalzen der Peitschen und die Schellen der Kostüme, bevor du den Zug siehst.«

»Und das Spiel selbst?«, fragte Anneke.

»Der Zug kommt bis nach Bad Mitterndorf hinein und hält zwischendurch an verschiedenen Gaststuben, in denen die Aufführung stattfindet.«

»Mit den Schab?« Anneke musterte die langen Hörner.

»Nein. Wenn der Zug beim Gasthof angekommen ist, stehen sie draußen Wache und schnalzen mit ihren Peitschen.«

Mimi zog Anneke weiter, an den Männern vorbei und in die Scheune hinein, um sich die anderen Kostüme anzuschauen. Für den Moment waren sie wie erwartet allein, da die meisten das Casting sehen wollten.

»Ist der echt?« Anneke deutete mit großen Augen auf einen Ziegenkopf. Er war an einer langen Stange mit einem Ziegenfell befestigt.

»Nein. Der ist aus Holz. Das ist die Habergeiß.« Mimi ging zu dem Kostüm und ein Klappern ertönte. »Schau mal, der Unterkiefer bewegt sich. Die schnappt gern nach den Haaren und Kopfbedeckungen der Besucher. Mich hat der Darsteller bei meinem ersten und letzten Nikolospielbesuch mit Rudi in die Wade gezwickt. Soll wohl was mit Fruchtbarkeit zu tun haben, diese Geste.« Sie klapperte noch einmal.

»Wir werden davon aber bestimmt nicht schwanger«, kommentierte Anneke trocken. »Und was hat das mit Nikolaus zu tun?«

»Wenn der Nikolaus die Stube verlässt, wird's gruselig, dann ist das Böse losgelassen«, erklärte Mimi.

Sie wurde unterbrochen, denn zwei Männer in Lederhosen schoben sich vorbei und blieben bei einem Overall aus schwarzem Schafpelz stehen. Einer der beiden begann, das Kostüm anzuziehen, und der andere half ihm dabei, denn es wog sicher einige Kilo. Der Kopf, ausgestattet mit einem riesigen Mund mit Hauern, einer Adlernase und Hörnern, saß auf einem langen Hals. Darin war die Öffnung für das Gesicht des Darstellers angebracht. An der Brust des Kostüms hingen schwere Schellen.

Die beiden Frauen schauten beim Ankleiden zu und warteten darauf, dass die beiden Männer die Scheune wieder verließen. Als die Männer endlich zum Vorsprechen gingen, schwenkte der Schauspieler drohend die Rute, die zum Kostüm gehörte, und bald hörten sie ihn brüllen.

»*Ich bin der Teufel in der Eh',*
oh, wie freut's mich, wenn ich seh',
dass der Mann nach auswärts geht
und das Weib allein da steht – Brrrr.«

Die Schellen bimmelten lautstark.

»Jetzt schüttelt er sich«, erklärte Mimi, während sie an einem Engelskostüm und Krampusmasken aus Holz vorbeigingen. Dabei hörten sie den Eheteufel weiter rezitieren.

»Da gibt es manches Allerlei,
zu kochen einen Teufelsbrei.
Für den Mann die Eifersucht –
für das Weib den Verdruss – Brrrr.«

Wieder erklangen die Schellen.

»Der Eheteufel ist im dritten Teil dran, beim Tanz der Teufel«, meinte Mimi. »Erst kommt der Nikolaus und predigt, Gutes zu tun, und die Kinder bekommen Süßigkeiten und Obst.« Mimi meinte förmlich, das Feuer im Kamin der Gaststube knistern zu hören. »Dann kommt das Jedermannsspiel.«

Sie blieben vor drei Kostümen stehen, die einen Pfarrer, einen Bettelmann und Gevatter Tod darstellen sollten.

Draußen ertönte eine klägliche Stimme:

»Herr Pfårrer, Herr Pfårrer, Herr geistlicher Herr, I bitt recht schön, kemmans a weng her!«

»Da, das ist der Anfang, da üben wohl welche den Text«, erklärte Mimi, während Anneke die Kostüme musterte. »Der Bettelmann beichtet dem Pfarrer seine Sünden. Er ist aber nicht zur Reue und Besserung bereit und der Tod streckt ihn nieder. Dann beginnt der Tanz der Teufel.«

»Ah! Der mit dem langen Hals!« Anneke nickte.

»Nicht nur der, die Habergeiß auch und sogar Luzifer persönlich!«, sagte Mimi mit Drama in der Stimme. Sie zwinkerte Anneke zu. »Wollen wir weiter? Wir haben ja noch was zu tun.«

Anneke nickte und sie gingen wieder an den Masken und Kostümen entlang.

Bei einem Buckelkorb und einem Pelzmantel mit Schellengurt blieben sie stehen.

Lächelnd betrachtete Mimi die Maske daneben – es war die des Bartl. »Da haben wir das gute Stück.«

»Die sieht ja mal richtig freundlich aus.« Anneke musterte das geschnitzte Grinsegesicht. »Schöne Holzarbeit. Und die Haare?«

»Sind aus Werg.«

Ein kurzer Blick durch die Scheune bestätigte den beiden Frauen, dass sie immer noch allein waren.

Mimi drehte die Maske vorsichtig auf das Gesicht und strich sanft über die Innenseite des Holzes. »Über zweihundert Jahre alte Handwerkskunst von Rudis Urururururgroßvater.« Sie holte die Apothekerfläschchen aus ihrer Tasche. Vorsichtig, ja fast liebevoll tropfte sie den gewonnenen Saft auf die gesamte Innenseite, sorgfältig darauf achtend, dass sie nicht selbst etwas davon abbekam. Als sie sicher war, die gesamte Maske beträufelt zu haben, waren die Fläschchen leer. Behutsam legte sie die Maske zurück. Sie warf einen letzten Blick darauf, dann gingen beide auf den Hof zurück.

Rudi stand mit ein paar Mitbewerbern zusammen. Jetzt oder nie. Mimi hakte sich bei Anneke unter. Gemeinsam gingen sie auf die Männer zu.

»Du spielst also immer noch den Bartl?«, fragte Mimi Rudi neugierig.

»Freilich, das ist eine Ehre, da mitspielen zu dürfen«, sagte Rudi mit stolzgeschwellter Brust. »Ist ja immaterielles Kulturerbe der UNESCO. Und den Bartl spielt eh immer der Fescheste im Ort.« Er zwinkerte ihr zu.

»Wann hast du denn dein Casting?« Mimi bemühte sich, möglichst ruhig zu klingen.

»Ich? Ich brauch doch kein Casting.« Rudi wurde fünf Meter größer. »Ich bin sowieso schon g'setzt. Wie jedes Jahr.«

»Ach. Das ist aber schade. Wir würden dich so gern in Aktion sehen.« Mimi klang enttäuscht. »Meine Freundin hat das Nikolospiel noch nie miterlebt und ich habe ihr davon so vorgeschwärmt. Wie leiwand des is', wie toll. Möchtest du uns vielleicht auch ohne Casting etwas vortragen? So richtig, mit Maske?«

Rudi sah von Mimi zu Anneke.

»Ach, komm schon, sei kein Frosch«, sagte Anneke. »Ich bin extra hergekommen. Und wenn der Bartl mit Maske nur halb so gut ausschaut wie ohne, dann wird das ein echter Augenschmaus.«

Rudi sah zu seinen Kumpels, dann wieder zu Mimi und Anneke.

»Und wenn ich dich recht schön bitte?«, fragte Mimi. »Deine Lieblingsdeitsche? Oder bist du nicht mehr so knackig wie damals, als du bei mir gefensterlt hast?« Sie legte den Kopf schief. »Weil ich dich trotzdem noch irgendwie gernhab, auch wenn du so ein Idiot bist.« Mimi sandte ihm einen koketten Augenaufschlag, der seine Wirkung nicht verfehlte.

Rudi seufzte. »Ihr wollts altes Brauchtum sehen?« Er warf einen um Zustimmung heischenden Blick auf seine Mitbewerber und sah wieder zu Mimi. »Also gut, schöne Frau, dann schaut's mal her. Sammas?«, fragte er in die Runde, die Männer nickten und verschwanden in der Scheune.

Als Rudi und seine Kumpels in Kluft wieder zurückkamen, kam auch die Sonne hinter den Wolken hervor. Mimi lächelte zufrieden.

Einer der Mitbewerber Rudis, dessen Kostüm aus einer Polizeiuniform mit Säbel bestand, machte mit kräftigen Schritten in die Mitte des freien Platzes den Anfang.

»Ich komm' herein und tritt hinaus,
bin der Quartiermacher vom Sankt Nikolaus.
Deshalb frag ich mich beim Herrn Wirt an,
ob ich meine Herrschaften hereinlassen kann.«

Die Zuschauer johlten. Nun betrat ein Nachtwächter den freien Platz mit einer brennenden Laterne. Er mahnte, aufs Feuer und aufs Licht achtzugeben. Ihm folgte der Schimmelreiter. Der vollbärtige Darsteller hatte tatsächlich ein großes weißes Pferd aus Stoff, in dem er stand, sodass es aussah, als würde er reiten. Er trug eine Felljacke und einen Kopfschmuck aus Federn, der an einen Wikinger- oder Asterix-Helm erinnerte. Er umritt den freien Platz.

»Damit vertreibt er symbolisch die bösen Geister aus dem Raum«, flüsterte Mimi Anneke zu. Mittlerweile saßen die Kinder beisammen, sie hatten die Aufführung bemerkt. Der Nikolaus sagte seinen Text, befragte die Kinder, ob sie denn schön brav gewesen seien. Auch wenn Mimi das Schauspiel im Winter schon einmal erlebt hatte, verfolgte sie es gespannt. Als nächstes trat Rudi als Bartl auf, mit seinem Kostüm aus Fell, dem Buckelkorb und der lächelnden Maske. Die Zuschauer spendeten Applaus und auch Mimi schaffte es, mit einem richtigen Grinsen im Gesicht, Beifall zu klatschen, als Rudi beziehungsweise der Bartl an die Kinder Obst verteilte. Für Schokolade war es zu heiß.

Als Rudi die Maske absetzte, begannen die Furocumarine des Riesenbärenklaus zu wirken. Mimi lachte Rudi ins Gesicht. »Damit du nicht vergisst, was das Wort ›Pflanzen‹ für mich bedeutet. In vierundzwanzig Stunden wirst du im ganzen Gesicht schwere Entzündungen bekommen, es werden sich Blasen auf der Haut bilden. Das kann über Monate so gehen. Vermutlich werden

Narben bleiben. Da wird's dieses Jahr wohl nichts mit deiner Rolle. Vielleicht musst du sogar ins Spital. Nein, Krankenhaus. Bussi, Baba!« Sie drehte sich zu Anneke um, hakte sich wieder bei ihr unter und sie verließen den Hof. »Wie gut, dass du diesen Riesenbärenklau im Garten hast und weißt, was das Ding anrichten kann«, meinte Mimi zu Anneke.

»Oh ja, das ist echt fieses Zeug. Wenn du den Riesenbärenklau berührst, zerstört sein Gift die UV-Schutzschicht der Haut. Darum entstehen bei Sonnenlicht Verbrennungen. Und da es vor ein paar Tagen geregnet hat und seitdem sonnig war, ist die Staude besonders aggressiv. Aber ich glaube, wenn wir zu Hause sind, werde ich ihn besser ausreißen.«

»Stimmt. Es soll ja keinem Unschuldigen so gehen wie Rudi. Ich glaube, ich bin jetzt nicht mehr seine Lieblingsdeitsche.« Mimi zuckte mit den Schultern. »Was soll ich dazu sagen? Du erntest, was du säst: Pflanzen.« Sie begann zu singen: »*We're going to Ibiza …*« Die restliche Zeit ihres Urlaubs würde sie sehr genießen.

Jennifer B. Wind

DIE EINSAMKEIT DER SCHULDLOSEN

Murau, Steiermark

Rückwirkend betrachtet wäre es für Roko besser gewesen, Vaters Leiche früher zu entsorgen. Der Versuch, dessen Körper zu mumifizieren, schlug genauso fehl wie alles andere in seinem Leben. Bei seinem letzten Besuch hatte er bereits Käfer und Maden gesichtet und mit spitzen Fingern einzeln entfernt, während Mutter abwechselnd kleine Schreie und Würgelaute ausstieß. Handschuhe trug Roko ohnehin immer. Nie war er glücklicher darüber gewesen. Zugegeben, auf Mutters Einwürfe hätte er gut verzichten können. Überhaupt wünschte er, die Alte würde seinem Vater folgen, und zwar bald.

Auch jetzt im völlig überfüllten Bus Richtung Murau zupfte er an seinen Handschuhen und dachte über den letzten Besuch vor einer Woche nach. In den hinteren Reihen sang eine Gruppe in steirischer Tracht mehrstimmig »Hoch vom Dachstein her«, mit steirischer Knopferlharmonika begleitet von einem Kerl, dessen langer, schlohweißer Bart bei jedem Zusammenziehen des Instruments herumflatterte. Alle Männer der Gruppe trugen Hüte mit aufgesteckten Gamsbärten. Der Junge in der Sitzreihe vor Roko aß eine Leberkäsesemmel. Darüber legte sich seit fünf Minuten Güllegeruch, der durch die geöffneten Fenster hereinzog, was die Sache nicht besser machte. Gesunde Landluft, hatten seine Eltern das genannt, da war ihm der Geruch der Stadt nach

Diesel und Staub weitaus lieber. Das Teil aus mehrlagigem Spinnvlies über Nase und Mund konnte leider Gerüche nicht aussperren. Gottlob war es ein kalter Septembertag und Roko schwitzte nicht so schlimm wie sonst in seiner Montur samt Ledermantel. Man mochte von der Pandemie halten, was man wollte, für Roko war sie regelrecht ein Segen. Die Maske versteckte bereits sein halbes Gesicht. In Verbindung mit seiner Sonnenbrille, Kappe und dem Kapuzenpulli konnte er völlig unerkannt durch die Steiermark fahren. Früher war er oft seltsam angesehen worden, wenn er Sommer wie Winter komplett vermummt durch die Gegend lief. Aber in Zeiten der Pandemie, wo Brillen aufgrund der Masken beschlugen und jeder mit seinem eigenen Mangel an Sauerstoffzufuhr kämpfte, hatten alle dringendere Probleme, als sich um Roko zu scheren. Tagsüber war er nur selten unterwegs, doch die Verbindungen mit den öffentlichen Verkehrsmitteln zu seinen Eltern waren leider nicht so gut. Nachts fuhr fast gar nichts außer Taxis und er wollte das Geld nicht verschwenden. Vaters Pension war überraschend hoch, Mutter hatte nicht so viel, dennoch reichte es Roko zum Überleben. Dafür musste er eben in Kauf nehmen, einmal die Woche nach dem Rechten zu sehen in der kleinen Berghütte, die er für sie gemietet hatte, damit er im Haus in Graz wohnen konnte. Das Haus, in dem er seit seiner Kindheit lebte und mit dem er nicht nur gute Erinnerungen verband. Dennoch konnte er sich nicht davon trennen. Schließlich hatten seine Eltern viel Geld für sein Verlies ausgegeben. Und jetzt waren ihm normale Räume und Wohnungen viel zu groß. Es war ihm unangenehm, in einem lichtdurchfluteten Wohnzimmer zu sitzen. Deshalb war seine erste Tätigkeit gewesen, sich schützende

Außenrollos zuzulegen, die er den ganzen Tag geschlossen hielt. Trotzdem verbrachte er die meiste Zeit in einem der kleineren Zimmer unter dem Dach oder in seinem Verlies. Gewohnheiten waren für den menschlichen Geist einfach schwer zu unterbinden.

Der Chor wechselte nun zu »In Da Steiermark Is' A Pracht«.

Roko stöhnte, steckte sich seine Airpods in die Ohren, klickte auf seine Spotify-Playlist und drehte voll auf. Der Juckreiz unter all den Kleidungsschichten war heute besonders stark. Klar, das Tageslicht tat ihm nicht gut. Aus seiner Ledertasche nahm er einen Bleistift. Damit fuhr er unter den Bund seines Handschuhs und kratzte sich am Handrücken. Eine Wohltat. Der Passagier auf der anderen Seite des Gangs sah ihm verwundert dabei zu.

»Warum ziehen'S die Montur nicht aus? Ist eh warm im Bus«, nuschelte er hinter seiner FFP2-Maske. Dunkelblau mit Aufschrift einer Firma, die Roko gut kannte. Sein Vater hatte dort gearbeitet.

»Warum schauen Sie nicht aus dem Fenster?«, antwortete Roko und kratzte sich weiter mit dem Bleistift, diesmal im anderen Handschuh.

Der Mann zuckte mit den Achseln und sah wieder auf sein Smartphone. Die schöne steirische Landschaft schien ihn nicht zu interessieren. Roko wünschte sich, er könnte die Fahrt über am Fenster sitzen und hinausschauen. Das würde jedoch zu starken Schmerzen führen und er musste sich schonen, denn auf ihn wartete eine längere Wanderung, die zwar zum Großteil durch dichten Wald ging, aber hie und da auch Lichtungen aufwies, die ihm alles abverlangen würden.

Obwohl er sein *Afamelanotid* regelmäßig nahm, hatte er trotzdem Beschwerden. Das Medikament war für Menschen mit *erythropoetischer Protoporphyrie*, kurz Lichtkrankheit genannt, ein Segen. Während dieser Pandemie war sogar Einkaufen angenehmer, denn niemand stellte seltsame Fragen, wenn er im August knapp vor Ladenschluss mit Ledermantel, Handschuhen und komplett vermummtem Gesicht in den Supermarkt ging.

Ruckelnd kam der Bus zum Stehen. Er war in Murau angekommen. Rokos Magen grummelte. Bevor er die Wanderung anging, musste er noch etwas essen.

Im Gasthof Lercher setzte er sich ganz nach hinten in eine nicht einsehbare Ecke weit weg von den Fenstern.

Die Wirtin kannte ihn schon, denn er kam jede Woche einmal zum Essen her. Deshalb brachte sie ihm auch keine Karte.

»Ich muss dir leider sagen, dass der *Entdecker* aus ist, aber dafür haben wir den neuen *Prachtkerl* von *Murelli*. Der schmeckt auch super.«

»Okay, probiere ich aus«, sagte er, ohne seine Verärgerung zu zeigen, weil seine Lieblingslimonade nicht da war. Er mochte keine Veränderungen. Alles musste gleich bleiben. Wie sollte er sonst Vertrauen haben, dass der Rest des Tages gut verlief? Die Sache mit der falschen Limonade könnte der erste Hinweis darauf sein, dass dieser Tag nicht so ablaufen würde, wie er es sich vorstellte. Ein schlechtes Omen. So wie damals, als sein *Himbeerkracherl* plötzlich nicht mehr *Himbeerkracherl* hieß, sondern *Murelli Limo*. Es hatte Monate gedauert, bis er sich daran gewöhnt hatte. Durch die Sonnenbrille konnte die Wirtin allerdings nicht erkennen, wie wütend er war. Denn nur in seinen Augen spiegelten sich seine Gefühle wider.

Roko liebte die Suppe aus der Kanne mit Karotte, Beinfleisch und Einlage nach Gusto. Leider gab es an diesem Tag auch keinen Lungenstrudel mehr und er musste mit Frittaten vorliebnehmen. Weniger Gusto also. Danach aß er noch eine große Portion hausgemachter Erdäpfelnockerl mit Kochsalat, Poveraden und frisch gerissenem Kren. Wenigstens hier gab es keine unliebsamen Überraschungen. Seine Augen tränten ein bisschen ob der Schärfe des Krens, aber einen echten Steirer warf das nicht um.

Die Erdäpfelnockerl versöhnten ihn und er war sicher, wenn ab sofort keine Zwischenfälle mehr kämen, konnte es ein guter Tag werden.

Nach dem üblichen Einkauf für Mutter wanderte er zur Hütte auf die Frauenalpe. Das Gebäude war Ende des 19. Jahrhunderts auf 1400 Höhenmetern errichtet worden. Sehr idyllisch direkt neben einem Fischteich. Weg von der Hektik des Alltags, zurück zu den Wurzeln inmitten unberührter Natur, hatte auf der Webseite des Vermieters gestanden, und es gab tatsächlich nur den wenigen Strom, der über die Photovoltaik-Anlage auf dem Dach erzeugt wurde. Ansonsten nahm man mit echten uralten Petroleumlampen vorlieb. Zum Heizen und Kochen musste man im alten Ofen Feuer machen. Ein Badezimmer suchte man vergeblich. In einer Ecke in der Küche stand ein Badezuber. Die Notdurft musste man im Außenbereich auf einem urigen Plumpsklo verrichten.

Schon bevor er eintrat, waberte Roko furchtbarer Gestank entgegen. So als würden die Reste von dreizehn Grillhühnern in einem überdimensionalen Müllkübel verrotten. Tränenüberströmt kauerte seine Mutter in einer Ecke des Betts, nur mit einem Nachthemd bekleidet. Ihre Beine waren mit Blut verschmiert. Roko sah nicht, woher es kam. Er ließ die Tür offen stehen, um durchzulüften. Auf dem Bett war Vater diesmal schon richtig am Verwesen. Mist! Jetzt war das ganze unangenehm geworden. Rasch stellte er den Sack mit seinen Einkäufen auf dem Küchentresen ab, dann ging er zu seiner Mutter und warf eine Wolldecke über sie.

»Warum blutest du?«

»Keine Ahnung, es juckt. Ich glaube, die Maden haben mich angefallen.« Sie sah schief zu ihm hinauf und kratzte sich an den Oberschenkeln. »Die fressen mich von innen auf. Tu etwas, Roko!«

»Sei nicht paranoid! Maden befallen doch keine Lebenden.«

»Die sind nicht wählerisch. Schließlich schlafe ich jede Nacht neben Robert.« Sie schnappte nach Rokos Unterarm und grub ihre Fingernägel in sein Fleisch zwischen Handschuh und dem Bündchen des Pullis. »Wann wirst du die Leiche endlich wegschaffen? Hol die Polizei oder den Leichenabholdienst, die Rettung, irgendetwas.«

»Bist du verrückt? Die streichen uns sofort seine Pension. Wovon sollen wir dann leben?«

»Geh arbeiten!« Ihre Augen funkelten ihn an. Sie spuckte einen Schleimbatzen vor seine Füße. »Du Nichtsnutz!«

Roko riss sich von ihr los. »Du weißt ganz genau, dass ich nicht arbeiten gehen kann. Ich bin krank.«

Sie lachte und schüttelte den Kopf: »Das bildest du dir alles nur ein. Sogar die Ärzte haben das gesagt.«

Die alte Leier schon wieder. Davon wollte er nichts mehr hören. Roko hob seine Mutter hoch, trug sie in die Küche und setzte sie in den Badezuber. Dabei schleifte die schwere Eisenkette, die an ihrem Bein festgemacht war, über den Holzboden und hinterließ ein bizarres Muster.

Mutter wimmerte. »Kalt.«

»Ich hol gleich Holz zum Aufwärmen des Wassers.«

Sie zog die Decke enger an ihren Körper: »Lass mich endlich wieder nach Hause. Mir gefällt es hier nicht.«

Als hätte es ihm all die Jahre im Verlies gefallen! Was erlaubte sie sich? Dagegen war diese Hütte doch das Paradies. Der Geruch von Urin stieg aus dem Zuber auf. Auch das noch.

»Kannst du nicht rechtzeitig auf das Plumpsklo gehen?«

»Die Kette ist so schwer. Das schaffe ich nicht mehrmals täglich.«

Roko seufzte. Er hatte die Ketten für beide extra so lange gelassen, damit sie bis zum Klo gehen konnten und auch zum Steg am See. Schließlich war für normale Menschen Sonnenlicht wichtig. Er hatte ursprünglich vorgehabt, sie so lange wie möglich am Leben zu erhalten. Dass bei Vater schon nach wenigen Monaten das Herz versagt hatte, war ein unglücklicher Umstand gewesen. Vater hatte sich einfach so aus der Strafe geschlichen – die Strafe dafür, was er Roko angetan hatte, als er klein gewesen war. Beide hatten diese Behandlung mehr als verdient. Doch er hatte keinen Plan für verwesende Leichen.

Wortlos setzte Roko sich Sonnenbrille und Maske wieder auf. Zusätzlich wickelte er einen alten Schal um den Kopf. Als die falsche Limonade beim *Lercher Hof* auf den Tisch gekommen war, hätte ihm eigentlich klar sein müssen, dass dieser Tag nichts Gutes mehr für ihn bereithalten würde. Während er durch das Dickicht zum

Schuppen stapfte, in dem das Brennholz lagerte, dachte er nach. Jetzt musste er eine Leiche entsorgen und hatte nicht mal einen Sack, geschweige denn eine Säge, und seine Mutter war auch keine Hilfe. Er konnte niemanden zur Entsorgung holen, da er seit Monaten Sozialhilfebetrug beging und es auch weiterhin tun wollte. Sollte er seinen Vater einfach in den Teich werfen? Da er voller Maden war, müsste er eigentlich so richtig absacken, andererseits könnte er gefunden werden und es wäre vorbei mit dem großen Geldfluss. Und wenn er die Kette dran ließ? War sie schwer genug, um Vater am Teichgrund zu halten? Fraßen Fische nicht ohnehin alles? Nach wenigen Monaten war vielleicht gar nichts mehr von Vater übrig.

Roko ärgerte sich wieder, dass diese Anleitungen im Internet nichts wert waren. Ganz exakt hatte er sich an die Beschreibung zur Mumifizierung der buddhistischen Mönche gehalten, die das viele Jahrhunderte praktiziert hatten. Leider war das schiefgelaufen. Vater hätte eigentlich noch viele Jahre frisch neben Mutter liegen sollen.

Rokos Gedanken wurden durch ein lautes Geräusch unterbrochen. Als würde ein Baum umfallen. Es kam ihm auch so vor, als würde hinter dem Haus etwas knacken. Er stand still und lauschte. Nichts. Bestimmt waren es irgendwelche Tiere. Die Hütte im Wald war sonst von Frühling bis Herbst gut belegt und sehr beliebt auf Grund des Sees und der Einsamkeit. Weit und breit wohnte sonst niemand hier.

Er musste sichergehen. Deshalb umrundete er die Hütte einmal bis zum Plumpsklo und wieder zurück. Er konnte niemanden sehen, dennoch fühlte er sich beobachtet. Kurz ging er noch zur Überprüfung zum Steg am Teich. War der Vermieter hier? Nein, das konnte nicht sein. Erst gestern hatten sie telefoniert. Der Vermieter wohnte in Gleisdorf, das lag nicht gerade um die Ecke.

Nachdenklich ging Roko zurück. Wie würde das im Winter werden? Da müsste er öfter raufkommen, um Feuer zu machen.

Am besten wäre es, wenn die Alte seinem Vater sobald wie möglich folgen würde. Zur Not müsste er nachhelfen, denn obwohl sie ständig jammerte, war seine Mutter gut in Schuss.

Als er wieder in die Hütte kam, sang sie ein altes steirisches Lied. Dabei flocht sie ihre verfilzten Haare. Roko machte sich ans Werk, Wasser zu erhitzen, um ihr ein Bad einzulassen.

»Diese Kette schmerzt«, unterbrach sie ihren Gesang nach einer Weile und zeigte auf ihren Fuß. »Kannst du nicht irgendetwas Leichteres besorgen? Ich fühle mich wie in so einem Gefängnis im Mittelalter.«

»Das ist zu deinem Schutz! Das weißt du doch! Du bist hier sicher. Wer weiß, wie lange diese Pandemie noch dauert.«

»Du mit deiner Pandemie. Ich habe auf Facebook gesehen, dass es viele Menschen gibt, die gar nicht an die Pandemie glauben. Du warst schon immer ein Hypochonder. Lichtallergie, dass ich nicht lache! Gott hat die Sonne und die Menschen nicht erschaffen, um ihnen eine Lichtallergie zu geben. Das ist absurd.«

»Ach so? Guck mal, wie entstellt ich bin durch diese Krankheit!«

Er riss sich seinen Kapuzenpulli vom Kopf, nahm Maske und Sonnenbrille ab und stellte sich vor den Ganzkörperspiegel, der gegenüber vom Waschzuber hing und auch für seine Mutter einsehbar war. »Sieh hin!«, schrie er und zeigte auf sein Gesicht, das er kaum ansehen konnte.

»Ich kann nichts sehen – jetzt nicht und damals nicht.« Mutter zog ihr Nachthemd aus. Roko schloss die Augen. »Auch die Ärzte haben das gesagt. Du siehst sogar extrem gut aus.«

Blödsinn! Er fuhr mit den Fingerspitzen über sein Gesicht, das kein Gesicht war, sondern ein Konglomerat aus verschiedenartigen Wülsten und Geschwülsten, rot-grün-blau geädert. Seine Fingerkuppen berührten raue Narben und erhöhte Furunkel. Darüber hinaus vermisste er Brauen und Wimpern. Er öffnete die Lider. Im Spiegel konnte er sehen, wie ihm eine Träne aus dem Augenwinkel rann. Mit dem Handrücken wischte er sie von der Wange. Mit seiner Iris stimmte auch etwas nicht. Sein Blick fiel auf seine schiefen Lippen. Auf einer Seite schienen sie hinunterzuhängen, während sie auf der anderen Seite straff nach oben verliefen. Sein ganzer Körper brannte und juckte.

»Jetzt guck dich genau an«, sagte seine Mutter wieder. »Du bist so ein hübscher Junge.«

Fand nicht jede Mutter ihr Kind schön? Ihre Meinung war nicht aussagekräftig. Das Wasser brodelte bereits. Roko goss es in den Zuber zusammen mit einigen Krügen kaltem Wasser, damit er Mutter nicht verbrühte.

»Ich bin ein Monster«, zischte Roko und reichte ihr die Seife.

»Geh mal ohne deine Vermummung raus, dann wirst du sehen, wie die Mädels dich anhimmeln werden«, sagte sie, als er ihr den Rücken schrubbte.

Roko warf den Schwamm mit Schwung in den Zuber, sodass es nach allen Seiten spritzte. »Warum hast du mich Roko genannt? So nennt man einen Hund.«

»Das ist nur dein Spitzname, du heißt Robert Konrad, nach deinem Vater und Großvater.«

Er wollte weder wie sein Vater noch wie sein Großvater heißen. Hastig lief er hinauf in das Dachzimmer, um Handtücher und neue Bettwäsche zu holen. Unter dem Dach befand sich ein Matratzenlager, auf dem zehn Wanderer Platz fanden.

Als er wieder herunterkam, stand seine Mutter im Zuber. Roko sah ihre hängenden Brüste. Beschämt legte sie ihre dünnen Arme darüber. Roko legte ihr ein Badetuch um die Schultern.

»Trockne dich ab. Ich kümmere mich dann mal um Vater.«

Während er Mutters Bett frisch überzog, fluchte er. Es half alles nichts – Roko würde heute wohl oben im Bettenlager übernachten müssen. Aufgrund all dieser Dinge, die er noch zu erledigen hatte, würde sich ein Abstieg nicht mehr ausgehen, und der Bus fuhr um diese Zeit auch nicht mehr.

»Das ist lieb, Roko. Du warst ja immer mein Lieblingssohn.«

»Ich bin dein einziger Sohn und es nutzt nichts, dich bei mir einzuschleimen.«

Er steckte das Smartphone seiner Mutter an die Powerbank, die er jede Woche neu aufgeladen mitbrachte. Gott sei Dank gab es hier oben keinen Handyempfang und er konnte es ihr lassen, damit sie ihr kindisches *Candy Crush* spielen konnte. Ein bisschen Zerstreuung brauchte die Frau, damit sie nicht komplett durchdrehte, andererseits konnte sie so am eigenen Leib erfahren, was es bedeutete, allein in einem Raum eingesperrt zu sein, ohne Sozialleben, ohne andere Menschen, ohne Freunde, und das jahrelang.

»Ich habe vermutlich vieles falsch gemacht, aber ein bisschen bist du selbst schuld. Zum Beispiel diese Krankheit, die du erfunden hast.«

»Ihr habt mich eingesperrt!«

»Wir haben dich nicht eingesperrt!«

»Natürlich habt ihr das. Du hast dich so geniert. Zu keiner Familienfeier durfte ich mitkommen. Freunden hast du erzählt, ich wäre gestorben.«

»Ich weiß nicht, wovon du sprichst. Wir haben nie irgendjemandem erzählt, dass du tot bist. Wie kommst du nur darauf?«

»Mutter, warum bin ich krank geworden?«

»Du bist gar nicht krank. Das ist alles nur eingebildet. Dein Vater kam irgendwann einmal zu mir und sagte, du wärst wahrscheinlich berührungsempfindlich, denn du hattest dich geweigert, dich von ihm anfassen zu lassen. Dabei hast du geschrien oder so. Ich bin dem nicht nachgegangen, merkte aber, dass du nicht mehr in den Garten oder zum Pool gegangen bist. Den hast du vorher geliebt. Dann bist du nicht mehr schwimmen gegangen, hast dich dick angezogen, diese Pullis, die du jetzt noch trägst. Später bist du gar nicht mehr rausgegangen und hast dich im Keller verkrochen. Du selbst bist in den Keller gegangen. Weißt du nicht mehr?«

Roko schüttelte den Kopf.

Mutter trocknete sich endlich ab und schlüpfte in ihre Unterwäsche. »Vater war ganz viel bei dir, aber eines Tages hast du in seinen Oberarm gebissen. Ich hatte die Idee, dir den Keller zu verschönern und dich aus der Schule zu nehmen, in die du sowieso nicht mehr richtig gegangen bist. Hast du mich das nicht erst vor ein paar Wochen gefragt?«

Roko konnte sich nicht erinnern. Hatte er? Und hatte er wirklich selbst in den Keller gewollt damals? Schweißperlen bildeten sich auf seiner Stirn, als kurze Bilder aus seiner Vergangenheit vor seinem inneren Auge aufblitzten. Roko in der Schule unter dem Tisch, wippend. Roko vor den anderen Schülern davonlaufend. Roko in seiner selbst gebauten Deckenburg …

Nachdenklich versuchte er, seinen Vater vom Bett zu ziehen, was schwieriger war, als er gedacht hatte. Sein Körper klebte regelrecht am Laken fest. Hatte seine Mutter gerade gekichert? Roko hielt inne. Stille. Hörte er schon Stimmen? Er zog weiter. Wieder dieses Knacksen von draußen. Roko ließ Vaters Füße los und drehte sich um. Seine Mutter stand auf einmal schön frisiert in einem Blumenkleid, das er noch nie gesehen hatte, in der Küche und lächelte ihn an. »Ich hab deine Lieblingslimonade für dich.«

Ungläubig ging Roko auf sie zu und nahm die Flasche entgegen. Wie war sie an die Limonade und an dieses Kleid gekommen? In seinem Gehirn arbeitete es und es fiel ihm wie Schuppen von den Augen, was er vorhin übersehen hatte. Beziehungsweise überhört hatte: Facebook.

Sie hatte von Facebook geredet, obwohl sie hier oben doch gar keinen Empfang haben konnte.

»Wie …«, stammelte Roko, bevor ihn ein harter Schlag auf den Hinterkopf traf und er in Schwärze versank.

Als er die Augen wieder aufschlug, sah er einen Mann hinter Mutter stehen, den er nicht kannte.

»Das ist Rudi, der Vermieter«, stellte sie ihn vor. »Ihm kamst du verdächtig vor. Vor zwei Tagen hat er nachgesehen und uns gefunden. Und dann haben wir zusammen einen Plan geschmiedet.«

Sie hatte alles nur gespielt? Ihre Bedürftigkeit und Einsamkeit waren nur Show gewesen, um ihn zu überrumpeln?

»Die Limo steht am Nachttisch. Im Kühlschrank ist noch mehr davon.« Sie lächelte und hakte sich bei diesem Rudi unter. »Wir kommen einmal die Woche vorbei und bringen Essen. Und vielleicht, wenn du brav bist, wird der gute alte Robert irgendwann Fischfutter.« Sie beugte sich tief zu ihm hinunter und flüsterte ihm ins Ohr: »War übrigens kein Herzversagen. Den hab ich selbst vergiftet. Hinter dem Plumpsklo wächst Blauer Eisenhut.«

Verächtlich spuckte sie ihm ins Gesicht und richtete sich wieder auf. »Ach übrigens, du warst immer hässlich. Schon als Baby. Am liebsten hätte ich dich in den Bauch zurückgesteckt. Aber Robert wollte dich unbedingt. Du und dein Vater … ihr habt mein Leben ruiniert.«

Roko wollte aufspringen, aber die Eisenketten hielten ihn jäh zurück. Was zur Hölle? Sie hatten an jedem seiner Füße eine Kette angebracht. Mutter drehte sich lachend um und folgte ihrem neuen Liebhaber nach draußen. Die Hüttentür knallte zu und die Einsamkeit hatte ihn wieder.

Roko starrte auf das frische Bettlaken. Etwas Schwarzes krabbelte von der anderen Bettseite auf ihn zu. Und dieses Etwas blieb nicht lange allein. Mit den Fingern schnippte er die Käfer weg, sobald sie über den Bettrand krabbelten. Es würde für viele Stunden seine einzige Beschäftigung sein. Er nahm den letzten Schluck Limonade und starrte in die beiden Löcher in Vaters Kopf, die einmal ihn liebevoll anblickende Augen enthalten hatten. Rückwirkend betrachtet wäre es definitiv besser gewesen, Vaters Leiche früher zu entsorgen.

Christine Neumeyer

JAGDHAUS MIT SCHWARZEM RUCKSACK

Losenheim, Niederösterreich

An klaren Tagen war der Schneeberg als nordöstlichster Zweitausender der Alpen bis in die Pannonische Tiefebene sichtbar. Erwartungsvoll blickte ich aus dem Fenster und freute mich auf den Berg wie auf einen lieben Freund, den ich lange nicht gesehen hatte.

Mit einem Ruck hielt der Bus an.

»Aussteigen, wir sind in Losenheim!« Die Stimme der Chauffeurin schnitt in meine Gedanken. Mit gemischten Gefühlen trat ich in die milde und herbstlich feuchte Luft. Eine Amsel zwitscherte, der Wind raschelte in der Krone eines Nussbaums. Als ich mich auf dem Gehsteig nach Mutter umsah – wie so oft war sie unpünktlich – erspähte ich eine weitere Erinnerung an meine Kinder- und Jugendtage: die Burgruine auf dem Felsen von Losenheim. Ich schloss die Augen und ein wohlig warmes Gefühl stieg in mir hoch. Vergessen geglaubtes Sommerglück. Vater und seine Erzählungen von den mächtigen Rittern, die einst dort oben gehaust hatten. Eines Tages, so seine Worte, würde ich, die kleine Prinzessin, einem Ritter begegnen, der mir eine Burg schenken würde, schöner und prachtvoller, als ich es mir in meinen süßesten Träumen vorstellen könnte.

Ich öffnete die Augen, blinzelte in die goldene Sonne. Ein Frösteln huschte über meinen Nacken. Was sollte ich mit einem Ritter auf einer Burg? Nie hatte mein Vater mich verstanden, nie meine Natur akzeptieren können. Ich war eine herbe Enttäuschung für ihn gewesen.

Heute würde ich allein mit Mutter diesen Felsen besteigen, denn mein Vater war tot. Vor vier Tagen hatte er sich in unserem schönen großen Haus in Mödling erhängt. Die Chance auf eine Versöhnung war dahin.

Früh hatte ich mein Elternhaus verlassen und mir in Graz eine Existenz aufgebaut. Ich war stolz auf meinen kleinen Blumenladen in der Innenstadt. Ja, die Mietwohnung könnte heller und größer sein, aber ich war zufrieden. Meine Eltern besuchte ich einmal im Jahr, zu Weihnachten. Diese Besuche kosteten mich jedes Mal eine mentale Vorbereitung und eine Handvoll beruhigender Baldriantabletten.

Ich dehnte meinen Rücken, blickte zum Parkplatz hinüber und wartete. Mutters rotgefärbter Schopf schien in der Sonne zu glühen, als sie zwanzig Minuten zu spät aus dem silberfarbenen Mercedes stieg. Die Markenjeans, das T-Shirt, die Schuhe, die glitzernden Steine an ihrem Hals hatten wohl mehr gekostet, als ich in einem halben Jahr verdiente. Sie sah nicht aus wie eine trauernde Witwe, aber das hatte bei ihr nicht viel zu bedeuten. Meine Mutter war mit der Tugend der Beherrschung zur Welt gekommen. Ich dachte an die gefaltete Zeitung in meinem Handtäschchen. Die knappe Meldung über das Delikt meines Vaters, welches wohl der Grund für seinen Suizid gewesen war, hatte ich während der Busfahrt immer und immer wieder gelesen. Mein Vater ein Verbrecher? Mir fehlte die Vorstellungskraft. Inzwischen konnte ich den Text auswendig.

Kurz vor Redaktionsschluss wurde bekannt, dass einen Tag vor dem Selbstmord des Chefs des niederösterreichischen Bankhauses, Alois Pichler, die Selbstanzeige seiner engsten

Mitarbeiterin bei der Wirtschafts- und Korruptionsstaatsanwaltschaft einging. Seit 1992 soll Pichler die Mitarbeiterin zu Bilanzfälschungen angehalten haben. Das niederösterreichische Bankhaus wurde umgehend geschlossen. Mehrere Gemeinden im Bezirk bekunden einen Schaden von insgesamt rund fünf Millionen Euro. Der Bankenchef, für den die Unschuldsvermutung gilt, hinterlässt eine Frau und eine Tochter.

»Hallo, Mutter!«

»Julia, mein Kind!« Ihre Umarmung fühlte sich fremd an. »Welche Schande. Ich werde das Haus in Mödling verkaufen müssen«, kam sie direkt auf den Punkt.

»Warum denn?«

Sie löste die Umarmung. »Weil mich die Nachbarn auf der Straße anstarren, als wär ich eine Außerirdische.«

»Du kannst doch nichts dafür.«

»Dein Vater hat nicht nur das Geld der Sparer und Unternehmer veruntreut, er hat auch meinen Sportverein jahrelang um beträchtliche Summen betrogen. Wie steh ich jetzt da?«

»Bist du nicht die Präsidentin von diesem Verein?«

»Ja eben. Der Sport ist mein Leben. Er hat alles kaputtgemacht mit seinen Betrügereien.«

Ich trat einen Schritt zurück und musterte sie. Einen Kopf größer als ich und Oberarme wie eine Ringerin. Meine Mutter war noch immer eine attraktive und starke Frau.

»Ich verstehe, wenn die Leute, die ihr Geld verloren haben, wütend sind. Aber es gibt doch die staatliche Einlagensicherung.«

»Nur bis 100.000 Euro. Dein Vater hat für Stammkunden gute Zinsen gewährt. Viele hatten weit mehr auf dem Konto.«

»Wie konnte das so lange unbemerkt bleiben? Was ist mit den Kontrollen der Bankenaufsicht? Und hast auch du nie etwas bemerkt?«

Ihre Lippen bebten. »Wenn ich an die vielen Überstunden von deinem Vater denke. Aber mein Verdacht ging in eine andere Richtung. Lange Zeit hab ich ihm eine Geliebte unterstellt. Diese Angestellte, die ihn angezeigt hat, war mir schon immer ein Dorn im Auge. Offenbar waren die zwei beinahe jedes Wochenende nur zusammengekommen, um die Zahlen zu fälschen.« Seufzend schüttelte sie den Kopf.

»Mutter, möchtest du zuerst ins Jagdhaus oder gehen wir gleich rauf zur Ruine?«

»Lass uns hinaufgehen. Danach essen wir im Jagdhaus. Ich hab etwas vorbereitet … ist im Auto … in der Kühltasche.«

»Wir hätten auch in ein Gasthaus gehen können.« Mutter und kochen? Das war etwas Neues.

»Julia, ich will diese zwei Tage nur mit dir verbringen.«

»Verzeih, Mutter.« Ich hob meine Reisetasche. »Kann ich mein Gepäck in deinem Auto verstauen?«

»Selbstverständlich.«

Ich legte meine Tasche neben die silberfarbene Kühlbox und ihren Schalenkoffer in den Kofferraum. Mutter nahm einen schwarzen Rucksack vom Beifahrersitz und hievte ihn auf ihren Rücken.

»Ist der nicht zu schwer für den Aufstieg?«

Sie riss die Augen auf. »Da drinnen sind wichtige Dokumente. Nicht auszudenken, würde jemand den Mercedes aufbrechen!«

»Was für Dokumente?« Verwundert runzelte ich die Stirn.

»Meine persönlichen Unterlagen. Die Polizei wird in unserem Haus herumschnüffeln. Furchtbar!« Energisch schlug Mutter die Autotür zu und hakte sich bei mir ein. »Es ist schön, eine Tochter zu haben.«

Mit der Nachmittagssonne im Rücken spazierten wir über die Losenheimstraße. Bald tauchten wir in den Schatten des dichten Waldes ein und der Weg wurde steil. Meine trainierte Mutter gab das Tempo vor und so waren wir im Nu auf dem Hügel. Während Mutter lässig lächelnd in die Ferne blickte, brauchte ich ein paar Sekunden, um wieder zu Atem zu kommen. Wie ich danach feststellte, hatte sich die alte Ruine seit meinem letzten Besuch verändert. Ein Verein hatte sie restauriert und die Burg nicht nur wiederhergestellt, sondern auch für die Touristen zugänglich gemacht.

»Heute ist leider geschlossen.« Mutter deutete auf das Informationsschild an der steinernen Stiege vor dem Zugang zum Palas, der einstigen Wohnung des Burgherrn.

»Das macht nichts. Es ist trotzdem schön. Ich danke dir, dass du gekommen bist.« Ich schluckte an meinen Tränen, die mir plötzlich in die Augen stiegen.

»Dein Vorschlag, uns hier zu treffen, hat mir sofort gefallen.« Mutter lächelte. »Der Schneeberg und Losenheim liegen zwischen meinem Haus in Mödling und deiner Wohnung in Graz.«

»Morgen fahren wir mit der Zahnradbahn auf den Berg und gehen bis zur *Fischerhütte*. Ich glaube, wir werden trotz der Jahreszeit keinen Nebel haben. Oder willst du lieber mit der Sesselbahn auf den Faden und zur *Edelweißhütte*?«

»Lass uns zur *Fischerhütte* gehen.« Sie trat an mich heran. »Und wenn die zwei Tage vorbei sind, sehen wir uns wieder zu Weihnachten?« Ihre Stimme piepste ein wenig.

Ich hob meinen Blick. Die Sonne zauberte rötliche Punkte in ihre dunkelbraunen Augen. »Ändert Vaters Tod etwas an unserem Verhältnis? Habe ich dich nicht auch immer nur enttäuscht?«

Mutter winkte fahrig ab. »Hauptsache, du bist glücklich.«

Achselzuckend drehte ich ihr den Rücken zu und stieg weiter bis zum Fuß des Südturms, legte meine Hand auf den kühlen Stein und atmete den würzigen Duft der ringsum stehenden Nadelbäume ein, während ich mich an dem herrlich klaren Blick über das Land ergötzte.

»Warum hat er sich ausgerechnet erhängt?«, fragte ich in den Wind. »Ich hätte Vater viel eher zugetraut, sich mit erhobenen Armen, den ausgebreiteten Flügeln eines Adlers gleich, von einem Stein wie diesem in die Tiefe zu stürzen oder sich mit einer seiner geliebten Jagdwaffen zu erschießen.« Ich ging zurück zur steinernen Stiege.

»Bitte nicht, Julia.« Sie senkte den Kopf. »Irgendwann werde ich dir erzählen, wie es geschehen ist.«

Mutter hatte recht. Nicht hier. Nicht jetzt. Unter mir lagen die Wiesen im herbstlich dunklen Grün, mittendrin ein menschenleerer Badeteich mit glitzerndem Wasser, und mir wurde schmerzlich bewusst, in welch weite Ferne die unbeschwerten Tage meiner Kindheit gerückt waren.

Beim Abstieg schoben sich dunkle Wolken über die Sonne und als wir am Parkplatz ankamen, fielen die ersten Tropfen. Das Jagdhaus lag nur wenige Kilometer entfernt am Rande eines Waldes, welchen Vater oft und gern zum Jagen genutzt hatte. Ein aus Holz gebauter, etwa achtzig Quadratmeter großer Rückzugsort. In jedem

Zimmer, sogar im Bad, hingen ausgestopfte Tierköpfe. Vaters Liebe zu Tieren war eine sehr spezielle gewesen.

Mutter stellte in der Küche ihren schwarzen Rucksack neben die silberfarbene Kühlbox und den Schalenkoffer. »Ich werde jetzt kochen«, sagte sie. Feierlich öffnete sie die Kühltasche und zog eine Packung Spaghetti, ein Briefchen Safranfäden, Butter, Salz, Parmesan, einen Kopfsalat und ein Plastikgefäß mit rosafarbenen Shrimps heraus.

»Ich helfe dir«, sagte ich.

»Die Pfanne, bitte. Und hol doch eine Flasche Rotwein aus der Speisekammer.«

Ich brachte ihr die gusseiserne Pfanne und eine Flasche Wein.

Mutter setzte etwas Wasser mit Salz und Safranfäden auf. »Wenn die Nudeln al dente sind, kommen noch die Shrimps und Parmesan dazu und schon ist unser Leichenschmaus fertig.« Wieder piepste ihre Stimme. Vom Herd stieg ein herrlicher Duft auf. Mir lief das Wasser im Mund zusammen. Nach der Busfahrt und der Wanderung war ich hungrig geworden.

»Machst du den Salat?«, fragte sie mich.

»Gern.«

Wenige Minuten später saßen wir am Tisch und aßen. Das cremige Gericht schmeckte erstaunlich gut.

»Hätten wir nicht auch mit weniger Geld gut leben können?«, fragte ich.

Sie kräuselte die Stirn. »Die teuersten Schulen wären dir offengestanden, wenn du nur gewollt hättest.«

»Ach, Mutter. Ich bin glücklich mit meinem Blumengeschäft. Ich wollte nie studieren, die Ausbildung zur Floristin war perfekt für mich.«

»Hast du wenigstens einen Freund?«

»Nichts Ernstes.«

»Deine Freiheit ist dir also noch immer heilig.«

»Und meine Unabhängigkeit.«

Sie tätschelte meine Hand. »Ich werde das Mödlinger Haus verkaufen und neu anfangen. Dein Vater war so klug, die Villa und die Jagdhütte aus steuerlichen Gründen beizeiten mir zu überschreiben. Das kann mir niemand nehmen. Vielleicht wohne ich auch eine Weile hier. Dann wäre ich fast in deiner Nähe.«

»Wirst du dir eine Arbeit suchen?«

»Arbeit?« Mit langsamen Bewegungen wickelte sie die Spaghetti um die Gabel. »Eine Frau über fünfzig, die sich nach dem Geschichtsstudium allein der Familie gewidmet hat?« Mit einem Seufzer hob sie die Schultern. »In einem Supermarkt könnte ich vielleicht unterkommen.« Die Nudeln landeten in ihrem Mund. »Lieber schränke ich mich ein.«

»Bitte erzähl mir, wie es geschehen ist«, bat ich, als wir fertig waren.

Mutter schob den leeren Teller von sich und goss Wein in ihr Glas.

»Er kam an jenem Tag ungewöhnlich früh von der Bank nach Hause. Es war erst vier Uhr nachmittags. Zuerst dachte ich, er sei krank. Seine Haut war blass, die Stirn schweißnass. ›Hast du Fieber?‹, hab ich ihn gefragt. Er müsse mit mir reden, sagte er und zog mich ins Wohnzimmer. Es war ein ungewöhnlich kühler Tag, aber er schwitzte erbärmlich.« Sie stutzte. »Ach, das sagte ich schon.« Mutter schüttelte den Kopf. »Ich dachte, warum hat er seinen schwarzen Rolli an? Du kennst ihn ja. Seine schwarzen Rollis hat er geliebt, selbst im Sommer. Dieser Apple-Gründer war in Sachen Mode sein Vorbild. Wie hieß der noch?«

»Steve Jobs, Mutter, und er war wohl nicht nur in Sachen Mode Vaters Vorbild.«

»Ja genau, er hat ihm ein bisschen ähnlichgesehen. Findest du nicht?«

»Vater war noch schmächtiger als Steve Jobs.«

»Ich sah in seinem Gesicht, dass etwas Schreckliches geschehen war.«

»Dann hat er dir also alles gebeichtet?«

»Stundenlang hat er geredet, dabei ist er in sich zusammengesunken, fast geschrumpft. Er war ja nie ein Herkules, ich hatte schon immer mehr Muskeln als er.«

»Ja, weil du fast jeden Tag trainierst.«

»Der Sportverein, genau. Stell dir vor, er hat Geld mit Fußballwetten verloren und die Verluste mit Scheinbuchungen für ein Sponsoring des Vereins durch die Bank ausgeglichen. Ich dachte wirklich, er sei ein begeisterter Förderer des Sports. Ständig hat er mit seiner Großzügigkeit geprahlt. Dabei war alles gelogen. Sagte ich das nicht auch schon?« Mit beiden Händen strich sie ihr Haar zurück.

»Du bist Präsidentin dieses Vereins.«

»Um das Finanzielle hat sich dein Vater gekümmert.«

Ich atmete tief durch. »Und dann?«

»Nichts. Er hat gesagt, in der Früh ginge er zur Polizei. Die Anzeige seiner Assistentin lasse ihm keine Wahl. Nach seinem Geständnis war ich so was von erschöpft, dass ich gleich zu Bett gegangen bin. Während ich geschlafen habe, muss er diesen Abschiedsbrief geschrieben haben. Den habe ich am nächsten Morgen am Küchentisch gefunden. Er hat alles auf sich genommen, sogar die Schuld dieser Mitarbeiterin, dieser Frau Scholl, die von Anfang an mitgemacht hat bei den Fälschungen – und ihn dann angezeigt hat. Stell dir das vor! Der Brief hat geendet mit den Worten: ›Männer wie ich schmoren in der Hölle.‹«

»Hast du ihn dabei? Bitte zeig mir diesen Brief.«

»Ich musste ihn der Polizei überlassen. Tut mir leid.«

»Warum hat diese Assistentin ihn nach so vielen Jahren angezeigt? Das verstehe ich nicht.«

»Ihr schlechtes Gewissen habe sie langsam aufgefressen. Pah!«

»Hat er dich wenigstens um Verzeihung gebeten?«

»Ja, hat er.«

»Und?«

»Was sollte ich ihm verzeihen? Es wäre besser, du bittest das Gericht um Verzeihung, hab ich ihm gesagt.«

»Konntest du ihn nicht umstimmen? In Österreich sitzen selbst Mörder nicht lebenslänglich.«

»Ich hatte ja keine Ahnung, dass er sich umbringen würde. Bevor ich nach oben ins Schlafzimmer ging, hab ich ihm einen Kamillentee gekocht. Ich war wütend, einfach nur wütend.« Mutter schluchzte.

Ich reichte ihr ein Taschentuch. »Und in der Nacht? Hast du nicht gemerkt, dass sein Platz neben dir leer war?«

»Ich hab fest geschlafen.« Sie schnäuzte sich und nahm einen kräftigen Schluck Wein.

»Und weiter?«

»Am Morgen, etwa gegen sieben Uhr habe ich ihn gefunden. An dem Haken für die kupferne Blumenampel hat er sich erhängt. Die hat er vorher abgenommen und er musste die Wäscheleine aus dem Keller geholt haben. Es war so schrecklich.« Mutter drückte ihre Hände auf das Gesicht. »Ich habe gleich die Polizei angerufen. Ein Notarzt hätte ihm nicht mehr helfen können.« Sie wischte die Tränen von ihren Wangen. »Wir müssen das Begräbnis organisieren.«

Ich nickte.

Nach dem zweiten Glas Rotwein schlief Mutter auf dem Sofa ein. Ich deckte sie zu und löschte das Licht. Anschließend ging ich hinaus vor die Tür, blickte in den dunklen Nachthimmel und lauschte den Regentropfen, die auf das Hirschgeweih unterhalb des Vordachs klopften.

Am nächsten Morgen erwachte ich von einem entfernten Hahnenschrei. Schlaftrunken blinzelte ich durch das Fenster in einen taghellen, regenfreien Morgen. Gähnend schlurfte ich in die Wohnküche und fand das Sofa verlassen vor. Weder im zweiten Schlafzimmer noch im Bad war Mutter zu finden. War sie joggen? Heute? Achselzuckend nahm ich die Kaffeedose vom Regal. Milder Filterkaffee gehörte zu diesem Jagdhaus wie der modrige Geruch nach ausgestopften Tierköpfen. Ich nahm die Packung Toastbrot, die Mutter mitgebracht hatte, und befüllte den Toaster. Ein Glas Erdbeermarmelade stand im Kühlschrank. Ich hatte bereits die zweite Tasse Kaffee getrunken und Mutter war noch immer nicht zurück. Hastig zog ich mich an und machte mich auf die Suche, lief um das Haus, ging ein Stück in den Wald hinein, rief nach ihr. Dann hörte ich sie. Ich rannte in die Richtung, aus der ihre Schreie kamen. Dabei musste ich höllisch aufpassen, der Regen hatte den Boden über Nacht aufgeweicht. An einen Baumstamm gelehnt sah ich den schwarzen Rucksack. Dahinter fiel das Gelände steil ab. Ihre Stimme war jetzt ganz nah.

»Mutter?«

»Hier, Julia! Hier unten!«

Ich beugte mich vor und da sah ich sie mit einem schlimm verdrehten Unterschenkel auf einem Felsen liegen.

»Oh mein Gott! Was ist passiert?«

»Ich bin ausgerutscht, hab mir das Bein gebrochen. Du musst die Rettung verständigen! Ich kann nicht aufstehen!«

»Aber was machst du denn in aller Früh hier draußen?« Ich stolperte über den rutschigen Hang zu ihr hinab. Als ich unten ankam, ließ mich eine Stimme herumfahren.

Eine Frau mittleren Alters, neben ihr ein Mann in Polizeiuniform, stand oben neben dem Baum und rief den Namen meiner Mutter. »Frau Eva Pichler?«

Wie war das möglich? Ich hatte doch den Notruf noch gar nicht abgesetzt.

Die Frau zog einen Ausweis aus ihrer Jackentasche und zeigte uns eine Polizeimarke. »Elfriede Volkmann vom Landeskriminalamt. Frau Pichler, wir rufen die Rettung für Sie. Keine Sorge.«

»Das … das ist aber … aber prompt«, stammelte ich und starrte zu Mutter. Sie war kreidebleich.

»Wir haben Sie mit der Handyortung aufgespürt, Frau Pichler«, sagte die Kriminalbeamtin, während der Uniformierte telefonierte. »Um den Tod Ihres Mannes häufen sich Indizien, die gegen einen Selbstmord sprechen. Ihr Mann hatte eine starke Dosis Schlafmittel im Blut, der Abschiedsbrief war unleserlich und auf dem Nylonstrick konnten seine Fingerabdrücke nicht gefunden werden. Da er seinen Kopf vermutlich nicht in schwebender Trance in die Schlinge gelegt hat, gehen wir davon aus, dass jemand nachgeholfen hat. Frau Pichler, ich nehme Sie wegen des dringenden Tatverdachts des Mordes an Ihrem Ehemann fest.«

Mir blieb der Mund offenstehen. »Mutter?«

»Während wir auf die Rettung warten, schauen wir mal, was in dieser schwarzen Tasche steckt.«

Die Kriminalbeamtin bückte sich nach dem Rucksack, worauf Mutter einen spitzen Schrei ausstieß.

»Vielleicht die Million Euro aus dem Tresor der Bank, das Notbargeld, welches die Assistentin vermisst? Wollten Sie es hier draußen vergraben?«

»Was hätte ich denn machen sollen?« Mutter stemmte sich mit den Armen hoch. »Er hat mir die Scheine auf den Tisch gelegt. Sei alles für mich, hat er gesagt. Aber nach seiner Beichte wurde er schwach und moralisch. Der Depp wollte das Geld zurückbringen, da musste ich doch etwas unternehmen!«

Ich war sprachlos. Meine Tränen fanden ihren freien Lauf. »Du hast mich angelogen«, schluchzte ich.

Sie schaute mich an und lachte hysterisch. »Schätzchen, das ganze Leben ist eine einzige Lüge. Wer ehrlich ist, bringt es zu nichts. Du wirst ewig eine Blumenverkäuferin bleiben.«

»Mutter, das wäre das größte Glück für mich.«

Petra K. Gungl

SCHNITZLER JAGD

Reichenau an der Rax, nördliche Kalkalpen

Das Brummen eines Motors zog Rosas Blick vom Tresen der Rezeption quer durch das Foyer hinaus zur Auffahrt. Der Tourbus aus Deutschland war da! Nervös schob sie ihre Brille zurück auf die Nasenwurzel und besprühte in Gedanken die frisch geschlüpften Schmetterlinge in ihrem Bauch mit Insektenspray. Keine Insektenplage, solange die Sache mit ihrem Zimmer nicht geklärt war. Die Concierge auf der anderen Seite des Tresens zog sich die Dirndlbluse zurecht. Sie war halb so alt wie Rosa, ein freundliches, bodenständiges Mädchen mit eingeflochtenen Zöpfen, frisch von der Hotelfachschule. Rosa meinte, winzige Schweißperlen auf der hohen Stirn zu sehen, und bekam eine Spur Mitleid mit »Zöpfchen«.

»Wenn Sie darauf bestehen, werden wir Ihnen selbstverständlich ein Einzelzimmer herrichten«, versicherte Zöpfchen voller Überzeugung.

»Nachdem ich ein Einzelzimmer gebucht habe«, erwiderte Rosa, »ja, vielen Dank.« Sie starrte Zöpfchen solange an, bis diese blinzeln musste und ihre Aufmerksamkeit dem Bildschirm zuwandte.

»Herr Steiner vom *Wiesbadener Kurier* war sehr überzeugend, als er für Sie beide umbuchte. Aber kein Problem, Sie bekommen das Einzelzimmer 204, zweiter Stock, am Ende des Flurs …«

Rosa hörte ihr schon nicht mehr zu. Vor dem *Schlosshotel Raxblick* wurden Koffer entladen und das erste

Ehepaar rollte zwei davon dem Portal entgegen. In wenigen Minuten würde sie Alex begegnen. Rosa brauchte dringend Ablenkung und sah sich um. Innerhalb der Mauern dieser Villa aus dem Fin de Siècle badete man bei jedem Atemzug in Nostalgie. Da, wo einst Sigmund Freud im bequemen Ohrensessel Zigarre geraucht, Arthur Schnitzler durch das Fenster den Berggipfel der Rax bewundert hatte oder Kaiser Karl I. von Österreich mit Kaiserin Zita die Feststiege herabgeschritten war, tummelten sich heute Touristen, die frühmorgens die umliegenden Berge erklommen, nachmittags den Kurpark bevölkerten und abends den Theaterfestspielen beiwohnten.

Eine selbstbewusste Frauenstimme drang an Rosas Ohr. Sofort suchten ihre Augen nach der prominenten Intonation und fanden sie auf der Feststiege. Niemand geringerer als Elsa Ostermeier, Shootingstar der aktuell meistgestreamten Serie, stolzierte den roten Teppich herunter. Das Gesicht der jungen Frau strahlte, als befände sich in ihrem Inneren ein eigenes Sonnensystem. Selbst das hochgesteckte Haar leuchtete golden, einem Heiligenschein gleich. Obwohl sie lediglich Laufhosen zu einem ausgewaschenen Sporttop trug, regte sie die Fantasie der Männer im gleichen Maße an wie den Neid der Frauen. Elsa war das unbestrittene Zugpferd der Reichenauer Festspiele. Aus dem gesamten deutschsprachigen Raum strömten Fans in die niederösterreichischen Alpen, um den Star auf der Bühne bewundern zu dürfen. Oder sie scheitern zu sehen, dachte Rosa bei sich und runzelte die Stirn, als sie registrierte, dass Elsa geradewegs auf sie zukam.

»Das ist mein letztes Wort, Erich«, sagte Elsa mit einer wegwerfenden Handbewegung. Ihre veilchenblauen

Augen richteten sich an Rosa vorbei auf die Concierge. Jetzt erst bemerkte Rosa den Mann mit den grauen Schläfen im Windschatten der Schauspielerin. Das war die Story, auf die sie seit Monaten hoffte! Sie befand sich bloß einen Knüller von einer Fixanstellung bei der *Wiener Zeitung* entfernt. Gut, dass Rosa stets das Handy in der Hand hielt. Unbemerkt fotografierte sie Elsa und stellte gleich darauf die Aufnahmefunktion an.

»Schätzchen, so was entscheidet man nicht zwischen Tür und Angel.« Die sonore Stimme jenes Erichs schmeichelte sich anscheinend nur bei Rosa ein. Elsa schien immun.

»Dein *Schätzchen* war ich mal«, zischte sie ihn an. »Du kennst meine Forderung – ich werde mir sonst einen neuen Manager suchen. Klar?« Selbst eine Abfuhr klang bei Elsa so großartig, dass man eine Zugabe verlangte. Auch dieser Erich wollte mehr.

»Du bist wegen der Premiere nervös.« Er tätschelte milde ihre Schulter. Vehement schüttelte sie seine Hand ab, doch er blieb ruhig. »Leg dich nach dem Laufen hin. Ich wecke dich rechtzeitig.«

»Ich werde von der Rezeption geweckt«, verkündete sie eisig.

Gegen Rosas Hand schob sich das Kuvert mit zwei Zimmerschlüsselkarten. War die zweite für Alex Steiner gedacht? Welch zuvorkommender Service. Rosa verbarg ihr Grinsen und wollte der Concierge danken, doch diese würdigte sie keines weiteren Blickes. Zöpfchen stand bereits exklusiv Elsa zur Verfügung.

»Um wie viel Uhr wünschen Sie geweckt zu werden, Frau Ostermeier? Eine schöne Laufstrecke wäre zum Musikpavillon, durch den Kurpark, vorbei am Teich, die Schwarza entlang …«

Rosa nahm die Schlüsselkarten an sich und trat einen Schritt zurück – direkt auf die Zehen eines Jünglings. Sein dürrer Körper hätte leicht bei dem Zusammenstoß in zwei Teile zerbrechen können und der priesterlich-schwarze Langmantel hing auf seiner Knochengestalt wie auf einem Kleiderhaken. Tatsächlich hatte der Bursche keinen einzigen Blick für sie übrig – hingegen für Elsa einen umso intensiveren. Irgendjemand sollte dem Jungen ein Deo schenken, vermeldete Rosas Nase und sie wandte sich ab. Oh – eben ging Elsas Manager auf den Ausgang zu und da fiel es Rosa ein: Das war Erich Brix, ein listiger Fuchs in seiner Branche. Hatte angeblich was mit jedem seiner Schützlinge. Sollte sie ihn um ein Interview bitten? Andererseits würde Alex jeden Moment kommen – und ganz bestimmt spitzkriegen, dass sie auf eine Story aus war. Während sie noch überlegte, ob sie bereit war, den Knüller mit Alex zu teilen, hielt Erich Brix bei einem Pärchen an. Ah! Die Persens – gleichfalls Festspielbesetzung in Schnitzlers *Reigen*. Oskar Persen spielte den *Dichter* und Isa die *Schauspielerin*. Im Stück verführte er zuerst das *süße Mädel*, welche von Elsa gegeben wurde, um sich bald darauf mit der *berühmten Schauspielerin* zu vergnügen.

Wenn Rosa doch bloß etwas von der Unterhaltung hören könnte! Beherzt packte sie ihren Trolley und rollte ihn näher an die drei Personen am Portal heran, klappte die Puderdose auf und tat so, als zupfte sie ihren platinblonden Pixie-Haarschnitt zurecht. Oskar rief der vorbeieilenden Elsa ein »Hallo« nach, wurde von ihr allerdings keines Blickes gewürdigt.

»Arrogantes Flittchen«, näselte Isa und zog den Seidenschal mit den neckischen Marabufedern am Saum zurecht, dem die Aufgabe zukam, die Spuren ihres

Alters am Dekolleté zu verbergen. Nicht, dass sie keine attraktive Frau gewesen wäre, ganz im Gegenteil. Rosa schätzte Isa im gleichen Alter wie sie selbst ein, bloß war die Schauspielerin offensichtlich eine ganze Ecke disziplinierter, was Diät und Muskeltraining anging. Ihr Haar glänzte wie Mahagoniholz und das Make-up war perfekt auf das smaragdfarbige Leinenkleid abgestimmt. Oskar, ebenfalls um die vierzig, wurde nicht umsonst der »Antonio Banderas der Alpen« genannt. Seufzend musterte Rosa seine stramme Rückseite.

»Das ist deine Schuld, dass sie uns nicht bei der neuen Serie dabeihaben will.« Oskars Stimme klang nach Gewitter im Hochgebirge und Rosa versuchte, unsichtbar zu bleiben.

»Als ob *ich* sie genagelt und abserviert hätte«, zischte Isa und starrte ihren Mann herausfordernd an. »Immer dasselbe mit dir!«

»*Du* warst die Proben über eine Giftspritze«, entgegnete Oskar.

»Ach was! Erich bringt sie schon so weit. Elsa will sich bloß *auf*spielen, weil *schau*spielen kann sie ja nicht.«

Über Rosas Körper ging ein Endorphin-Schauer nieder – was für eine Sensation. Und die Aufnahme lief nach wie vor …

»Da überschätzt du mich«, mischte sich Erich ein. »Elsa ist eine der Produzentinnen. Ich sehe schwarz für euch.«

»Wir haben deine Zusage«, knurrte Oskar finster. »Ich habe die Mail noch, in der du schreibst, dass wir dem Volkstheater absagen sollen. Das wird dich teuer zu stehen kommen. Mein Bruder ist Anwalt …«

Erich blickte an Oskar vorbei dem Jüngling im schwarzen Mantel hinterher, der nun nach Elsa das Hotel verließ.

»Hey, Sie!«, rief Erich. »Wehe, Sie kommen Elsa zu nahe – wir erstatten Anzeige! Verdammter Stalker!«

Im selben Moment schlossen sich Arme um Rosa und rissen sie aus dem Geschehen. »Was zum …«

»Mei Täubsche, prima siehste aus.« Alex hatte seit ihrer letzten Begegnung vor einem Jahr etwas Gewicht zugelegt, dafür an Haupthaar verloren. Als Erstes roch sie den Zigarettenqualm, der in seiner Kleidung hing, und ehe sie es sich versah, lag sie an seiner Männerbrust. Ihr Brillengestell knackte verdächtig und vom Gespräch der Schauspieler bekam sie nun gar nichts mehr mit – sie hätte Alex erwürgen können.

»Immer schön pomali.« Rosa drückte ihren »Ausrutscher«, wie ihr schlechtes Gewissen Alex nannte, von sich und sah gerade noch die Künstlergruppe das Hotel verlassen. »Verdammt«, stieß sie hervor.

»Hab's doch lieb gemeint.« Alex' treuherziger Blick half ihm nicht.

»Genauso, wie aus meiner Einzelbettbuchung ein Doppelbett zu machen? Ich bin verheiratet und möchte es bleiben!«

»Warum bist du dann gekommen?« Alex ließ die Arme sinken. Die paar übrig gebliebenen Haarsträhnen hingen ihm entmutigt in die Stirn, blonde Beistriche in einem fragenden Gesicht. Schon reute sie ihre Reaktion und ein verräterisches Ziehen in der Herzgegend verriet, dass sie doch Gefühle für diesen Teddybären hatte.

»Ich habe wie du Pressekarten für die Festspielpremiere bekommen.«

»Verstehe.« Er wandte sich zum Gehen.

»Ach, tu doch nicht, als wäre ich die Liebe deines Lebens«, beeilte sie sich zu sagen und hielt ihn am Arm fest. »Du hast schließlich Gerda.«

»Die mich verlassen hat«, fiel er ihr ins Wort. »Ich dachte, jetzt könnten wir beide …«

Rosa verdrehte die Augen zur dottergelben Stuckdecke. »Wir treffen uns um halb sieben in der Lobby – ich muss einen Artikel schreiben.« Damit kehrte sie Alex den Rücken und steuerte den Lift an.

Die Pailletten am Träger des kleinen Schwarzen kratzten an den Schultern. Rosa klemmte den himmelblauen Paschmina, der so gut zu ihren Augen passte, unter die geröteten Stellen. Die Handtasche am Arm, zog sie die Zimmertür zu und schlenderte zur Treppe. In der Mitte des Flurs stand eine Tür offen. Neugierig trat Rosa näher. Ein wesentlich geräumigeres Zimmer als das ihre, mit Balkon. Toller Panoramablick auf die Berge, angefangen von der Rax bis zum Schneeberg. Morgen wollte sie unbedingt eine Wanderung machen. Vielleicht gemeinsam mit Alex? Die Tour vom *Waxriegelhaus* über den Schlangenweg hinauf zum Raxplateau hatten sie schon letztes Jahr machen wollen und waren dann doch im Bett geblieben. Rosa seufzte.

Plötzlich stürmte jemand aus dem Raum, lief beinahe in sie hinein. Zöpfchen. Sie war kreidebleich, wirkte verstört. »Nicht reingehen«, keuchte sie und verschwand Richtung Treppe. Die Tür blieb offen. Rosa machte einen Schritt ins Zimmer. Wem es wohl gehörte? Eindeutig Superior, mit bordeauxrotem Spannteppich, Nussholzsekretär, bequemen Fauteuils, holzvertäfelter Bettseite. Rosa reckte den Kopf, um besser sehen zu können – da lag jemand im Bett! Blonde Haarsträhnen bedeckten das Gesicht.

Das ist Elsa, schoss es Rosa durch den Kopf, und ohne auch nur eine Sekunde darüber nachzudenken, zückte sie das Handy und fotografierte drauflos. Dann erst setzte sich ein Gedanke in ihrem Bewusstsein fest: Elsa regte sich nicht? Das Gesicht leichenblass? Zöpfchen davongestürmt? Das bedeutete …

Einen Schritt hinter den anderen setzend, schlich Rosa rücklings aus dem Zimmer, mit pulsierenden Venen an den Schläfen. An der Schwelle wirbelte sie herum, rannte blindlings den Flur entlang auf die Stiege zu. Immer wieder warf sie einen Blick über die Schulter. Das konnte nicht wahr sein – Elsa war … Spinnenhände krallten sich in ihre Schultern, hielten sie davor ab, die Treppe hinunterzustürzen.

»Hey, aufgepasst!«, rief der Kerl vor ihr. Vom Ärmelsaum des Mantels hingen zottige Fäden, Schweißgeruch ätzte in Rosas Nase.

»Verdammt!«, kreischte sie auf. »Was tun Sie hier – wer sind Sie überhaupt?« Herrje, wie gespenstisch Elsas Stalker dreinsah! Tiefe Schatten unter den Augen, die Gesichtshaut voller Pickelnarben und am Hals erkannte Rosa, dass er zehn Jahre älter sein musste, als er wirkte.

»Ich … bin niemand«, stammelte er und seine Verwirrung stachelte Rosas Unmut an.

»Jeder ist irgendwer.«

»Manuel Roht.«

»Na, bitte. Ist doch ein anständiger Name. Und jetzt lassen'S mich vorbei.«

Manuel nahm die Hände von ihren Schultern und trat beiseite. Ein Kettenhund konnte nicht schneller losstarten als Rosa. Ein paar Sekunden später sah sie sich in der Lobby um und entdeckte Alex vor dem Portal in Gesellschaft zweier anderer Raucher.

»Meine Frau und ich nehmen morgen die Seilbahn auf die Rax und gehen am Plateau spazieren«, sagte eben der Pensionist mit den schlohweißen Haaren und hustete. »Die Bahn gibt's schon seit fünfundneunzig Jahren, müssen S' wissen, junger Mann. Da sind S' in acht Minuten auf 1600 Metern Seehöhe. Das ist eine Luft – da werden S' schauen.«

Rosa grüßte höflich und zog Alex beiseite. »Das glaubst du nicht, was ich eben gesehen habe«, keuchte sie vor Aufregung und nahm ihm die Zigarette aus der Hand.

»Du hast doch aufgehört …«

Rosa verdrehte die Augen und blies hörbar den Rauch aus. »Elsa Ostermeier – sie ist tot«, wisperte sie. »Shit, ich muss sofort eine Nachricht an meine Redaktion schicken – was stehe ich hier eigentlich rum ...«

»Drehst du jetzt durch? Vorhin warst du auch schon so seltsam.« Alex zündete sich eine neue Zigarette an. Schick sah er im Anzug aus. Vielleicht sollte sie sich das mit dem Seitensprung noch mal durch den Kopf gehen lassen – oh nein, erst die Story. So eine Chance kam kein zweites Mal.

»Die Theaterpremiere fällt heute mangels Hauptdarstellerin aus«, murmelte sie und fühlte Mitleid bei dem Gedanken an Elsa. »Woran sie wohl gestorben ist?«

»Die war doch laufen – mich würde *das* umbringen«, sagte Alex und blies Rauch in Richtung Rax.

Wolken hatten sich an die Berggipfel geheftet, fast als wollten die Götter sich im Alpen-Olymp beraten. Rosas Blick fiel auf die elegante Erscheinung von Erich Brix, der eben die Auffahrt heraufkam und dessen messingbeschlagene Budapester auf dem Asphalt klapperten. Er schien Alex und sie nicht zu bemerken, hatte das Handy am Ohr und hastete auf den Hoteleingang zu.

»Die Vorstellung beginnt in einer Stunde – sie ist nicht gekommen – ich habe jemanden vom Hotel in ihr Zimmer geschickt – ja, ja, ich melde mich …« Das Gerät verschwand in seiner Anzugtasche, als er die vier Stufen zum Portal nahm und in der Villa verschwand.

Rosa sah ihm nach, steckte ihre Zigarettenkippe in den dafür aufgestellten Sandbehälter und stieß Alex mit dem Ellenbogen an.

»Wie kannst du so ruhig bleiben? Du bist wirklich mehr Schriftsteller als Journalist. Ich muss unbedingt alles über Elsas Tod herausfinden!«

»Mir reicht meine Kolumne …«

Von ferne ertönte das Martinshorn der Rettung. In Rosas Adern prickelte das Blut wie Champagner. Sie brauchte ihr Notebook, musste einen Bericht an die Redaktion schicken. Mit Glück würde die Zeitung ihren Artikel in der morgigen Ausgabe unterbringen.

»Na gut, was weißt du?«

Alex stand dicht vor ihr. Sollte sie ihn einweihen? Es war ihre Story! Andererseits, gemeinsam würden sie vielleicht an mehr Infos kommen – entschlossen zückte sie das Handy. »Hier, die Fotos vom Schlafzimmer.«

Alex hielt sich das Display näher ans Gesicht und zoomte mit Daumen und Zeigefinger in das Bild. Rosa drängte sich an ihn, als könnte er ihr eine Information stibitzen, wenn sie nicht aufpasste. »Das Bett neben ihr ist unordentlich«, stellte er fest. »Kein Blut.«

»Ein Aneurysma?«, dachte Rosa laut nach. »Auch bei Jüngeren kann im Gehirn eine Ader platzen.«

»Möglich. Was ist das?« Er zoomte maximal ins Bild, bis Elsas Hals unscharf das Display ausfüllte. »Vielleicht Schmutz?«

In Rosa erwachte ein böser Verdacht. Sie hob den Kopf und Alex fing ihren Blick auf.

»Das Kissen liegt schief und dieser Fleck«, begann Alex zögernd. »Gab es jemanden, der sie nicht mochte?«

»Hör dir das mal an«, erwiderte Rosa und spielte die Tonaufnahmen ab. Während sie sich alles noch einmal durch den Kopf gehen ließ, entfaltete sich das Tuch der Erkenntnis, bis Rosa am Ende der Aufnahme alles vor sich ausgebreitet sah. Siegessicher schob sie sich die Brille zurück auf die Nasenwurzel. »Mir fehlt bloß ein letzter Beweis«, sagte sie und schürzte die Lippen. »Du wirst sofort etwas für mich erledigen.«

»Wenn du wüsstest, wie scharf mich dein Befehlston macht.« Alex zwinkerte ihr gut gelaunt zu, sichtlich Wachs in Rosas Händen.

Eine Stunde später stand Rosa unter den Arkaden des Musikpavillons inmitten des Kurparks. Angesichts des kunstvollen Laubsägewerks ringsum spürte sie die unzähligen Stelldicheins, die seit der Errichtung des Holzständerbaus vor mehr als hundert Jahren hier stattgefunden hatten. Ihre Verabredung an diesem Tag war allerdings von einer viel gefährlicheren Natur, und das lag nicht allein an der einsetzenden Dämmerung, die kühle Luft von den Berghängen mitbrachte. Auf Rosas Armen bildete sich Gänsehaut. Die Palmen, welche in Holzkübeln über die Länge des gesamten Pavillons aufgestellt waren, raschelten im Wind und Rosa schlang das Umhängtuch enger um sich. Allmählich verlor die Welt ihre Farben und Rosa den Mut. Ihr Plan, den Mörder noch vor der Polizei zu stellen und zu interviewen, war womöglich ein Schlag ins Wasser, denn – niemand kam.

Moment. Was war das eben für ein Geräusch – eine Katze? Es kam vom Teich, gleich hinter dem Pavillon. Rosa lief los. Eine Gestalt kniete am Ufer, die Hände in etwas vor ihr Liegendes verkrampft, in einen Kampf verstrickt. Beherzt zog Rosa am Holzstiel eines am Rasenrand aufgestellten Schildes und stürzte sich auf den Aggressor. Ein Schlag genügte und der Kerl kippte seitlich an den Teichrand. Die schwarze Kapuze rutschte von seinem Kopf und enthüllte Manuel Roht. Zwar lag er teilweise im Wasser, war jedoch außer Gefahr, zu ertrinken. Anders sah es für sein Opfer aus. Rosa drehte den Frauenkörper herum und sah sich Isa Persen gegenüber. Fast hätte Rosa aufgeschrien. Warum um alles in der Welt war die Persen hier? Jedenfalls musste die Frau aus dem Wasser. Der Untergrund schmatzte unter Rosas Pumps, während sie Isa mit aller Kraft auf den Rasen zog. Zu ihrer Erleichterung begann Isa zu husten, spuckte Wasser und krümmte sich.

»Dieser verdammte Scheißkerl wollte mich umbringen!« Schon erfasste Isa ein neuerlicher Hustenkrampf.

Rosa bemerkte weder, dass sich Manuel aufrappelte, noch, dass er zum Sprung ansetzte. Erst ein Schrei aus Richtung des Pavillons ließ sie den Kopf heben. Instinktiv warf sie sich zur Seite. Gerade rechtzeitig, denn Alex hechtete mit Gebrüll zwischen Manuel und sie. Einige wenige Handgriffe später lagen Manuels Arme auf seinen Rücken gedreht unter Alex' riesigen Pranken und einem Grizzly gleich setzte sich Rosas Held mit ganzem Gewicht auf den Spargel. Außer einige Flüche auszustoßen, konnte Manuel nichts mehr ausrichten.

»Herrgott noch mal, Rosa! Wieso hast du den Pavillon verlassen?«, schimpfte Alex mit knallrotem Kopf los. »Wie soll ich dich beschützen, wenn du den Plan änderst?«

»Dieses Knochengestell wollte Isa ertränken!«, keifte sie zurück und sah Manuel streng an. »Ich habe Sie in den Pavillon bestellt, weil ich weiß, dass Sie der Mörder von Elsa sind. Der schwarze Fussel auf Elsas Hals ist von Ihrem Mantel, Sie haben die Ärmste mit dem Kissen erstickt!«

»Sie blöde Kuh!«, schrie Manuel zurück, das Gesicht vor Wut verzerrt. »Niemals würde ich Elsa etwas antun! Isa Persen hat mir alles genommen! Diese Bestie! Ich habe sie heute Nachmittag aus Elsas Zimmer kommen sehen und sie hat mich bemerkt – jetzt ist sie mir nachgeschlichen, wollte mich umbringen, damit ich keinem davon erzählen kann!« In einem plötzlichen Aufbäumen versuchte er, nach Isa zu schlagen. Allein Alex' gewichtige Rolle in dem Tohuwabohu hielt den Burschen am Boden.

»Dieser perverse Spinner ist ein Mörder!«, kreischte nun Isa drauflos, als wäre die Kakophonie von Stimmen noch nicht ausreichend nervtötend. »*Er* hat Elsa umgebracht! Polizei! Polizei!«

»Schnauze, alle zusammen!«, überbrüllte Alex die hysterische Bande. Tatsächlich wurde es still. »Rosa, du sagtest, der Stalker war's. Stimmt das oder nicht?«

Mosaiksteinchen wirbelten in Rosas Kopf umher und fielen in einem ganz neuen Muster auf den Grund ihres Bewusstseins.

»Ruf die Polizei an, Alex, und tu dem Kleinen nicht weh.« Sie wandte sich Isa zu, registrierte das zerflossene Make-up in deren Antlitz, erkannte sich selbst in den reifen Gesichtszügen, den müden Augen, welche die Jagd nach Erfolg durch viele Jahre widerspiegelten. »Elsa hatte während der Proben ein Verhältnis mit Ihrem Mann, richtig? Er hat es beendet und dafür bestrafte

Elsa sie beide mit dem Veto bei der neuen Serie.« Rosa sah Hass in Isas Augen aufblitzen.

»Da ist man endlich am Ziel seiner Karriere angekommen und so ein junges Ding versaut einem alles«, begann Isa. »Als reicht es nicht, dass sie einem den Mann ausspannt.«

Nachdem Isa nun beliebte, zu schweigen, setzte Rosa ihre Hypothese fort. »Sie wussten, Elsa legt sich nach dem Laufen hin. Vermutlich hat Elsa ihre zweite Schlüsselkarte Oskar überlassen in der Hoffnung, er kehrt doch noch zu ihr zurück. Sie haben ihm die Karte entwendet, haben sich ins Zimmer geschlichen und Elsa erbarmungslos das Kissen aufs Gesicht gedrückt. Der schwarze Fussel ist eine Marabufeder – von Ihrem Tuch.«

Manuel schluchzte auf. Mittlerweile saß Alex nicht mehr auf ihm, sondern rieb ihm tröstend über den Rücken.

Isas Augen wirkten überdimensional im Zwielicht der anbrechenden Nacht. »Sie hatte kein Recht, weder auf meinen Mann noch auf die Rollenbesetzung«, zischte sie und strich mit den Fingern durch ihr nasses Haar. »Genauso selbstgefällig wie Arthur Schnitzler, der mit seinen Frauengeschichten nur Unheil verursachte – das sollte keiner vergessen, der ihn in den Himmel lobt.« Sie wischte sich die feuchten Hände am Ärmel ihres Kleides ab. »Was soll's, wir sind alle bloß traurige Figuren, die sich nach Liebe sehnen und dabei zerstören, was sie begehren.« Damit erhob sie sich und blickte über den Teich. »Das Leben ist ein Reigen. Einer gibt dem anderen flüchtig die Hand, doch am Ende – verlieren wir alles.«

Es war atemberaubend anzusehen – diese leidenschaftliche Frau in ihrem letzten Akt. Fast wollte Rosa ihr applaudieren, wäre ihr nicht der eigene Reigen in den Sinn gekommen, die oberflächliche Liebelei und der ständige Kampf um die Story des Jahres. Hier lagen die bitteren Früchte ausgebreitet vor ihr und sie konnte nicht anders, als sich zu ekeln.

Polizeisirenen ertönten. Einsatzfahrzeuge näherten sich über den Parkweg. Rosa war am Ziel und stand dennoch am Anfang.

Sie sah zu Alex und dachte an ihren Mann.

Ihre letzte Story. Und danach würde sie alles ändern.

Ganz bestimmt.

Sybille Baecker

HOHE BERGE, TIEFE TÄLER

Linz, Alpenvorland

»Wiebke, ist alles zu Ihrer Zufriedenheit?«, fragt mich unsere Reiseleiterin mit fürsorglichem Blick.

Ihre Frage klingt wie Hohn in meinen Ohren.

»Ja danke, alles wunderbar.« Ich lächle Frau Schnurzpiep schmallippig an und sie zieht von dannen.

Sie heißt natürlich nicht Schnurzpiep. Ich nenne sie so, weil mir ihr Name schnurzpiepegal ist. Sie hatte sich am Anfang der Reise kurz vorgestellt: bayrisches Urgewächs, zweiunddreißig, Single, Kletteräffchen und wanderverrückt. Und sie versprach uns – meinem Mann, mir und fünfundvierzig weiteren Fahrgästen – die unvergesslichste Reise unseres Lebens.

In Genf sind wir gestartet, einmal rund um die Alpen – drüber, drunter, hin und her. Ein Roadtrip durch sechs Länder in einundzwanzig Tagen.

»Was kann es Schöneres geben?«, hat sie geschwärmt.

Eine Wurzelbehandlung beim Zahnarzt, habe ich gedacht und das war durchaus ernst gemeint.

Das Elend begann vor zwölf Tagen, als ich den ersten Fuß in diesen hypermodernen Reisebus gesetzt habe. Seither teile ich meine Atemluft mit einer buntgemischten Schar *Ah*- und *Oh*-Sager, die sich über Höhenmeter, Gestein und Luftdruck austauschen wie Mütter auf dem Spielplatz über Kinderkrankheiten und Schwangerschaftsstreifen. Beides interessiert mich nicht. Und heute haben wir auch noch Föhn. Nichts für Wetterfühlige.

Latente Kopfschmerzen begleiten mich seit vierundzwanzig Stunden. Verflucht noch eins, wenn ich Föhn haben will, dann geh ich ins Bad!

Wiebke, sei tapfer. Du hast schon Schlimmeres überstanden, rede ich mir gut zu, obwohl ich mir wirklich nichts Schlimmeres vorstellen kann, als tagelang eingepfercht in einem Bus Serpentinen rauf- und runterzufahren und entweder eine steile Wand oder einen tiefen Abgrund neben mir zu erblicken. Dazu ständig Druck auf den Ohren und jetzt auch noch Föhn.

Ich hatte ans Meer fahren wollen, so wie wir es immer im September taten. Aber Henning – seit sechzehn Jahren meine so genannte bessere Hälfte – war der Meinung, wir müssten mal etwas anderes ausprobieren. Als ob er nicht genug anderes ausprobieren würde.

Ich brauche nichts Neues. Mir reicht mein gewohntes Leben an der Seite meines treulosen Mannes mit geregeltem Einkommen, Einfamilienhaus und jährlich drei Wochen Urlaub am Meer.

»Wiebke, du musst deinen Horizont erweitern. Die Welt besteht nicht nur aus Meer«, hat er mir erklärt, als wir am Matterhorn waren und mein einziger Kommentar war, dass der Name falsch geschrieben sei: ein »t« zu viel, ein »r« zu wenig. Eine gigantische Aussichtsbremse aus Gestein. Wie soll ich da bitte schön meinen Horizont erweitern?

Ich will Wasser. Viel Wasser. Nicht nur das Glas Mineralwasser, das vor mir auf dem Tisch steht. Einen ganzen Ozean, denke ich sehnsüchtig. Ob Atlantik, Adria oder Mittelmeer ist mir in diesem Augenblick egal. Schnurzpiepegal.

Henning kommt zurück an unseren Tisch. Wir sitzen in dem Café der Konditorei auf dem Pöstlingberg.

Mein Blick wandert zum Panoramafenster. Strahlend blauer Himmel lacht mich aus, zu meinen Füßen liegt Linz. Man hätte die Aussicht auch von der Terrasse aus betrachten können, aber ich wollte drinnen sitzen, da mir die Wespen im Spätsommer zu aufdringlich sind. Die Gebirgszüge in der Ferne will ich gar nicht sehen.

Wie froh war ich, nachdem wir von Innsbruck über Lofer durchs Berchtesgadener und Salzburger Land – über die Autobahn hätten wir uns eine Übernachtung und zahlreiche Zwischenstopps erspart – in Linz an der Donau angekommen waren. Nur noch 266 Meter über Adria. Welch wohltuender Anblick: der große Hauptplatz mit Dreifaltigkeitssäule, marmorweiß mit goldener Spitze im Sonnenlicht. Ein Denkmal zur Befreiung von der Pest und anderem Ungemach. Passender hätte der Empfang nicht sein können. Um mich herum historische Gebäude, Cafés und Geschäfte, und das alles einigermaßen ebenerdig.

Doch dann hat die Schnurzpiep nichts Besseres im Sinn, als die gesamte Reisegruppe mit der Pöstlingbahn – moderne Niederflurtechnik auf Antik getrimmt – auf den nächstbesten Berg zu jagen.

»Grandiose Aussicht«, hat sie uns versprochen.

Ich hätte Henning ja allein hinaufgeschickt, aber es gab da ein kleines Problem. Nun, »klein« ist nicht ganz korrekt ausgedrückt. Das Problem ist genau einen Meter dreiundsiebzig groß, wiegt geschätzt sechzig Kilogramm und heißt Novalee. Meine Maße sind eher andersherum: eins sechzig groß und … na ja, ganz ehrlich, dreiundsiebzig Kilogramm wären geschmeichelt.

Ich ignoriere das Wasserglas vor mir. Eine Melange und ein Stück Kuchen warten darauf, verspeist zu werden.

»Linzer Torte«, hat die Schnurzpiep empfohlen. »Die müssen Sie probieren.«

So wie ich mich gerade fühle, bin ich nicht sicher, ob Koffein und reichlich Zucker ein adäquates Mittel sind, um meinen leidenden Organismus wieder ins Gleichgewicht zu bringen. Ich würde mich gern hinlegen – irgendwo auf eine gemütliche Liege an einem sonnigen Strand. Keine Berge, keine Höhenluft, kein Schwindel, kein Druck auf den Ohren, keine Atemnot. Seit ich in diesen verfluchten Bus gestiegen bin, geht es mir täglich schlechter.

Wäre ich nur unten im Ort geblieben und ins Museum gegangen. Wie entspannt wäre ich, wenn ich mich in den futuristischen Räumen der *Ars Electronica* in die Geheimnisse der Künstlichen Intelligenz einweihen lassen könnte. Oder noch besser ins *Lentos* – eine Reise durch moderne und zeitgenössische Kunst. Das wäre nach meiner Fasson gewesen. Diese frische Bergluft macht mich einfach fertig.

»Nun genieß das doch alles mal«, fordert mein Gatte. »Du vermiest uns beiden die Tour mit deinem ewigen Gejammere.«

Ich vermiese ihm die Tour, weil er lieber zwei Tische weiter sitzen würde. Bei seiner aktuellen Gespielin.

Novalee Schnabel. Blonde neunundzwanzig Jahre jung. Schon traurig, wenn die Eltern ihrem Kind so einen extravaganten Namen verpassen, nur um ihr eigenes Aufmerksamkeitsdefizit zu befriedigen, sinniere ich stumm vor mich hin.

Fünfundzwanzig Jahre liegen zwischen uns. Ich traue Henning einiges zu, aber dass er so dreist ist, mich auf diese vermaledeite Alpentour zu zwingen und dabei seine Geliebte mit an Bord zu nehmen, das übertrifft selbst meine Vorstellungskraft. Vielleicht geht es mir deswegen so schlecht?

Immerhin hat Henning mir die homöopathischen Wettertropfen besorgt, die unsere bergverliebte Schnurzpiep gegen meine Beschwerden empfohlen hat. Fürsorglich gibt er mir drei Mal täglich meine Tropfen, das halte ich ihm zugute.

Das ist jedoch leider alles, was uns noch eint. Selbst auf dieser Reise hat Henning Einzelzimmer gebucht. Schon vor Jahren hat er in unserem Haus das Gästezimmer bezogen, mit der Begründung, ich würde schnarchen. Was schlichtweg gelogen ist. Ich war deswegen in einem Schlaflabor. Heimlich natürlich. Ich schnarche nicht. Ich habe es schwarz auf weiß. Kein Schnarchen, keine Apnoe, ja nicht einmal ein versehentliches Röcheln.

Meine Freundin empfahl mir die Scheidung. Aber Henning ist ein gebranntes Kind. Seine erste Scheidung war ein Desaster, das ihn teuer zu stehen kam. Ich weiß es so genau, weil ich sein Scheidungsgrund war. Mit Herzproblemen war er in die Praxis gekommen, in der ich mich damals als Arzthelferin betätigte. Vierundvierzig war er da gewesen, etwas übergewichtig, Blutdruck und Zuckerwerte zu hoch. Bei der kleinsten Anstrengung atemlos.

Mein Chef diagnostizierte eine koronare Herzkrankheit – nicht so ernst, dass er damit nicht steinalt werden könnte, versicherte er Henning. Die passenden Medikamente wurden verschrieben, ein Ernährungsplan aufgestellt, ergänzt durch regelmäßiges Joggen und Radfahren. Bei mir fand er die überlebenswichtige Ruhe und eine zuverlässige medizinische Fachkraft, die ihm wöchentlich seine lebensverlängernde Medikamentendosis inklusive verjüngender Nahrungsergänzungsmittelchen zusammenstellt.

Doch die unschöne Trennung von Ehefrau Nummer eins führte zu einem Ehevertrag mit Ehefrau Nummer zwei, der besagt, dass ich im Falle einer Trennung gehe, wie ich gekommen bin. Auf die zwanzig Kilo, die ich seit Beginn unserer Ehe zugelegt habe, würde ich ja gern verzichten, jedoch nicht auf unser hübsches Haus und den Zugriff auf Hennings Konto.

Für Henning ist Scheidung – trotz zahlreicher Affären – kein Thema. Eine billigere Altenpflegerin als mich hätte er ja nicht finden können.

Ich spieße einen Happen Linzer Torte auf meine Gabel und schiebe sie mir in den Mund. Die Schnurzpiep hat nicht übertrieben. Köstlich.

»Du solltest die Torte probieren«, empfehle ich Henning. »Die ist wirklich lecker.«

Er rührt lieber in seinem Verlängerten – schwarz mit einem kleinen Spritzer Milch, um die Bitterstoffe verträglicher zu machen. Mit sechzig ist sein Magen nicht mehr so robust wie mit Mitte zwanzig. Er trinkt einen Schluck.

»Wusstest du, dass das Rezept der Linzer Torte als das älteste Tortenrezept der Welt gilt?«, frage ich.

Er schaut mich gelangweilt an. Na toll, ich soll aufhören zu jammern, aber die kulinarischen Köstlichkeiten des Landes interessieren meinen Gatten auch nicht.

Ich betrachte angelegentlich das Stück des regionalen Gebäcks auf meiner Gabel. »Für mich ist es eigentlich eher Kuchen als Torte. Was meinst du?«

Er saugt angestrengt die Luft in seine Lungen und gönnt sich einen zweiten Schluck seines Koffeingetränks. Den Kuchen rührt er nicht an. Will in Form bleiben, mein lieber Gatte, um mit seinen immer jünger werdenden Betthasen mithalten zu können.

Natürlich ist der Körper einer knackigen Neunundzwanzigjährigen hübscher als der einer Frau in den besten Jahren. Ich habe durchaus Verständnis für Henning. Doch sind wir mal realistisch: Ewig kann joggen und gesunde Ernährung den körperlichen Verfall nicht aufhalten. Auch nicht bei ihm.

Als könnte er meine Gedanken lesen, zückt er seine Tablettenbox. Oder er nutzt die Gunst der Stunde – Novalee hat gerade die sanitären Räume aufgesucht. Sein Medikamentenkonsum soll sie wohl nicht beunruhigen. Ich versüße mir den bitteren Gedanken mit dem letzten Happen meiner Linzer Torte.

Henning spült die Kapsel mit seinem Verlängerten runter.

»Willst du deine Torte nicht?«, frage ich.

Er schüttelt den Kopf.

Ich ziehe mir seinen Kuchenteller heran. Eine Wespe hat den Weg durch die geöffneten Fenster gefunden und umgarnt die Linzer Torte. »Möchtest du noch einen Verlängerten?«

»Nein.«

Ich winke der Bedienung und bestelle eine zweite Melange zur Torte. Wenn ich schon leiden muss, dann mit Genuss.

Henning nimmt es mit missbilligendem Blick zur Kenntnis.

»Ich brauche Energie für die nächste Bergetappe«, erkläre ich spitz und widme mich dem zweiten Tortenstück.

Mont Blanc, Watzmann, Eiger, Großglockner, Piz Bernina, Zugspitze – er hatte mir die Namen der Bergmassive, die wir sehen würden, so leidenschaftlich aufgezählt wie verflossene Liebschaften. Nur dass er die nicht bestiegen hat. Die Berge meine ich.

Er zupft an seinem Kragen herum. Ein kariertes Outdoor-Hemd, atmungsaktiv und feuchtigkeitsregulierend. Synthetik pur. Keine Schweißränder unter den Achseln, dafür ein paar kleine Schweißperlen auf seiner Stirn. Sein Blutdruck schnellt leicht in die Höhe, wenn er sich aufregt. Und vermutlich ist er aufgeregter, als ihm guttut. Die geliebten Kapseln geben ihm das täuschende Gefühl, noch ein ganz potenter Kerl zu sein.

Er tupft sich über die Stirn. »Ich muss an die frische Luft.«

Henning steht auf und leert den letzten Schluck seines Verlängerten. Mir entgeht nicht, wie er Novalee, die gerade frisch geschminkt an ihren Platz zurückkehrt, über den Tassenrand hinweg zuzwinkert. Es ist wohl weniger die September-Hitze als der dritte Frühling, der meinen Gatten ins Schwitzen bringt.

»Wo gehst du hin?«, frage ich, während ich versuche, herauszuschmecken, welche Marmelade für die Torte verwendet wurde. Johannisbeere – Ribisel sagt man hierzulande –, wie es sich gehört?

»Ich will mir die Basilika noch anschauen.«

Die Basilika, Wallfahrtskirche und Wahrzeichen von Linz, thront erhaben auf dem Pöstlingberg. Hofft mein Gatte dort auf Erlösung? Oder Vergebung seiner Sünden? Novalee zahlt und verlässt ebenfalls das Café. Da werden in der Basilika wohl andere Hoffnungen erfüllt.

Frustriert überlege ich, mir noch ein drittes Stück Torte zu bestellen. Allerdings ist mir irgendwie nicht gut. Ich fühle mich trotz Koffein und Zucker matt, müde, ja geradezu erschöpft. Mein Kreislauf will sich einfach nicht an dieses ständige Auf und Ab in den Bergen gewöhnen.

Ich zahle und schleppe meinen Körper hinaus ins Freie. Die Sonne strahlt noch immer vom geföhnten Himmel. Mein Kopf schmerzt. Ich sollte zurück ins Hotel fahren und mich hinlegen.

Der Fußweg zur Basilika führt ein Stückchen bergan. Auch wenn der Pöstlingberg mit seinen 539 Metern eher ein kleiner Hügel in der Voralpenlandschaft ist, raubt mir der kurze Anstieg vom Café zur Kirche den Atem. Der Schweiß rinnt mir zwischen den Schulterblättern entlang.

Sieben Schmerzen Maria‹ steht auf einem Schild an der Mauer des Gotteshauses, zum Gedächtnis der Schmerzen der Jungfrau Maria. Ich fühle mich ihr tief verbunden, und sei es auch nur, weil Lunge und Herz in meiner Brust stechen, als hätten sie den Höhenzug des Karwendel bewältigen müssen. Ich stütze mich schnaufend mit einer Hand an der Mauer ab. Mein Körper ist nicht für die Berge geschaffen. Ich hebe mühsam den Kopf und schaue mich nach einer Bank um.

Und da sehe ich die beiden. Lachend und redend. Henning hat ein angenehmes Lachen, tief und herzlich. Wie gern würde ich noch einmal so mit ihm zusammen lachen. Aber dafür ist es wohl zu spät.

Er blickt in meine Richtung, sieht mich dort stehen wie einen gefallenen Barockengel. Nach einem leisen Getuschel mit Novalee kommt er zu mir. Erst grimmigen Blickes, dann mimt er den besorgten Gatten.

»Wiebke, geht es dir gut?«

Seh ich so aus, du Idiot?, will ich ihm entgegenschleudern. Doch ich fühle mich zu schwach.

»Die Höhenluft«, jammere ich stattdessen. »Ich fahre zurück ins Hotel.«

»Soll ich dich begleiten?«

Ich weiß genau, dass er auf ein »Nein« hofft, aber den Gefallen tue ich ihm nicht.

Ich liege in dem Queensize-Bett in meinem Einzelzimmer unseres noblen Hotels am Hauptplatz. Statt an meiner Seite auf der Bettkante zu sitzen und meine Hand zu halten, hat sich Henning den einzigen Stuhl, den dieser Raum zu bieten hat, genommen. Ich habe ihn gebeten, einen Arzt zu rufen.

»Wiebke, jetzt übertreib mal nicht«, wiegelt er ab und tupft sich mit einem Taschentuch über die Stirn.

»Und du fühlst dich gut?«, frage ich besorgt.

Seine Augenbrauen ziehen sich ärgerlich zusammen. »Wieso sollte es mir nicht gut gehen?«

»Könnte doch sein … Ich weiß nicht, ob dieses Bergklima so zuträglich für dein Herz ist.« Für meines ist es das definitiv nicht. Was allerdings auch an Novalees Anwesenheit liegen könnte, gestehe ich mir ein.

»Du hattest einen kleinen Schwächeanfall. Vermutlich bist du völlig überzuckert, so wie du die Torte in dich reingeschaufelt hast.«

Reingeschaufelt! Ich habe sie mit Genuss verspeist. Welches Vergnügen bleibt mir denn sonst noch? Auf seiner Stirn stehen schon wieder kleine Schweißperlen. Ein paar rote Flecken überziehen seine Wangen. Er schnauft und zupft an seinem Hemdkragen. Es ist nicht gut, wenn er sich ärgert. Sein Blutdruck schießt in die Höhe, passt sich quasi dem Alpenpanorama an. Hoch, höher, am höchsten. Geschieht ihm recht, schließlich hat er in die Berge fahren wollen.

»Die Milch«, überlege ich. »Wir hatten beide Milch im Kaffee. Vielleicht war die schlecht.«

»Du hast dir nicht den Magen verdorben, Wiebke.«

Er steht auf und öffnet das Fenster. Warme Föhnluft strömt herein, die meine Kopfschmerzen sogleich wieder verstärkt. Wie schön wäre jetzt eine kühle Meeresbrise. Stattdessen darf ich am nächsten Tag wieder in den Bus steigen und Serpentinen rauf- und runterfahren. Wenigstens muss ich mich dann nicht bewegen, tröste ich mich.

Henning atmet tief durch und dreht sich wieder zu mir um. Seine Stirn glänzt feucht. »Du ruhst dich etwas aus und morgen früh geht es dir wieder besser.«

Wir werden sehen, denke ich grimmig, während er aus dem Zimmer stapft. Es zieht ihn zu seiner Novalee, und mein kleiner Schwächeanfall gibt ihm freie Bahn.

Ich fühle mich noch immer schwach, als es mitten in der Nacht an der Tür klopft und ich mich aus den Federn wuchte. Vor mir steht die Schnurzpiep im Morgenmantel mit zerzausten Haaren, neben ihr ein Mann, der nach Mediziner aussieht.

»Wiebke, ich …« Tränen schwimmen in ihren Augen.

»Es geht um Ihren Mann«, übernimmt ihr Begleiter. »Er hatte vermutlich einen Herzinfarkt.«

Ich starre den Mediziner schweigend an. Was sagt man in so einer Situation?

»Wir konnten leider nichts mehr für ihn tun«, ergänzt er bedauernd.

Wenig später stehe ich in Novalee Schnabels Zimmer. Sie trägt einen kurzen seidenen Morgenmantel, der den Sanitätern einen angenehmen Blick auf ihre schönen, straffen Beine gewährt. Das Gesicht ist von Panik verzerrt. Sie sieht dennoch attraktiver aus als ich mit meinem zerknitterten Schlafgesicht im rosa Frotteebademantel.

Henning liegt in ihrem Bett. Er ist nackt und schaut etwas erstaunt drein.

Potenzmittel sollten niemals in Zusammenhang mit einer koronaren Herzerkrankung eingenommen werden. Die Kombination mit gefäßerweiternden Medikamenten kann leicht zu einem Herzinfarkt oder plötzlichem Herztod führen, das ist mir als ehemaliger Arzthelferin durchaus bewusst. Es war nicht schwer, die Tabletten zu mörsern und mit dem Inhalt der Vitaminkapseln auszutauschen.

Ich setze mich zu Henning auf die Bettkante und nehme seine Hand.

»Er hatte ein schwaches Herz.« Trauer und ein Hauch Bitterkeit schwingen in meiner Stimme mit. Kann man es mir verübeln? »Diese Höhenluft macht uns beiden zu schaffen. Wir sind das nicht gewöhnt.«

Der Arzt nickt teilnahmsvoll.

Novalee Schnabel schluchzt auf.

Hohe Berge, tiefe Täler, so sind die Alpen, so war unsere Ehe. Wir hatten ja durchaus auch gute Zeiten miteinander. So gesehen war diese Reise vielleicht gar keine so unpassende Idee meines Gatten.

Aber nächstes Jahr fahre ich wieder ans Meer, denke ich stumm und drücke sanft seine erkaltende Hand.

Regina Ramstetter

KEIN HÜHNCHEN OHNE FEDERN

Tegernsee, Oberbayern

Auf zwei Dinge im Leben konnte sich Elly immer verlassen: ihre Kurven und die Dummheit der Männer.

Es war jetzt fast ein Jahr her, seit sie an der Haltestelle *Hotel Bussi Baby* in Bad Wiessee ausgestiegen war. Hilflos. In Tränen aufgelöst. Etwas verhuscht. Wie ein Hühnchen, das vom Fuchs gejagt wird. Oder dem Prinzen. Vorzugsweise seiner *Königlichen Hoheit* aus *Drei Nüsse für Aschenbrödel*. Ja, bei dem würde Elly sogar ganz ohne Hintergedanken ihr Füßchen vorstrecken, nur leider hatte sie Schuhgröße einundvierzig und war beileibe kein Hühnchen ohne Federn, eher schon die Königin der Jagd.

Ja, die Jagd, die lag ihr. Wie hatte es die Mutter ausgedrückt, als sie mit vierzehn anfing, den Männern den Kopf zu verdrehen? »Dirndl, sei ned dumm, du musst die Burschen nicht alle auf einmal totschießen, lieber schön der Reihe nach genießen und dafür alles rausholen, was geht.«

Zugegeben, moralisch war die Frau Mutter kein leuchtendes Beispiel, dafür der Herr Vater umso mehr. Ein aufrechter Kirchenmann, sehr gläubig und als Priester streng mit seinen Schäflein. Der ließ keine noch so kleine Sünde durchgehen.

Evangelisch, meinen S'? Ach, woher! Der Vadder war einer von den echten, ein vehementer Verfechter des Zölibats, voll auf Linie mit den Erzkonservativen in Rom. Aber husch, husch, zurück zur Jagd!

Nur wegen dieser war Elly schließlich am wunderschönen Tegernsee aus dem Bus gestiegen, zwischen hohen Bergen und weißblauem Himmel. Das Zeitungsschnipserl, ohne das sie wohl ein Ticket für den Starnberger See gelöst hätte, noch ganz aufgeregt an den wogenden Busen gepresst. Da in der *Abendzeitung* stand's nämlich drin, dass die Geldigeren der Geldigen hier daheim waren und nicht drüben am König Wiggerl seim Totenwasser, wo eh nur die hausten, die es nicht hierher schafften.

Und deshalb hatte Elly das übliche Prozedere eben nicht dort, sondern rund um den Tegernsee, am *Lago di Bonzo,* gelauncht: verhuschtes Entrieren, einsames Flanieren, schinantes Parlieren, noch gemäßigtes Kokettieren, schon entschlosseneres Liieren, verstandauslöschendes Kopulieren, überraschendes Denunzieren und finales, manchmal sogar letales Tranchieren.

Elly liebte Wörter mit französischer Herkunft, hätte zu gern einmal in Saint Tropez oder Monaco Station gemacht, aber man musste schon die Sprache beherrschen, um sämtliche Finessen ausspielen zu können.

Langfristig investieren, kurzfristig abkassieren. So lautete die Zauberformel. Gut Ding braucht Weile, Rom war schließlich auch nicht an einem Tag niedergebrannt.

Ursprünglich wollte Elly sich als Bedienung im Hotel *Bussi Baby* Zutritt zur High Society des Ortes verschaffen, weil dort augenscheinlich die Jeunesse dorée der Landeshauptstadt gastierte.

Jeunesse dorée? Kennen S' nicht? Muss Ihnen nicht peinlich sein, kannte Elly auch nicht, aber mittlerweile liebt sie das Wort. Steht für die Sorte junger Menschen, die aus der reichen Oberschicht stammen und es als ihre Pflicht ansehen, zügellos zu prassen und zu feiern.

Vergoldete Jugend! Eine solche hätte Elly auch gern gehabt. Stattdessen Halbwaise mit fünfzehn, der Pfaffe an einer Vater-Tochter-Beziehung nicht interessiert und schwupp, landete ein trotziger, verletzter Teenager obdachlos auf der Straße, weil von den vielen Worten, die der Tussi vom Jugendamt aus dem Maul fielen, nur eins hängen blieb: Heimunterbringung. Und das kam für Elly nicht in Frage.

Das selbstgewählte Gammelleben allerdings entpuppte sich schnell als Fehlentscheidung, doch Elly wusste zum Glück trotz ihrer Jugend, wo ihre Talente lagen. Nach dem ersten Tranchieren kaufte sie eine Wohnung in Schwabing, nach dem zweiten Kopulieren machte sie den Führerschein, bekam vom väterlichen Liebhaber die Schlüssel für ein eierschalenfarbenes Mini Roadster Cabrio in die Hand gedrückt und hätte durchaus für längere Zeit in dieser Phase verweilen können, aber man übte schließlich auch nicht unendlich *Für Elise,* wenn man bereit für anspruchsvollere Klavierstücke war.

Im Hotel *Bussi Baby* mit all der goldenen Jugend gab es nur ein Problem: Die brauchten partout keine verhuschte Bedienung, da konnten deren Beine noch so lang, der Hintern exorbitant einladend griffig, die Oberweite verstörend und das Lächeln unwiderstehlich sein. Eine Chefin mit alleiniger Entscheidungsgewalt wusste solche Vorzüge einfach nicht zu schätzen, im Gegenteil, die sah das unausweichliche Trara und die daraus entstehenden Komplikationen.

Zum Glück klebte aber das Schnipserl aus der *Abendzeitung* noch griffbereit in Ellys Ausschnitt. Was stand da geschrieben? »*Nirgendwo in der Republik wird pro Quadratmeter mehr Champagner konsumiert als in der* Fischerei?«

Jetzt schaun S' halt ned so dappig! Champagner? Ausgerechnet beim Fischen? Ja, Elly wusste auch nicht gleich, wie das zusammenpasste, fuhr trotzdem monatelang elendiglich früh als Handlangerin auf den See hinaus, holte Netze ein, half beim Herrichten und Veredeln von Renke, Forelle, Saibling, Hecht und was sonst alles im Tegernsee schwamm, doch erst als sie im Laden aushelfen durfte, fing sie an zu verstehen. Früher oder später standen sie nämlich alle in der Schlange vor dem winzigen Verkaufsraum im gelben Haus mit den grünen Fensterläden an der Seestraße.

Erst gestern hatte Elly wieder irgend so einem Lulatsch von Fußballstar zwei Hummer, ein Tüterl Venusmuscheln und drei Flaschen Taittinger verkauft. Meeresfisch, Schalengetier und Monetenbrause fanden neben heimischem Fisch bei den Promis reißenden Absatz, und wäre der Bayern-Profi ein paar Wochen früher aufgetaucht, hätte Elly eventuell noch einmal die Netze neu sortiert und ausgeworfen, weil ihr kapitaler Fang zwar seit einiger Zeit zappelte, aber *Phase Sex* längst überfällig war und sie allmählich die Geduld verlor.

Ham S' des jetzt schon kapiert? Phase Sex? Hirnauslöschendes Kopulieren? Der sechste abzuarbeitende Schritt auf Ellys To-do-Liste? Dass ausgerechnet Sex an sechster Stelle … war Elly lange nicht aufgefallen, sie verbuchte es jedoch als gutes Omen. Der Herr im Himmel konnte gewiss nichts dagegen haben, wenn ein mutterloses Kindlein wie sie von denen nahm, die ohnehin überreichlich hatten. Nur das in einem Fall notwendig gewordene letale Tranchieren ließ sich partout nicht mit dem fünften Gebot vereinbaren. Aber ganz ehrlich, wen juckt's?

Étienne erwartete Elly wie verabredet an der Moët & Chandon-Badewanne auf dem Wieserl vor dem Bistro, das auch zur *Fischerei* gehörte, allerdings in Abwinkl am Ufer vis-à-vis vom Laden lag. Um an den Job dort zu kommen, hatte Elly tief in ihr Trickkisterl langen müssen, denn das Trinkgeld im *Fischerei Bistro* war üppig wie Ellys unausweichliches Dekolleté, so eine Anstellung kündigte keine Bedienung freiwillig auf, außer … es blieb ihr nichts anderes übrig … wenn S' verstengan, was gemeint ist?

Dabei ging es Elly gar nicht um das Trinkgeld, obwohl sie davon inzwischen derart viel in den Ausschnitt geschoben bekam, dass ein *sponsor amoureux* fast überflüssig wurde. Vielmehr hatte sie der Helikopter-Dienst des Bistros angelockt wie das Luder den Fuchs.

Des checken S' jetzt auch wieder nicht, gell? Also noch mal zum Mitschreiben: Ellys Metier ist eigentlich nicht die Fischerei, sie ist in der Jagd daheim und unter Jägern heißt der Köder nun mal Luder. Elly selbst wurde schon als Luder beschimpft, dreckiges Luder sogar, was irgendwie seine Berechtigung hat, nur mag sie den Begriff ganz und gar nicht, der war ihr viel zu passiv, denn als Luder wurde totes Wild ausgelegt oder – noch schlimmer – Teile davon, um das Raubwild anzulocken, und Elly raubte und tranchierte lieber selbst, als tranchiert zu werden.

Aber zurück zum Hubschrauber. Die ganz Geldigen, die, die sich ihren zusammengeerbten Scheiß-Reichtum auch noch heraushängen ließen wie der Exhibitionist sein Zipferl, die beanspruchten nämlich gern mal den Helikopter-Service des Bistros und ließen sich mit ihren affigen Freunden aus München oder Salzburg für ein paar Garnelen und eine ganze Badewanne voll Schampus einfliegen. Und weil die Jagd am Tegernsee nicht geschmiert lief wie sonst, hatte Elly eines Tages beschlossen, sich einfach – ohne weitere Vorprüfung – den nächsten Helikopter-Gast zu schnappen. Da musste ja zwangsläufig ein Haufen Schotter im Hintergrund schlummern, sonst konnte man sich derlei Exaltiertheiten gar nicht leisten.

Keine vierzehn Tage später sprang Étienne aus dem Hubschrauber. Kleiner als Elly, braungebrannt, muskulös, viel zu jung für die Jagd. Doch wenn es Gottes Wille war? Den Fügungen des Herrn durfte man sich keinesfalls verweigern, also servierte Elly zum obligatorischen *Tegernseer Hell* ihr schönstes Lächeln. Auf die schinante Art, versteht sich, die funktionierte immer noch am besten – normalerweise jedenfalls. Der Hubschrauber-Lalle allerdings war anscheinend blind wie ein Maulwurf, der beachtete die fescheste Bedienung in der Alpenregion Tegernsee Schliersee überhaupt nicht, suderte in sein Bier und starrte apathisch auf den See hinaus, bis es Abend wurde, der Chef an seinen Tisch trat, ihm die Hand schwer auf die Schulter legte und sagte: »Wird schon wieder, E.T. Glaub ma's. Es wird wieder. Andere Mütter haben auch schöne Töchter.«

Eigentlich beste Voraussetzungen, zumal der Chef Elly geflüstert hatte, dass sein trauriger Gast mit Abstand der reichste Sohn im Tal sei. Nur, wenn man blind war, übersah man die anderen schönen Töchter natürlich. Und außerdem: E.T.! Was war das bittschön für ein bescheuerter Spitzname? Nie zuvor hatte Elly von dem Film gehört, der Spielberg-Klassiker lief zehn Jahre vor ihrer Geburt im Kino! Höchstens ein, zwei Jahre weniger vor Étiennes und trotzdem verschandelte der g'stumperte Außerirdische den wunderschönen französischen Namen des neuesten amourösen Sponsors.

Obwohl! Elly beugte sich etwas vor und spähte durch die Scheibe. Von Sponsoring konnte bislang keine

Rede sein. Wenn Elly nicht ein paar Mal kurz im familieneigenen Ferienhaus mit einer Garage voller Luxusschlitten ganz in der Nähe des Christa Kinshofer Skizentrums gewesen wäre, sie hätte auf des Vaters Bibel gewettet, dass der Kerl kein Milliardärs-Sohn war.

Jetzt schnauben S' halt nicht so empört! Klar geht's der Elly ums Geld, sie muss schließlich schauen, wo sie bleibt, aber beim Außerirdischen hat ihr das Herzerl dummerweise bis zum Hals gebumpert. Viel zu oft. Und viel zu hart. Sonst wäre sie ihm doch niemals all die Berge hochgestiegen, obwohl er ihr nach wirklich penetrantem Kokettieren lediglich Freundschaft anbot. Für mehr würde sein Herz gerade nicht taugen. So ein Schmarrn! Erst recht, als nach all der Anstrengung nichts als ein Haufen Wasserbladern für Elly heraussprang – kein noch so kleiner Kuss. Gar nichts.

Es war zum aus der Haut fahren, und trotzdem war Elly inzwischen dreimal über den Prinzenweg nach Schliersee gelatscht. Viereinhalb Stunden Gehzeit, knappe 600 Höhenmeter rauf, gute 600 runter. Außerdem alle kleineren Runden und Gipfel direkt am Tegernsee. Und danach ging es erst richtig los: Rundtour über den König-Maximilian-Weg zum Wendelstein, Kleiner und Großer Traithen. Blauberg, Hirschberg, Wallberg, Rotwand, Ross- und Buchstein und wie sie alle hießen. Fünf Stunden. Sechs Stunden. Sieben Stunden. Acht Stunden. Neun Stunden. Der blanke Wahnsinn! Wer macht so was?

Dann die Sache mit dem Mountainbiken: Elly hatte sich auf eine gemütliche Tour mit ihrem E-Bike eingestellt, doch Étienne hatte sie nur schnöde ausgelacht, hob ein Carbon-Fully in ihrer Größe von seinem alten, abgefuckten Pick-up und quälte sie von Bad Wiessee aus fünf Stunden über Neuhütteneck, den Singletrail am Steinbach und Aueralm. 1400 Höhenmeter bergauf. Ohne Motor. Einmal musste sie sogar schieben, so steil war es.

Die neueste Schnapsidee hatte Étienne ihr gestern unterbreitet. Zu Fuß wollte er über die Alpen. Von Gmund bis Sterzing in Südtirol. Übermorgen sollte es schon losgehen, denn trödeln durfte man Anfang September nicht mehr, wenn man die Route einigermaßen schneefrei durchsteigen wollte. Geht's noch? Elly betete seit Tagen jeden Morgen auf Knien für einen frühen Wintereinbruch.

Ein Dapperl nennen S' die Elly? Ham S' des jetzt wirklich g'sagt? Bittschön, dann lassen S' sich halt selber von so einem Draußen-Zuhaus-Typ die Wadl viarerichten … also auf Trab bringen. Spaß ist das keiner, das wern S' schon sehen.

Jedenfalls stöckelte Elly, gleich nachdem der letzte Gast einen mordsdrum Rausch aus dem Bistro trug, hinaus zur Badewanne, als müsste sie beim Entscheidungswalk vor Heidi Klum noch einmal alles raushauen. Dummerweise bumperte ihr das Herzal wieder bis zum Hals, sie vergaß sogar, zum Zwecke der Ausschnitts-Expansion wie sonst am T-Shirt zu zupfen, täuschte aber wie geplant wenigstens den Stolperer vor und hechtete sich dem Außerirdischen in die Arme. Den präparierten Verschluss sprengte es, die Airbags gingen auf und wussten vor lauter Freiheit nicht, wohin mit sich.

Ham S' das Bild im Kopf? Sehn S' die befreite Fülle wallen? Und kann eine solche Pracht einen jungen Burschen wie Étienne kalt lassen? Sie kann! Der fischte nach dem Aufprall nämlich ungeniert in den Resten des Eiswürfelwassers nach der mitgebrachten Flasche. »Trink ma noch ein Schluckerl im Bootshaus?«, schlug er vor, während Elly prachtbändigend die Arme vor der Brust verschränkte und ihr um ein Haar die Augenbrauen in den Haaransatz gehüpft wären. Rotkäppchen Sekt! Für einsneunundzwanzig bei Netto im Angebot. Wollte der sie verarschen? Ein exklusives, garantiert unvergessliches Abenteuer hatte er ihr versprochen, kein Discounter-Besäufnis.

Trotzdem hakte sie sich unter, rein geschmacklich merkte sie sowieso kaum einen Unterschied, aber kein Mann mit Kohle, der eine Frau beeindrucken wollte, kam doch mit …

Durch Étiennes zerschlissenes T-Shirt spürte sie den stählernen Bizeps zucken, sein Geruch stieg ihr in die Nase. Kernseife und Schweiß, eher nicht geduscht als frisch geduscht, ihr wurde ganz schwindelig davon. Konnte es sein, dass sie als Paar rein biologisch perfekt zusammenpassten? Die Natur wollte aus dem Vollen schöpfen, verlangte nach maximaler Genvielfalt, wertete deshalb den Geruchssinn der Frau während ihrer fruchtbaren Tage extra auf, und Ellys animalischer Schnüffelinstinkt signalisierte definitiv *Go! Go! Go!* Hatte sie ohnehin vor. Phase Sex. Logo. Aber sie nahm die Pille, da durfte man sich eigentlich nicht auf so einen Geruchs-Treffer-Scheiß verlassen.

Egal. Am Kiesstrand bei der Wasserwacht angelangt, schob Étienne sein Boot zurück in die Wellen, half Elly hinein und ruderte wenig später unter sternklarem Himmel am *Fischerfleck* vorbei zu seinem Bootshaus Richtung Ringsee – der perfekte Ort für Ellys Vorhaben. Ihr inzwischen wichtigstes Kopulier-, Denunzier- und Tranchierwerkzeug trug sie seit Wochen bei sich. Als Profi war sie selbstverständlich für alle Eventualitäten gewappnet.

Mit dem Erwachsenwerden hatte sich die Jagd leider extrem verkompliziert. Es reichte nicht mehr, nach ihrem liebreizenden Körper auch die Wahrheit über ihr Alter zu enthüllen, um die Geberqualitäten der alten Säcke exorbitant zu steigern. *Life is a bitch, so learn how to fuck it!* Oder wie Ellys Mutter zu sagen pflegte: *Scheiß da nix, dann feit da nix!*

Also griff Elly entschlossen zu, als Étienne ihr vom Steg aus die Hand reichte. Wie es aussah, hatten die körpereigenen Hormonfabriken dem Außerirdischen endlich doch ein paar Spritzer Dopamin und Adrenalin ins Blut geschossen, denn er zog sie an sich, seine Lippen streiften sacht ihre weiche Haut unter dem Ohrläppchen, eine Hand rutschte tiefer, Elly bekam kaum noch Luft und war im selben Moment erleichtert, weil ihr offenbar wenigstens die Anwendung des allerletzten Mittels erspart blieb. Etwas, das beim Männchen immer funktionierte, weil Mutter Natur in Sachen eindeutiger Signalgebung eben nichts dem Zufall überließ.

Sie ham keine Ahnung, wovon die Red' is, oder? Torbogeneffekt? Nie g'hört? Also falls es bei Ihnen daheim in der Schlafkammer recht fad zugeht, dann müssen S' des unbedingt probiern. Funktioniert im Ross- und Kuhstall quasi ausfallfrei, weil Hengst und Stier naturgemäß auf alles springen, was nur im Entferntesten aussieht wie ein Torbogen. Immer no ned kapiert? Dann machen S' mal die Augen zu: Das Weiberleid bückt sich, zwei stramme Wadeln, die langen Haxn, ein schöns runds Hinterteil, vorzugsweise nackert … Genau! Jetz' samma beinand. Und ein Mannsbild ist schließlich auch nichts anderes als ein Viech, wenn nicht gar das größte Rindviech von allen.

Prompt drängte Étienne sich von hinten an Elly heran, fuhr mit seinen warmen Händen erst zaghaft über ihre periphere Karosserie, um sich dann unter das T-Shirt zu mogeln und die – wir erinnern uns – aufgeblasenen Airbags einzufangen.

Elly hüpfte fast ein Schrei von den Lippen, doch E.T. verschloss ihr mit einem Kuss den Mund, der ihre Knie weich werden ließ, und noch ehe sie eins und eins zusammenzählen konnte, spürte sie die Kälte des Metalls um ihre Handgelenke und hörte das Klicken.

Fuck!

Keine Sekunde später landete Elly auf der Liege vor der Bretterwand. Der stete Takt des anschwappenden Wassers erinnerte sie bizarrerweise an das Klatschen des Gürtels, mit dem der Pfarrer der Mutter in der Sakristei so gern den Arsch versohlt hatte, weil sie doch schuld war, dass er …

Das Knallen des Sektkorkens sprengte die Audioerinnerung aus Ellys Kopf, E.T. hob ihr die Flasche an die Lippen, das klebrige Zeug sprudelte in Mund und Nase und plätscherte über Kinn und Hals abwärts in den Ausschnitt.

»Du stehst auf Fesselspiele? Echt jetzt?«

Er klang wie ein Bub, der nicht glauben wollte, dass es Leute gab, die Spinat mochten, und Elly nickte wie der Wackeldackel auf dem Armaturenbrett ihres Cabrios, obwohl sie die Handschellen definitiv für den Außerirdischen mitgebracht hatte – nicht für sich selbst. Nackt an den Bettpfosten gekettet ließen sich allerlei pikante Fotos schießen, die beinahe ebenso zum großzügigen Geben anregten wie ihr einst jugendliches Alter.

»Ich werd und werd nicht schlau aus dir.« E.T. stellte die Flasche ab, ließ sich neben Elly auf die Liege fallen und verschränkte die Finger im Nacken. »Wer bist du? Ich weiß nichts von dir.«

»Ein Hütchen mit Federn, die Armbrust über der Schulter, aber ein Jäger ist es nicht.« Wieso Elly ausgerechnet jetzt daran denken musste? Sie und Mama hatten den Film *Drei Nüsse für Aschenbrödel* von vorn bis hinten auswendig mitsprechen können – auch ohne Ton.

Étienne lachte. »Ein silbergewirktes Kleid mit Schleppe zum Ball, aber eine Prinzessin ist es nicht, mein holder Herr.«

Sogar das Wasser kam angesichts dieser überraschend sentimentalen Wendung aus dem Rhythmus, schwappte ein paar Mal schneller gegen die Bretter. Ellys Herz auch. Er zitierte aus ihrem Lieblingsfilm?

»Meine kleine Schwester ist ein großer Fan.« Er grinste breit. »Und ich auch, wenn ich ehrlich bin. Der Prinz ist mein heimlicher Held. Wie er versuche ich, unserem firmeninternen Herrn Präzeptor zu entkommen, so oft es geht. Und, na ja … das Aschenbrödel ist schon süß.«

Er beugte sich über Elly, seine Lippen kamen ihrer Haut erneut sehr nahe, doch anstatt sie zu küssen, nahm er ihr die Handschellen ab und retournierte sie artig. »Ich mag dich, und ich glaube, du magst mich auch, aber falls du hinter dem Vermögen unserer Familie her bist, dann …« Er seufzte tief. »Man kann sich nie sicher sein, weißt du?« Ergeben streckte er ihr die Hände entgegen. »Eigentlich wollte ich dir nur den Sonnenaufgang am See zeigen, aber meine kleine Schwester sagt, man muss Vertrauen haben. Also …«

Auf einmal wogen die Handschellen zwischen ihren Fingern bleischwer und dennoch sprang Elly das schinante Lächeln wie von selbst in die Mundwinkel. Die Königin der Jagd erwachte, nahm das Kinn hoch, streckte die Brust raus, schob die goldenen Metallringe über die Festival-Bänder um Étiennes Handgelenke und …

Soll ich? Soll ich nicht? Soll ich?

Tja, des täten S' wohl gern wissen, ob sich das Abzählen für die Elly genauso schön ausgeht wie für das Aschenbrödel. Und da brauchen S' mir auch gar nicht an die Gurgel springen, ist doch logo, dass die zwei jetzt mal für sich allein sein wollen. Aber wenn Ihnen die Sach partout keine Ruh lässt, wenn S' unbedingt wissen wollen, ob die Königin der Jagd Étienne zur Strecke bringt oder nicht, dann fahren S' halt hin und halten S' Ausschau nach der schönsten Bedienung am Tegernsee und fragen S'es selber! Habe die Ehre!

DIE AUTORINNEN

Yvonne Asmussen
ist das Pseudonym einer Autorin, die sich auf dem Sozius einer Harley ebenso wohlfühlt, wie an ihrem Schreibtisch. Deshalb sind ihre Krimis auch überwiegend in der Biker-Szene angesiedelt. Mit ihrer Familie lebt sie in Hamburg und an der Schlei.

www.yvonnes-romanwelten.de

Sybille Baecker
ist gebürtige Niedersächsin und Wahlschwäbin. Die Autorin studierte BWL und arbeitete viele Jahre als Pressereferentin eines Sportfachverbandes, 2005 begann sie mit dem Schreiben fiktiver Geschichten. Seither veröffentlichte sie zahlreiche Kriminalromane und Kurzkrimis. Für ein Krimiprojekt wurde Baecker 2020 mit dem Arbeitsstipendium der Mörderischen Schwestern ausgezeichnet.

www.sybille-baecker.de

Ulrike Bliefert
ist Autorin, Schauspielerin, Hörspiel-Sprecherin und leidenschaftliche Vorleserin. Sie ist verheiratet mit ihrem Schauspielkollegen Laszlo I. Kish und lebt mit vier Katzen und zwei Hunden in einem idyllischen kleinen Dorf in der Mecklenburgischen Seenplatte. Ihre Krimireihe um die Fotografin Auguste Fuchs hat sie im ausgehenden 19. Jahrhundert angesiedelt.

www.augustekrimi.de

Susanne Brügmann
in Hamburg geboren, lebt seit vielen Jahren in einem kleinen Dorf in Schleswig-Holstein. Ihre langjährige Arbeit im Personalwesen hat ihren Blick geschärft für die menschliche Natur. Die faszinierende Welt der Bücher zog sie schon von klein auf in ihren Bann. Seit ihrer Jugendzeit schreibt sie Gedichte, Märchen und Kurzgeschichten und seit 2008 auch Kriminalromane.
www.susanne-bruegmann.de

Carola Christiansen
ist in Hamburg geboren. Sie arbeitete lange für eine Fluggesellschaft, ist viel gereist und hat in Hongkong, Luxemburg und Dänemark gelebt. Inzwischen ist sie zurück an der Elbe und schreibt hauptberuflich Krimis: Spannung made in Altona. 2018 bis 2021 war sie Präsidentin der Mörderischen Schwestern.
www.christiansen-KRIMI.com

Katharina Eigner
flirtete an der Uni Wien mit Publizistik und Kunstgeschichte, kehrte aber nach Salzburg zurück und absolvierte eine kaufmännische Ausbildung. Sie arbeitet im Familienbetrieb, nebenbei schreibt sie Krimis, Thriller und Kurzgeschichten. Für die Webseite der Mörderischen Schwestern verfasst sie die monatliche Kolumne. Katharina Eigner lebt mit ihrer Familie am Stadtrand von Salzburg.
www.katharina-eigner.at

Deborah Emrath
wohnte genau wie die Protagonistin ihrer Geschichte, anderthalb Jahre in Bad Mitterndorf, wo auch ihre ersten

schriftstellerischen Tätigkeiten begannen. Normalerweise gibt es Mord und Totschlag in ihren Krimis, da ihr Bad Mitterndorf aber ans Herz gewachsen ist, ist sie dieses Mal gnädig … oder doch nicht? Inzwischen lebt die Diplompädagogin an der Weser. Wenn sie nicht gerade Krimis schreibt, arbeitet sie als freie Lektorin.

Mareike Fröhlich

ist Autorin, freie Lektorin und als Dozentin an der Akademie der Deutschen Medien tätig. Ihr Herz schlägt für ihre Heimat – das Ländle (Baden-Württemberg) – und die Berge, in denen sie entweder zu Fuß oder mit Schneeschuhen unterwegs ist.
www.mareikefroehlich.de

Laura Gambrinus

ist diplomierte Betriebswirtin, doch wechselte sie schon vor Jahren von Bilanzen zu Romanen und von Zahlen zu Worten. Nicht immer müssen ihre kriminellen Kurzgeschichten tödlich enden, ist sie doch meist romantisch unterwegs. Falls sie gerade nicht selbst schreibt, ist sie als Lektorin und Korrektorin tätig.
www.lauragambrinus.de

Petra K. Gungl

lebt und schreibt in Wien. Die Juristin arbeitete unter anderem am Wiener Straflandesgericht – kein Wunder also, dass ihre Romane mörderisch spannend sind. Ihre zweite Leidenschaft gehört dem Kung Fu, was zu einer romantischen Komödie unter dem Pseudonym Petra Liebkind führte. Mehr über die Autorin können Sie unter *www.petrakgungl.com* erfahren.

Cornelia Härtl
findet: »Das Leben ist bunt. Warum also nur in einer Farbe schreiben?«, und veröffentlicht unter verschiedenen Pseudonymen sowohl Sozialkrimis als auch Cosy Crime und gefühlvolle Romane. Sie studierte BWL, arbeitete als Marketingmanagerin im sozialen Bereich und war in der Erwachsenenbildung tätig. Cornelia Härtl ist verheiratet und lebt südlich von Frankfurt.

www.cornelia-haertl.de

Andrea Hessler

Schon mit 15 wollte die Schwäbin, geboren in Heilbronn, Journalistin werden – vor allem wegen des trügerischen Gefühls, mit viel Nonchalance ordentlich Geld verdienen zu können. Der Brotberuf entpuppte sich als weniger spannend und lukrativ als erhofft, doch für Abwechslung sorgten Krimi-Recherchen bei Forensikern, Psychiatern und Dominas. Neben ihrer Tätigkeit als freiberufliche Autorin arbeitet sie als Resilienz-Coach.

Thea Lehmann
lebt und arbeitet als Autorin in Oberbayern. Schon früh entdeckte sie das Schreiben als Leidenschaft und ebenso früh erwachte ihr Fernweh und führte sie an zahlreiche Reiseziele. Sie studierte Deutsche Literatur und Kommunikationswissenschaften, arbeitete viele Jahre als Journalistin und PR-Beraterin, bevor sie sich dem Schreiben widmete. Neben den Alpen gehört ihr Herz dem Elbsandsteingebirge der Sächsischen Schweiz, wo ihre Kriminalromane spielen.

www.thealehmann.de

Heidi Möhker
kommt aus einer Düsseldorfer Vielleser-Familie. Die Nase ins Buch zu stecken hat sie sich von klein auf von ihrem Vater und den großen Schwestern abgeguckt. Um etwas mehr Luft um diese Nase zu bekommen, ging sie dazu über, sich eigene Geschichten auszudenken. Heute schreibt sie Krimis und Jugendromane und lebt in Rheinbach.

www.heidimoehker.de

Christine Neumeyer
geboren in Wien, ist Schriftstellerin und Organisationsassistentin der Universität Wien. Als Oberschwester der Region Österreich im Netzwerk der Mörderischen Schwestern verwirklicht sie seit 2017 gemeinsam mit österreichischen Autorinnen Projekte zur Förderung der von Frauen geschriebenen Kriminalliteratur.

Regina Ramstetter
in Bayern geboren und aufgewachsen, studierte BWL in Landshut und Nordirland und arbeitete in den Bereichen Human Resources sowie Public Relations für einen großen Konzern. Sie lebt mit ihrer Familie auf einem Hof in Niederbayern. Ihre Krimis veröffentlicht sie auch unter dem Namen Ina Resch.

www.ina-resch.de; www.regina-ramstetter.de

Andrea Z. Rhein
ist im Münsterland geboren, lebt im Rheinland und schreibt vorwiegend Kurzgeschichten krimineller und nicht krimineller Art. 2014 belegte ihr Debüt direkt den 4. Platz des österreichischen Literaturwettbewerbs

zeilen.lauf. 2017 war sie für den *1. Ostfriesischen Kurzkrimipreis* nominiert. 2018 erschien ihr erster Roman, ein Kölner Kinderkrimi.

www.andrea-rhein.de

Regina Schleheck

Regina Schleheck, ein Mörderische-Schwestern-Urgestein, ist eine der meist ausgezeichneten deutschsprachigen Autorinnen, zuletzt nominiert für den Friedrich-Glauser-Kurzkrimi-Preis 2021. Im wahren Leben ist sie Rheinländerin, Oberstudienrätin und fünffache Mutter.

www.regina-schleheck.de

Ilona Schmidt

ist in München geboren und hat viele Jahre in Nürnberg gelebt. Heute arbeitet sie für einen amerikanischen Konzern und bereist die Welt. Als Fan von Agatha Christie Romanen bevorzugt sie Krimis zum Miträtseln, aber auch Thriller mit Tiefgang. Für den englischsprachigen Raum schreibt sie unter dem Pseudonym Carly Martin über ihre Erfahrungen in USA und anderen Ländern.

Anette Schwohl

hat in Hamburg Kunstgeschichte, Literaturwissenschaften und Kulturmanagement studiert. Nach beinahe zehn Jahren als Museumsdirektorin in Sachsen, ist sie seit 2002 in Schleswig-Holstein freiberuflich als Kunsthistorikerin, Kulturmanagerin und Dozentin für Kreatives Schreiben tätig. 2019 organisierte sie das erste *Rendsburger Frauenkrimifestival* – dem 2021 das zweite folgte.

Barbara Steuten
ließ Limousinen und Chemikalien nach Asien verschiffen, studierte Wirtschaftsformeln und Algorithmen, schönte Statistiken und Protokolle und behauptet trotz aller krimineller Kompetenz, erst vor wenigen Jahren auf die Idee gekommen zu sein, Kriminalromane zu schreiben. 2011 erhielt sie den *Leverkusener Short-Story-Sonderpreis*, 2014 belegte sie den 2. Platz des *Moerser Literaturpreises* und wurde für den *C. S. Lewis-Preis* nominiert.
www.Barbara-Steuten.de

Heidi Troi
ist eine Südtiroler Krimiautorin und Theaterpädagogin. Im Servus Verlag erscheint ihre Brixenkrimi-Reihe rund um den selbst ernannten Privatermittler Lorenz Lovis. Sie hat drei Kinder und ist verheiratet – allerdings hat ihre Hochzeit nicht auf luftigen zweitausend Höhenmetern stattgefunden und ihr Mann lebt auch noch.
www.heiditroi.me

Fenna Williams
studierte Kreatives Schreiben in Seattle, London und Cambridge und schreibt seither Drehbücher, Kurzgeschichten, Kriminalromane und Reiseessays wie *Die Inselsammlerin*, die bei *Terra Mater, Benevento Publishing* erschien. Sie coacht Kollegen in allen Genres. Für ihre Drehbücher und Kurzgeschichten hat sie internationale und nationale Auszeichnungen erhalten. Fenna Williams liebt einsame Inseln, auf denen und über die sie schreibt. Dabei pflegt sie vier Passionen: Schreiben, Shakespeare, Single Malt Whisky und den Wunsch, diese Dinge immer wieder neu zu verbinden.
www.Fenna-Williams.com

Jennifer B. Wind
ist in der Steiermark geboren und aufgewachsen, und lebt mit ihrer Familie südlich von Wien. Die ehemalige Flugbegleiterin mit Klavier-, Gesangs-, Drehbuch- und Schauspielausbildung schreibt Romane, Drehbücher, Songtexte, Theaterstücke und Kurztexte. Ihr Debüt-Thriller *Als Gott schlief* war für den Wiener Nachwuchskrimipreis nominiert. Sie ist außerdem Herausgeberin, Jurorin bei Literaturpreisen und Coach für Nachwuchsautoren. Für ihr kulturelles Engagement wurde sie 2012 für den *Liese Prokop Frauenpreis* in der Sparte Kunst und Kultur nominiert.

www.jennifer-b-wind.com

Ashley Wood
Ashley Wood lebt mit ihrer Familie in der Ostschweiz, wo sie sich bei Spaziergängen am Bodensee für ihre Bücher inspirieren lässt. Hauptsächlich schreibt sie Krimis mit einer Prise Humor und verfasst als Ghostwriterin Biografien.

www.schreiben-lesen.ch

DANKSAGUNG

Wir danken allen Mörderischen Schwestern, die sich in besonderem Maße für den Verein einsetzen oder in der Vergangenheit eingesetzt haben. Nur auf diese Weise kann es gelingen, Frauen und von Frauen geschriebene Spannungsliteratur zu fördern.

Besonders danken wir Fenna Williams, Deborah Emrath, Heidi Troi und Laura Gambrinus, die uns bei diesem Projekt herausragend unterstützt haben.

Gerlinde Tiefenbrunner von *Benevento Publishing* danken wir für die gute Zusammenarbeit und ihren großartigen Einsatz für unser Projekt.

Tödliche Gratwanderung

Der Absturz eines Urlauber-Ehepaars am Watzmann erschüttert das schöne Berchtesgaden. Aber was geschah kurz unterhalb der Mittelspitze, als die beiden gleichzeitig in den Tod stürzten? Für den jungen Bergpolizisten Simon Perlinger ist schnell klar: Hier ging nicht alles mit rechten Dingen zu! Mit einem untrüglichen Gespür für geplante wie ungeplante Unfälle im Alpenraum nimmt Simon die Fährte auf. Schließlich dürfen sich Verbrecher ihrer Tat nirgendwo sicher sein – auch nicht auf dem Watzmann!

FELIX LEIBROCK
MORD AM WATZMANN
368 Seiten · 13,5×20,5 cm
Klappenbroschur
978-3-7104-0298-2 · € 14,00

Ein Regionalkrimi mit Herz und Humor

In der friedlichen Gemeinde Reichraming am Tor zum Nationalpark Kalkalpen geht's auf einmal mörderisch zu: Gleich drei Leichen stören die sommerliche Idylle im Naturparadies! Eine undurchsichtige Angelegenheit für Hauptkommissar Georg Hammerschmied – zumal Mord nicht gerade zu seinen bevorzugten Aufgabenbereichen zählt. Spuren gibt es viele, Erkenntnisse eher weniger. Dafür Motive und Gelegenheiten, wohin man schaut, denn irgendwie hat beinahe jeder Bewohner Reichramings irgendein Geheimnis …

ASTRID MIGLAR
NATTERNKOPF
400 Seiten · 13,5 × 20,5 cm
Klappenbroschur
978-3-7104-0234-0 · € 14,00

Krimireihe um Privatdetektiv Lorenz Lovis, den »Südtiroler Colombo«

Lorenz Lovis, Junggeselle, Mitte Vierzig und geschasster Beamter der Staatspolizei Brixen, schlittert unversehens in sein neues Leben als Bauer und Privatdetektiv hinein und hat gleich alle Hände voll zu tun: Während die Schulden seines Erbbauernhofs von Tag zu Tag wachsen und er sich um die Gunst seiner Angebeteten, Angelika, bemüht, ermittelt Lovis im ersten Band wegen dahingemetzelter Uhus und einem Toten in der Jagdhütte von Baron Carlo Cavagna. Im zweiten Band wird in seinem Weinberg die Leiche einer toten Reiterin gefunden. So beginnt es im beschaulichen Brixner Talkessel ordentlich zu rumoren und Lovis muss all seinen Spürsinn aufbringen, um die Fälle zu lösen.

BAND 1
HEIDI TROI
FEUERTAUFE
368 Seiten · 13,5×20,5 cm
Klappenbroschur
978-3-7104-0214-2 · € 14,00

BAND 2
HEIDI TROI
BEWÄHRUNGSPROBE
320 Seiten · 13,5×20,5 cm
Klappenbroschur
978-3-7104-0215-9 · € 14,00